广东省质量工程项目：广东外语外贸大学南国商学院国际经济贸易综合改革试点项目成果

加拿大金融监管研究

左连村 ◎ 著

中山大学出版社
SUN YAT-SEN UNIVERSITY PRESS
·广州·

版权所有　翻印必究

图书在版编目（CIP）数据

加拿大金融监管研究/左连村著.—广州：中山大学出版社，2017.10
ISBN 978-7-306-06125-6

Ⅰ.①加… Ⅱ.①左… Ⅲ.①金融监管—研究—加拿大 Ⅳ.①F837.111

中国版本图书馆 CIP 数据核字（2017）第 183257 号

出 版 人：	徐　劲
策划编辑：	金继伟
责任编辑：	林彩云
封面设计：	曾　斌
责任校对：	周　玢
责任技编：	何雅涛
出版发行：	中山大学出版社
电　　话：	编辑部 020-84110771，84113349，84111997，84110779
	发行部 020-84111998，84111981，84111160
地　　址：	广州市新港西路 135 号
邮　　编：	510275　　　　传　真：020-84036565
网　　址：	http://www.zsup.com.cn　E-mail:zdcbs@mail.sysu.edu.cn
印 刷 者：	广州家联印刷有限公司
规　　格：	787mm×1092mm　1/16　17.25 印张　385 千字
版次印次：	2017 年 10 月第 1 版　2017 年 10 月第 1 次印刷
定　　价：	58.00 元

如发现本书因印装质量影响阅读，请与出版社发行部联系调换

作者简介

左连村　1950年4月生。1979年9月考入中山大学经济学系读研究生，毕业后分配到广东外语外贸大学工作。曾担任广东外语外贸大学国际经济贸易学院副院长、广东外语外贸大学国际经济贸易研究所所长等职，硕士研究生导师。现为广东外语外贸大学南国商学院教授，广东外语外贸大学经济贸易学院教授，广东外语外贸大学金融学院教授，教育部区域和国别研究培育基地广东省广东外语外贸大学加拿大研究中心研究员，广东省人文社会科学重点研究基地广东外语外贸大学国际贸易研究中心研究员。1988—1989年赴印度德里大学德里经济学院学习，1999年赴英国艾伯泰大学作高级访问研究学者，1995年、2002年、2009年先后三次赴加拿大作高级访问研究学者。曾担任国家商务部CEPA协议特约研究员，担任广东省人民政府决策顾问委员会专家委员，现为广东省商业联合会高级顾问、广东经济学会学术委员会委员、广东港澳经济研究会副会长、广东消费经济学会副会长、广东第三产业研究会副会长、广东南方软实力研究院副院长。先后承担教育部、商务部、广东省社会科学基金、广东省社会科学界联合会、广东省高教厅、广州市社会科学基金会、广东省政府发展研究中心等机构的立项课题研究工作。主持并参与广东省多个地区的经济社会发展战略研究。主要教学与研究领域有：经济理论、区域经济、国际贸易与金融、粤港澳合作、印度经济、加拿大经济、中欧经贸合作等。独著与合著出版著作9部，发表学术论文300余篇。著作《邓小平对外开放理论与广东的实践》获得国家图书奖，《国际离岸金融市场理论与实践》一书曾获得中南地区大学出版社优秀图书二等奖，论文《澳门回归后制度改革的评价与建议》曾获得澳门首届人文社会科学优秀成果奖二等奖，论文《中国入世对中欧经贸关系的影响》曾获得广州市哲学社会科学优秀成果奖三等奖，论文《专门用途英语（国际贸易）专业的创设与实践》获得省级优秀教学成果二等奖。2007年被评为广东省南粤优秀教师，2008年被评为广东省省级教学名师。

前　言

　　1995 年，我第一次在加拿大政府 SACS（Special Award for Canadian Studies，加拿大研究专项奖学金）项目支持下访问加拿大，在撰写《加拿大银行业跨国经营战略》这篇文章时，偶然发现在 1929—1933 年世界大危机中，加拿大银行业并没有受到太大损失。在那一场使世界经济倒退 40 年、美国倒闭几千家银行的大危机中，加拿大银行竟能基本安然无恙，着实给我留下了深刻的印象。2009 年，我有机会在加拿大政府 SACS 项目支持下第三次访问加拿大，当时访问的课题是"中加金融监管比较研究"。那时正值国际金融危机时期，在发达国家的金融业都普遍受到较大影响的时候，加拿大受到的损失却很小。2008 年世界达沃斯论坛把加拿大的整体金融表现排在世界第五位，银行业的表现排在世界第一位。这使我想起了加拿大金融业稳健发展的历史传统，因此，怀着很大的兴趣去进一步了解了加拿大的金融发展情况。回国后发表了《加拿大金融监管的特点及启示》一文，但有许多问题尚未涉及。

　　加拿大对本国的金融业发展经验很看重，并引以为荣，同时也希望其他国家的学者对此进行研究和宣传。2012 年，加拿大外交和国际贸易部推出了"了解加拿大，加拿大研究"的专项研究项目，我在原来访问课题的基础上扩展了内容，并以"中加金融监管比较研究"为课题进行申报，最后获得了加拿大驻北京大使馆和渥太华总部（即加拿大外交与国际贸易部）的批准，从而有机会在项目的推动下进一步研究加拿大金融业的发展和金融监管问题。

　　加拿大金融业的发展为世界各国提供了宝贵经验，许多做法可以为其他国家所借鉴。但加拿大金融业的管理做法也是与加拿大的实际情况紧密联系的，一些做法对其他国家可能不一定适用，这主要是由于国情不同。比如加拿大土地面积占世界第二位，而人口还不到中国上海市人口数量的 1.5 倍（上海市 2014 年 2426 万人，加拿大 2014 年 3541 万人）。加拿大地广人稀、经济发达，在对中国与加拿大的金融监管进行比较时，金融政策制定和金融运作模式等许多方面都存在很大的不同。因此，研究加拿大首先应当是了解加拿大的金融状况，其次是结合本国国情进行借鉴。

　　2013 年 12 月，"中加金融监管比较研究"课题顺利结项，加拿大驻北京大使馆在给我的结项通知中说道："我们很高兴获知您这个项目取得了丰硕的成果，祝您在加拿大研究领域取得更大成就。"受此鼓舞，我决定在课题研究成果的基础上增加相关内容，编辑成书。另外，本书的部分内容曾在广东外语外贸大学开设的国际金融课程中作为案例进行讲授，这也是"中加金融监管比较研究"课题立项的要求。案例教学要求学生围绕加拿大金融问题撰写课程论文，这促进了学生对加拿大金融业相关资料的搜集，而这些资料对本书的写作起到了一定的参考作用。本书第八章的有关专题研究，其中有一部分是本人与我的学生共同发表的文章，本次收录时有所修改。

　　本书的出版，得到了广东省质量工程建设项目广东外语外贸大学南国商学院国际经济贸易综合改革试点项目的资金支持。

目 录

第一章 加拿大金融业发展概况 …………………………………… (1)
  一、加拿大社会经济简况 ………………………………………… (1)
  二、加拿大金融业的整体发展 …………………………………… (4)
  三、加拿大银行业发展 …………………………………………… (5)
  四、加拿大证券业发展 …………………………………………… (8)
  五、加拿大保险业发展 …………………………………………… (10)
  六、加拿大信托业发展 …………………………………………… (12)
  七、加拿大其他金融业发展 ……………………………………… (14)

第二章 加拿大金融业监管总论 …………………………………… (18)
  一、金融监管概述 ………………………………………………… (18)
  二、加拿大金融监管制度的演进历程 …………………………… (21)
  三、加拿大金融监管的特点 ……………………………………… (25)
  四、加拿大"两级多头"的金融监管体制 ……………………… (27)
  五、加拿大主要金融监管机构及职能 …………………………… (29)
  六、加拿大以风险为核心的金融监管框架 ……………………… (36)
  七、加拿大金融业对消费者的保护 ……………………………… (42)
  八、加拿大金融监管对中国的启示 ……………………………… (46)

第三章 加拿大银行业监管 ………………………………………… (53)
  一、现代银行监管理论及加拿大银行监管研究综述 …………… (53)
  二、加拿大银行监管的历史沿革 ………………………………… (56)
  三、加拿大银行监管的主要内容 ………………………………… (60)
  四、加拿大银行监管的特点及动因 ……………………………… (70)
  五、加拿大银行监管制度的国际比较 …………………………… (74)
  六、加拿大银行监管制度的不足和发展趋势 …………………… (83)
  七、加拿大银行业监管的国际合作与外国银行市场准入管理 ……… (86)
  八、加拿大银行监管对中国银行业监管改革的启示与借鉴 ……… (87)

第四章　加拿大证券业监管 （94）
    一、证券业监管概述 （94）
    二、加拿大证券业监管体制 （96）
    三、加拿大证券业监管的主要范围 （103）
    四、加拿大证券业监管的特点 （107）
    五、加拿大证券业的合规管理 （111）
    六、加拿大证券业投资者保护制度 （117）
    七、加拿大证券公司信息隔离制度 （122）
    八、加拿大上市公司信息披露制度 （128）
    九、加拿大上市公司的定价制度 （136）

第五章　加拿大保险业监管 （141）
    一、保险业监管的必要性 （141）
    二、加拿大保险业监管体制 （142）
    三、加拿大保险监管的特点 （144）
    四、加拿大保险业非现场监管 （145）
    五、加拿大保险公司偿付能力监管模式 （147）
    六、加拿大保险业市场准入监管 （151）
    七、加拿大对保险代理人的管理 （152）
    八、金融危机中加拿大保险业及其监管的应对措施 （153）
    九、加拿大保险公司的组织形式 （155）
    十、加拿大保险业监管对中国的启示 （158）

第六章　加拿大房地产金融监管 （164）
    一、房地产金融的特点和作用 （164）
    二、加拿大土地管理制度 （166）
    三、加拿大房地产的类型及管理 （168）
    四、加拿大房地产金融运行特征 （168）
    五、加拿大房地产税收政策 （171）
    六、加拿大房地产估价制度 （175）
    七、加拿大房地产金融的监管及特点 （178）

第七章　加拿大其他金融业监管 （185）
    一、加拿大信托业的监管 （185）

二、加拿大信用社（合作基金）的监管 …………………………（191）
　　三、加拿大融资租赁业的监管 ……………………………………（199）
　　四、加拿大共同基金业的监管 ……………………………………（208）

第八章　专题研究 …………………………………………………（217）
　专题一　21世纪初世界金融危机对加拿大的影响及启示 …………（217）
　　一、21世纪初世界金融危机对加拿大的影响 …………………（217）
　　二、加拿大经济与金融发展的优势 ………………………………（220）
　　三、对我国的启示 …………………………………………………（222）
　专题二　加拿大商业银行国际化竞争战略及其启示 ………………（225）
　　一、加拿大商业银行国际化竞争战略的历史发展 ………………（225）
　　二、20世纪80年代以后加拿大银行的国际化竞争战略 ………（227）
　　三、几点启示 ………………………………………………………（229）
　专题三　加拿大房地产业发展的多视角观察 ………………………（232）
　　一、从宏观经济视角看加拿大房地产发展的生态环境 …………（232）
　　二、从历史视角看加拿大房地产的发展战略及特征 ……………（233）
　　三、从法律视角看加拿大房地产业的监管措施 …………………（238）
　　四、对中国房地产发展的启示与借鉴作用 ………………………（240）
　专题四　加拿大存款保险制度及启示 ………………………………（243）
　　一、存款保险制度概述 ……………………………………………（243）
　　一、加拿大存款保险制度的管理做法 ……………………………（244）
　　三、对中国实行存款保险制度的启示 ……………………………（248）

参考文献 ………………………………………………………………（251）

第一章　加拿大金融业发展概况

一、加拿大社会经济简况

1535 年，法国航海家杰克斯·卡蒂埃尔（Jacques Cartier）接受当时法国国王弗朗索瓦一世的命令，去探索通往亚洲的航道。卡蒂埃尔首先来到了圣劳伦斯海湾，他希望这是通往亚洲的必经之路，于是沿着圣劳伦斯河逆流而上。然而他并没有到达他所期盼的亚洲，却来到了魁北克，即当地印第安人称之为斯塔达科纳（Stadacona）的地方。当时有两名印第安青年告诉了卡蒂埃尔通往"kanata"的路线，他们当时指的就是斯塔达科纳的村庄。由于缺乏该地区的具体名称，卡蒂埃尔便将其称为加拿大（Canada）。Canada 一词是直接源于印第安语的 Kanata，即"群落"或"村庄"的意思。正是在这时，Canada 一词被写进了国家的历史。卡蒂埃尔在向法国国王报告时，首次使用了"Canada"来指他所到达的魁北克。卡蒂埃尔当时所称的加拿大指的是包括斯塔达科纳（魁北克城）在内的隶属于大酋长的所有地区。此后，加拿大一词涵盖的领土面积大幅扩大。

加拿大原为印第安人与因纽特人的居住地，16 世纪沦为英法殖民地。1756 年加拿大爆发英法大战，战争持续 7 年，最后法国战败，并通过 1763 年的"巴黎和约"使加拿大成为英属殖民地。1791 年，魁北克被划分成上加拿大和下加拿大，此时加拿大一词首次被官方启用。上下加拿大于 1841 年重新统一，成为加拿大省。

1867 年 7 月 1 日，英国国会通过《英属北美法案》，将英属北美殖民地的加拿大省（后被重新分成安大略和魁北克两省）、新不伦瑞克省和诺瓦斯科舍省合并为一个单一的加拿大联邦，成为英国最早的自治领。此后，其他省也陆续加入了联邦。联邦成立时，将新国家定名为加拿大。此时，加拿大获得了内务自主权，但外交和军事自主权仍由英国控制。

1926 年，英国议会通过了《威斯敏斯特法令》，承认了加拿大的平等地位，加拿大开始拥有了外交和军事自主权。1931 年，加拿大成为英联邦成员国，其议会也获得了同英国议会平等的立法权，但仍无修宪权。虽然加拿大已是一个国际公认的独立国，但特殊的自治领关系却一直存在。1982 年 4 月 17

日，加拿大国会通过了新宪法，并得到英国国会通过废止旧宪，加拿大把 7 月 1 日的自治领日改名为加拿大日，这样，加拿大便事实上从英国独立了。宪法规定，加拿大实行联邦议会制，尊英王为加拿大国家元首，总督为英女王在加拿大代表，英语、法语均为官方语言。宪法宗旨是和平、秩序和良政。

现在的加拿大，国土面积约 9 984 670 平方千米（世界第 2 位），人口 33 476 688 人（2011 年），人口密度 3.4 人/平方千米（居世界第 219 位），是一个典型的地广人稀的国家。加拿大全国分为 10 个省和 3 个地区，首都设在渥太华。居民中英裔约占 42%，法裔约占 26.7%，其他欧洲人后裔约占 13%，土著居民约占 3%，其余为亚洲、拉丁美洲、非洲裔等。其中，华裔人口已占加拿大总人口的 4.5%，成为白种人和原住民以外的最大族裔。宗教信仰主要是信奉天主教（占 45%）和基督教新教（占 36%）。

1867 年建立联邦以来，加拿大基本上由自由党和保守党轮流执政。议会由参议院和众议院组成，参众两院通过的法案由总督签署后成为法律。总督有权在总理的请求下召集和解散议会。政府实行内阁制。由众议院中占多数席位的政党组阁，其领袖任总理。加拿大设联邦、省和地方（一般指市）三级法院。最高法院的裁决为终审裁决。最高法院的法官均由总理提名，总督任命。

加拿大的高等教育发达而且富有特色，拥有世界著名的顶尖一流高等学府。加拿大也有着其政府和人民引以为豪的、多元和包容的文化环境，这成为吸引移民的主要原因之一。2005 年 7 月 20 日，加拿大成为全球第四个全国性给予同性注册结婚的国家，也是第一个将同性婚姻合法化的美洲国家。

加拿大是经济合作与发展组织成员、也是 G8（八国集团）、G20（二十国集团）、北大西洋公约组织、联合国、英联邦、世界贸易组织等重要国际组织成员，国民拥有较高的生活质量，位于全球经济发达国家的行列。加拿大的制造业、高科技产业、服务业发达，资源工业、初级制造业和农业是国民经济的主要支柱。加拿大经济国际化程度高，受美国的影响较深，对外贸依赖较大，是世界十大贸易国之一。美国、中国、墨西哥、日本、德国及英国等是加拿大的主要贸易伙伴，加拿大被称为以贸易立国的国家。

2010 年加拿大国内生产总值（购买力评价）1.33 万亿美元，排世界第 14 位；人均 GDP（国内生产总值）39 033 美元，排世界第 11 位；国内生产总值（实际汇率）1.1563 万亿美元，排世界第 8 位；人均 GDP 45 888 美元，排世界第 11 位；人类发展指数 888（2011 年），排世界第 8 位。2014 年加拿大 GDP 初值19 762.28亿加元，人均 GDP 为 55 605 加元。按年均汇率计算，2014 年，加拿大 GDP 折合美元 17 890.89 亿元，人均 GDP 约为 50 340 美元。2011—2014 年，加拿大 GDP 增速基本保持平稳增长。每一季度 GDP 增幅在

0.2%~0.9%之间上下波动。2014年经济增长2.5%。但2015年加拿大经济发展有所下降，加拿大统计局公布的数据显示，受国内需求和外贸双重萎缩的拖累，加拿大2015年实际GDP总量为1.98万亿加币，折合美元1.55万亿，增长1.2%，约为2014年增长率的一半。2015年人均GDP为4.32万美元。

加拿大地域辽阔，森林和矿产资源丰富。已探明金属和非金属矿物有60余种。根据2007年统计，许多资源储量在世界的排名靠前，其中钾居世界第一，铀、钨、钼居世界第二，镉、铝居世界第三，镍、铅居世界第四、五位。原油储量居世界第二，森林面积居世界第三，淡水资源占世界的9%。

加拿大的制造业和高科技产业发达，制造业、建筑、采矿构成加拿大国民产业经济的三大支柱。有色冶金、通信电子、运输设备制造、电力水利、纸浆造纸、新能源新材料等产业拥有世界领先水平。此外，石油化学、时装轻纺、森林建材、食品饮料、汽车制造、黑色冶金等亦为重要的工业部门。2007年，加拿大制造业占国内生产总值的15.19%，从业人员占全国就业人口的10.58%。建筑业总产值占国内生产总值的5.98%，从业人员占全国就业人口的4.66%。2014年，制造业总产值1732.67亿加元，占国内生产总值的8.8%，从业人员171万，占全国就业人口的9.6%。建筑业总产值1173.81亿加元，占国内生产总值的7.2%，从业人员137.1万，占全国就业人口的7.7%。

加拿大农业经济非常发达，是世界上最大的农产品出口国之一。农业主要种植小麦、大麦、亚麻、燕麦、油菜籽、玉米等作物。可耕地面积约占国土面积的16%，其中已耕地面积约6800万公顷，占国土面积的7.4%。2014年，农业人口67万，占全国就业人口的3.8%。加拿大渔业发达，75%的渔产品用于出口，是世界上最大的渔产品出口国。加拿大也是世界上农业机械化最高的国家之一。2003年，农、林、渔业总产值占国内生产总值的2.26%，农业人口占全国就业人口的2.16%。2014年，农、林、渔业总产值262亿加元，占国内生产总值的1.6%。

加拿大经济以服务业为主。2006年，服务业产值约占当年国内生产总值的68.4%，服务业从业人员占当年全国总劳动力的71%；2014年服务业产值为11421亿加元，约占当年国内生产总值的69.8%，从业人员1394.3万，占当年全国总劳动力的78%。

加拿大旅游资源十分丰富，旅游业十分发达。据世界旅游组织统计，加拿大在世界旅游组织收入最高国家中排名第九。2003年，旅游收入占国内生产总值的1.87%，2001年直接从事旅游服务业的人数为56.14万人。2012年，加拿大旅游业提供约170万个就业岗位，占加拿大全部就业岗位的9.4%。

2013年，旅游收入为164亿加元，接待外国游客166万人。主要旅游城市有温哥华、渥太华、多伦多、蒙特利尔、魁北克市等。

加拿大交通运输发达，水、陆、空运输均十分便利，人均交通线占有量居世界前列。2014年，运输业总产值为687.59亿加元，约占当年国内生产总值的4.2%，共提供89.68万个工作岗位，占全国工作岗位的5%。

加拿大经济发展中的一个重要举措，就是积极开展区域经济合作。1988年加拿大与美国达成美加自由贸易协定，协定取消了两国之间的关税。1994年，美加自由贸易协定扩展为北美自由贸易协定，将自由贸易区扩展至墨西哥。美加墨自由贸易区（NAFTA）的形成对加拿大经济的发展起到了推动作用。2012年，NAFTA涵盖的北美经济总量约为19.2万亿美元，成员间贸易总量达1.16万亿加元。其中，加拿大与美国和墨西哥之间的贸易额为6382亿加元。此外，加拿大还分别与以色列、智利、哥斯达黎加、欧洲自由贸易联盟（EFTA）、秘鲁和哥伦比亚签署了自贸协定，并不断与其他相关国家进行自贸协定的谈判。

二、加拿大金融业的整体发展

金融业在加拿大经济发展中具有举足轻重的地位，是加拿大经济的主要支柱之一。加拿大金融业也是全球表现最佳的国家之一。2000年，在国际货币基金组织开展金融业稳定评估中，加拿大金融体系被认为是世界上最稳定、最先进的金融体系之一。《世界经济论坛》2008—2009年全球竞争力报告中，加拿大金融业全球竞争力位列第五，其中银行享有声誉度和稳健程度名列第一。在2010—2011年的报告中，加拿大的银行体系又连续第三年被评为全世界最健全的银行体系。2012年加拿大金融业全球竞争力排名第六位。在2009年的金融危机时期，标准普尔公司也将加拿大银行系统评为世界上最健康的银行系统。加拿大金融业被普遍认为是目前世界上最安全、最健康的金融业之一。

根据中国驻加拿大使馆经商参处提供的数据，在2000—2010年的10年间，加拿大的服务业得到稳定增长。服务业增加值占GDP的比重从2000年的66.1%增加到2010年的72.2%，增加了6.1%。加拿大服务业包括15个领域，其中金融业一直处在服务业各领域中的领先地位。2000—2010年，累计增幅最大的五大服务领域依次是零售业（45.0%），行政支持及废物处理和修理业（40.0%），金融保险、房地产及相关租赁和企业管理业（36.1%），信息和文化产业（34.1%）以及批发业（32.2%）。2010年，前五大服务领域依次是金融保险、房地产和相关租赁、企业管理业（占服务业增加值的

28.9%)，医疗保健及社会救助业（占服务业增加值的9.3%）、零售业（占服务业增加值的8.6%）、公共管理业（占服务业增加值的8.4%）、批发业（占服务业增加值的7.8%）。2011年加拿大统计年鉴显示，金融保险业总产值由2000年的610亿加元增加到2010年的834亿加元。在2010年加拿大金融服务业增加值占GDP的比重为6.74%。截至2015年3月，加外汇储备为449.22亿美元，其中黄金储备1.33亿美元。2014年，联邦债务总额约10021.37亿加元。

加拿大金融业拥有先进的金融投资产品，完善高效的金融体系，健全严格的监管机制和最完善的监管制度。强大稳定的金融机构、金融市场、金融基础设施和管理，坚定了投资者的信心，吸引了全球性金融机构前往投资，成为国际金融投资的一级目的地。据加拿大政府统计，截至2009年年底，外国对加拿大直接投资累计达5494亿加元，其中美国占52.5%，英国占11.6%，荷兰占8.5%，瑞士占3.9%，法国占3.3%，巴西占2.7%，德国占2.5%，日本占2.4%，卢森堡占1.8%，中国占1.6%。

加拿大金融产业直接从业人员达到55万人，间接产生的就业岗位也超过50万人。整个行业门类齐全，是一个具有多元化的金融体系，包括银行、信托公司、信用社、人寿保险公司、财产保险公司、证券公司和投资代理等金融公司，达数千家。

三、加拿大银行业发展

在加拿大庞大的金融体系中，银行业处于核心地位。银行业的资产占整个金融业资产的60%，其中5家最大银行的资产占整个银行业资产的85%。银行的业务包括：接收存款、放贷、证券和外币买卖以及保险业务。目前，加拿大银行的资产已经超过7770亿加币，其中30%以上为外币。

在2012年《彭博市场杂志》每年一次的"全球最强银行"排行榜中，最为引人注目的是，入榜的银行大多都来自加拿大，特别是在全球银行前20强中，加拿大籍银行占有1/4，其中的4家银行还位于前10强。相比之下，美国只有3家银行上榜。

加拿大银行业是包括中央银行和商业银行在内的庞大银行体系。加拿大银行（Bank of Canada；Banque du Canada）是加拿大的中央银行，根据1934年《加拿大中央银行法案》而成立，实施中央银行的基本职能，即发行货币，代理国库，负责公债的发放和还本付息业务，保管商业银行的准备金，以及通过调整财政在商业银行的存款，发行和收回贷款，调整利率、汇率等手段来控制全国货币供应量,旨在维护加拿大财政金融的稳定和促进经济平稳发展。

加拿大的银行主要分为三类:第一类是国内银行,第二类是外资银行公司,第三类是外资银行分支机构。截至2013年5月,第一类的银行一共有26家,均为加拿大本土银行。这些银行必须按照《银行法》经营业务。根据调查,85%的零售银行业务通过电子交易方式完成,例如使用借记卡、电话银行、网上银行和无线掌上银行。其中,加拿大皇家银行(Royal Bank of Canada)、蒙特利尔银行(Bank of Montreal)、加拿大帝国商业银行(Canadian Imperial Bank of Commerce)、丰业银行(Bank of Nova Scotia)、多伦多道明银行(The Toronto-Dominion Bank)和加拿大国民银行(National Bank of Canada)6家全国性银行在整个银行业资产和存款占比高达90%,并从20世纪60年代以来,一直拥有稳固的市场垄断地位,它们为国内外的客户提供全方位的金融服务。

加拿大皇家银行成立于1869年,现为加拿大最大的商业银行,是加拿大市值最高、资产最大的银行,也是北美领先的多元化金融服务公司之一。加拿大皇家银行在全球拥有约7万名员工,在30多个国家设有分支机构,为1400多万客户提供各类金融服务。

加拿大帝国商业银行由加拿大商业银行(1867年成立)与加拿大帝国银行(1875年成立)于1961年合并而成,现为加拿大第二大银行。加拿大帝国商业银行总行设在多伦多,下有1600个分行、代表处、代理机构和附属机构,其中1500家设在本国,其余100家设在美国、英国、瑞士、意大利、中国、中国香港、新加坡、日本及中国台湾省等地区,聘用员工4.5万人,通过广大的分行网络,为600多万客户提供服务。

蒙特利尔银行成立于1817年,是加拿大最早的商业银行,现为加拿大第三大银行。加拿大历史上的第一张钞票即由该行发行。

丰业银行是北美著名的金融机构之一,在48个国家拥有4.4万名员工,通过由1800多家分公司和事务所组成的网络提供各种服务。

多伦多道明银行与旗下附属公司统称道明银行财务集团(TD Bank Financial Group)。该集团业务遍布全球主要金融中心,客户超过1400万。道明银行财务集团被评为全球首屈一指的网上财务机构,共有超过450万名网上客户。

加拿大国民银行始建于1859年。目前是加拿大主要宪章特许银行之一,也是魁北克省领先的银行,其代表机构、分行及众多联盟遍布并活跃于世界各地。

加拿大6家主要国内银行在美国、拉丁美洲、加勒比海、亚洲等国家和地区均设有分支机构，拥有大量的国际业务，这些业务因地理位置和战略方向的差异而不同。这6家银行在美国开发新的市场，主要是开展理财业务、投资银行业务和电子银行业务。同时，它们还投资于拉丁美洲、亚洲、加勒比海地区以及世界其他国家和地区的特定市场。2012年，加拿大银行业为本国GDP贡献了3.1%的份额。

在加拿大国内银行向海外扩张的同时，许多大型的国际银行也纷纷进入加拿大金融市场，它们在加拿大设立分行、代理行或办事处。虽然1999年通过的新立法允许外资银行在加拿大设立独资的分支机构，但是，除汇丰银行在加拿大设有较多的分支机构外，大多数外资银行都只有一两个支行或代理行。外资银行在加拿大境内主要经营公司业务和投资银行业务。截至2012年底，已经有23家外资银行分行（第二类银行）和27家外资银行分支机构（第三类银行）在加拿大开展业务。大多数第二类银行从事商业贷款业务，它们吸收存款，并通过一定的金融工具在货币市场上来筹集资金。在这些银行的存款同样有存款保险资格。在加拿大，加拿大存款保险公司（Canaba Deposit Inxurance Corporariton，CDIC）对外资银行也提供存款保险业务。27家第三类银行中，包括在加拿大经营业务的23家提供全面服务的外资银行分行和4家外资银行贷款分行。加拿大政府允许设立第三类银行，既方便了本土银行的海外经营发展，同时也吸收了海外资金，使加拿大企业能获得多种借款渠道。

近年来，加拿大银行业一直保持着优良的经营业绩。2012年，加拿大银行业的营业收入是3400亿加元，加拿大银行业的总资产、存款总额和贷款总额在过去几年里也不断增长。

加拿大银行部门在国内拥有遍布全国的银行网络，包括8000多家分支机构和近18 000台自动银行机（Automatic Banking Machine，ABMs）。加拿大是世界上人均ABMs最多的国家，并且拥有世界上最先进的信用卡、网上银行、电话银行等。2012年，加拿大境内流通7 390万张信用卡，ABMs处理了8.42亿加元的业务，这使得加拿大ABMs的使用效率达到了世界最高水平。6家主要国内银行的网上银行注册用户在过去几年里急剧增长，由1997年的16万增加到目前的1000多万。电话银行也是加拿大银行部门的业务处理渠道，电话银行允许客户在全天24小时内通过电话进行账户查询、转账和账单支付。加拿大银行部门85%的零售业务是通过电子银行办理的。加拿大2012年关于金融服务费用的银行业年报表明，电子银行是成本最低的银行服务方式。

来自约克论坛2014年3月6日的信息，奥克维尔（Oakville）一家公司依据性能及网上服务，对加拿大众多银行进行了评分排名。根据网上银行调查，加拿大皇家银行得分75，排名首位，其已连续两年位居首位。加拿大丰业银行得分74、蒙特利尔银行得分71。多伦多道明银行和加拿大帝国商业银行的得分分别为70和60,进入了榜单前5名,而宏利银行得分29,成为榜单垫底的银行。此项调查是针对银行网站的可用性进行评估,如网上账户服务、网站交易、网上账户利率和用度与网上账户资源。

加拿大商业银行由联邦政府特许经营。根据银行法,加拿大特许银行即商业银行分为A、B两级。A级银行指本国银行,它们归加拿大人所有,且每一股东持有股权不得超过总股权的10%。B级银行绝大部分为外资银行,也含少数合资银行。B级银行每一股东持股可达总额的10%以上。1988年,A类和B类银行又被改称为一类和二类银行。从数量上看二类的外资银行占多数,从规模上看一类的本土银行占优势。

20世纪50年代前,加拿大银行业的主要功能还只是接收存款和发放商业贷款。50年代后开始不断推出新服务和新产品。特别是随着银行法的不断修改,目前已经允许银行进行多元化的混业经营。1987年的立法允许银行拥有证券行。1991年的立法允许银行拥有信托和保险业务。金融服务业传统的"四大支柱"(银行、信托、保险和证券)从此合而为一,加拿大金融进入了混业经营时代。

四、加拿大证券业发展

加拿大的证券市场比较发达。股票的股份数、股份金额和交易量都很大。加拿大第一家股票交易所——蒙特利尔股票交易所,成立于1874年。1878年多伦多股票交易所成立。在长期发展中,加拿大形成有五大证券交易中心:多伦多、蒙特利尔、温哥华、卡尔加里和温尼伯证券交易中心。另外,还有3家期货交易所:多伦多、蒙特利尔和温尼伯期货交易所。多伦多证券交易所为全国最大,交易的股票价值占全国的80%以上。

1999年,温哥华证券交易所与亚佰塔交易所合并成为加拿大创业交易所。此次合并的目的在于建立一个规模更大、效率更高、竞争力更强的加拿大证券交易市场,以提升加拿大在国际金融市场中的地位和竞争力。和其他证券交易所相比,加拿大创业交易所的门槛最低,拟上市的企业不需要有公司业绩和盈利要求,只要有一个好的点子和一点种子资本就可以上市,因此最适合IT(信息技术)等高新技术行业。2002年加拿大创业交易所正式被多伦多证券交易所收购,成为多伦多证券交易所的创业板块。

目前加拿大已经基本形成三大专业证券市场,包括多伦多主板市场,即加拿大多伦多证券交易所(Toronto Stock Exchange,TSX)、加拿大创业板市场

（TSX Venture Exchange，TSXV）和加拿大自动报价交易系统市场（Cana diam Trading & Quotation Syseem，CNQ）。另外，蒙特利尔证券交易所也是具有一定特色的证券交易中心，主要从事金融衍生工具交易。

大型企业在多伦多主板市场交易，中小企业在加拿大创业板市场交易。多伦多主板市场具有153年的历史，是世界第七大、北美第三大证券交易所，截至2015年12月底，在多伦多主板市场挂牌上市的公司共有3559家，总市值为15 919亿美元，2010年总融资额为441亿加元。很多在多伦多主板市场上市的公司也同时在纽约证券交易所上市。

加拿大创业板市场于1999年11月由温哥华证券交易所和亚佰塔证券交易所合并而成，随后，艾佰特、多伦多和蒙特利尔也设立了企业板。其后在1990年代加拿大各地创业板进行了整合，并于2001年被多伦多证交所收购，成为其旗下的创业板市场。截至2015年12月底，有2183家上市公司，股票总市值234.24亿加元。加拿大创业板市场的另一个职能是向其他几家交易所输送新生力量，每年都有一定数量的上市公司在加拿大创业板市场"毕业"，进入规模更大的股票交易所。加拿大创业板市场在北美仅次于纽约证券交易所和纳斯达克、多伦多主板市场，位居第四位。

CNQ成立于2004年5月，起初的功能定位为自动报价系统。CNQ的成立使加拿大资本市场更加活跃，更具竞争性。CNQ的主要特点是：上市成本低，交易速度快，上市公司信息透明化，管理者对上市公司运作的干预少。

加拿大债券业发展非常成熟，主要包括政府债券和企业债券。联邦政府财政部与加拿大银行共同管理政府债券，政府债券全部由加拿大中央银行负责发售。加拿大中央银行按一定比例分配给各商业银行，商业银行分给其分支机构和各家小银行出售。政府债券的运作特点表现在：发行方式市场化运作，计划性很强，公开透明，招标方式固定，操作手段多样化。政府债券包括内债、外债和零售债。

加拿大公司债券的发行分为公开发行和私募发行。债券交易主要以场外交易为主。多伦多交易所基本没有债券交易量。债券市场又分为市商之间的交易，市商与机构投资者之间的交易。前者主要是大宗交易，通过经纪公司匿名进行。后者传统上是通过电话交易方式，但目前更多是通过电子交易平台进行。目前，Candeal（坎德亚尔）是加拿大最大的一家电子交易平台。2011年，Candeal的交易量占加拿大市商和机构投资者之间交易量的33%。

加拿大证券业的企业数自1999年以来增长迅速。截至2001年年底，共有198家证券公司在加拿大境内运作。7家最大的综合证券公司（其中6家为加拿大本土银行拥有，1家为美国大交易商）的收入占全行业总收入的71%。

零售公司占 20%，外国和加拿大本土机构公司占 9%。

从加拿大证券市场现状看，统计数据显示，1995 年以来，反映加拿大股票市场走势的加拿大标普指数（SPTSX）仅在 1998 年、2000 年、2001 年、2008 年四年呈下跌格局，加拿大证券业的资本实力和盈利水平在近 10 年来基本保持了稳步上升的发展趋势，尽管 2008 年的国际金融危机导致行业整体盈利水平突然掉头呈现下滑迹象，但在随后的 2009 年行业盈利水平随即回升。2010 年，加拿大证券业实现营业收入 158.78 亿加元、利润总额 47.89 亿加元。从股票交易总额看也是稳定发展的，2000 年股票交易总额 6347.04 亿美元，2005 年为 8450.17 亿美元，2010 年为 1.37 万亿美元，2015 年为 1.10 万亿美元。

总的来说，在近几年与其他成熟资本市场的比较中，加拿大证券市场是相对稳健的。即便是在整体经济环境动荡的 2008—2009 年，加拿大的证券业也能较好地避免损失。而这些也都是与加拿大的监管体系分不开的。一个好的监管体系，在面临危机时显得尤为重要。

五、加拿大保险业发展

加拿大是世界上保险业十分发达的国家。加拿大政府很重视保险业，体现在立法、制度设计、政府监管等方面上。在立法上，加拿大政府颁布了《保险法》《保险公司法》和《外国保险公司法》；设立了保险部管理保险公司的保证金并负责监管各种条例法规的实施，加拿大各省也都设有保险部，负责管理保险公司的财务经营情况以及审核保险条款和费率。从制度设计上，加拿大联邦和各省政府经营多种保险业务，包括出口信用保险和投资保险。加拿大政府于 1945 年制定、颁布了《出口信用保险法》，在 1947 年建立了出口信用保险公司，并在 1970 年根据《出口发展法》改为出口发展公司，为加拿大的商品、劳务和资本出口及投资提供出口信用保险和投资保险，保障出口商能及时获得出口贸易收入，确保加拿大本国的海外投资者的投资资本、投资收入，弥补因各种商业和政治风险造成的出口收汇和资本及收益的损失，有力地促进了加拿大的国际贸易发展和本国保险人在国际市场上的竞争地位。

加拿大保险市场上的主体包括寿险、财产险和意外事故保险公司。19 世纪初，加拿大诞生了第一家非寿险公司，此后，加拿大保险公司发展迅速，现在加拿大保险业资产位居加拿大金融业第二位。2001 年，加拿大联邦政府通过金融改革法案，保险业开始相互并购。截至 2002 年，加拿大共有保险机构 341 家，其中财产保险公司 198 家，人寿保险公司 143 家。2010 年加拿大非寿险公司有近400家。加拿大人寿市场形成了"加拿大人寿保险公司""宏利人寿保险公司"和"永明人寿保险公司"三足鼎立的态势。

加拿大的人寿保险市场非常国际化，竞争也极为激烈。开展这项业务的保险公司除了加拿大公司之外，还有美国、英国等国家的公司。同时，许多加拿大公司也在海外成功地进行经营。全行业从业人员约113 000人，其中约一半为全日工，另一半为独立经纪人。

加拿大宏利人寿保险是宏利金融集团（Manulife Financial，MFC.TO）属下的成员公司。加拿大宏利人寿保险公司1887年成立，现是加拿大规模最大的人寿保险公司，也是北美15家最大的人寿保险公司之一。宏利金融是加拿大主要的财经服务企业，业务遍布全球19个国家和地区，并获得国际标准普尔授予AA+评级。2004年，宏利金融与美国恒康金融服务有限公司及其加拿大附属公司合并，宏利金融成为加拿大第一、北美第二公司。中国对外经济贸易信托投资公司与加拿大宏利人寿保险1996年11月26日，在上海正式组建中宏人寿保险有限公司，这是中国首家中外合资人寿保险公司。

加拿大人寿保险公司（以下简称"加拿大人寿"）成立于1847年，是全国首间本土人寿保险公司。在加拿大，加拿大人寿为全国各地的个人、家庭和企业提供一系列广泛的保险及财富管理产品的服务。加拿大人寿是加卫人寿保险公司（The Great-West Life Assurance Company）的附属公司。加卫人寿及其附属公司（伦敦人寿及加拿大人寿）为超过1200万人提供服务，满足他们的理财保障需要。截至2010年12月31日，其管理的资产逾1920亿加元。

加拿大永明人寿保险公司（Sun Life Financial，SLF.TO）成立于1871年，为世界最大的50家保险公司之一。加拿大永明人寿保险在金融服务领域一直处于领先地位，是当今世界最大的保险和资产管理公司之一，2003年管理资产达1616亿美元。公司拥有专家万余人，整个网络包括65 000多名代理人和经销商，服务于全球的1200万客户。主要业务遍及加拿大、美国、英国和亚太地区。该公司1997年捐资100万美元在四川万县建立了一所中加友谊小学，并在宁夏和四川分别建立了儿童健康诊所，同时还大力资助中国的保险教育及培训工作。

财产及灾难保险属于人寿保险以外的普通保险，非寿险1804年首次被引进加拿大，1809年出现了加拿大首家普通险公司。目前，全国性的普通险大公司有100多家。1994年，53.1%的保费来自汽车保险，财产险占32.9%。第三责任险及其他灾害险占14%。外资公司及其分公司在普通保险市场上所占的比例极大，其中英国公司尤为突出。1994年英资公司的市场占有率达22%，加拿大公司占38%，其余的外资公司约占40%。

从加拿大保险业发展的国际比较看，各国保险公司所创造的保费收入分布是极不均衡的。加拿大为338.57亿美元，占世界的2.39%。

从表1-1的数据中，我们可以看出，从2008年开始，金融危机对加拿大保险公司在世界500强中的位置有一定影响，这一情况在2012年开始好转。在此表中，出现频率最高的公司为宏利金融，其在2012年以遥遥领先的营业额成为世界第181名，而这些榜上有名的保险公司都是股份制形式。

表1-1 2007—2009年加拿大主要保险公司排名及营业额

年份	排名	公司英文名	中文常用名称	营业额（百万美元）
2007	219	Manulife Financial	宏利金融	30 136.9
	249	Power Corp. of Canada	加拿大鲍尔集团	26 708.5
	333	Sun Life Financial	永明金融	21 405.4
2008	230	Manulife Financial	宏利金融	33 090
	271	Power Corp. of Canada	加拿大鲍尔集团	29 089
2009	226	Power Corp. of Canada	加拿大鲍尔集团	35 125.1
	276	Manulife Financial	宏利金融	30 947.5
2010	208	Manulife Financial	宏利金融	35 144
2011	240	Manulife Financial	宏利金融	36 533.7
2012	181	Manulife Financial	宏利金融	51 547.8
	335	Power Corp. of Canada	加拿大鲍尔集团	33 276.6
	485	Sun Life Financial	永明保险集团	22 831.2

数据来源：美国《财富》杂志。

六、加拿大信托业发展

信托业是金融业四大支柱之一。加拿大是资本主义国家中信托业发展较早的国家之一，而作为英联邦的成员国，加拿大与英国具有深厚的历史渊源，加拿大信托业自然继承了英国的信托原理，具有较为浓厚的英国色彩。但由于其国土与美国接壤，所以受到了美国信托业的影响。

1872年，加拿大成立了第一家信托公司，即多伦多通用信托公司，并于1882年开始办理信托业务。总的来说，加拿大的信托业务在19世纪并不发达。到20世纪初，全国信托公司仅10余家，1927年增至62家，分公司约90家，到20世纪80年代，加拿大的信托公司有近90家。在全国有1100多家分行及650多家地产办事处。1895年，加拿大正式颁布《信托公司法》，这是一部最早的比较完备的信托法规。加拿大的信托公司可以根据联邦或省的法律成立，并且可以跨省营业。

在加拿大的金融体系中，信托公司占据着重要的地位。信托公司管理不动产和信托资金，同时也吸收定期存款和发放抵押贷款。加拿大信托公司的业务主要分为两大类，一是信托业务，二是金融业务。信托业务是信托公司的传统业务，如年金信托、财产信托、信托投资等。金融业务则是新的发展。现在，加拿大的信托公司除了国际贸易融资和结算以及外汇买卖不办理外，其他的银行业务，信托公司都基本办理，如个人存款、放款，公司、政府的存款、放款，信用卡业务，银行团贷款，等等。

信托公司的服务对象包括企业和个人。服务项目包括股票的注册与转让、红利的分发和其他股东服务、债券的托管、养老金的托管等。目前这一行业的资产超过2950亿加元，信托公司也吸收存款和发放贷款。由于信托公司通常支付的利息较高，营业时间较长，其零存与定存业务增长较快，在过去10年中增长了300%以上。

综观目前加拿大的信托大公司，大致可分为三类：一是隶属于大银行财团的信托业务部门，如道明加拿大信托（TD Canada Trust）属于道明银行财务集团（TD Bank Financial Group）；皇家信托（Royal Trust）属于皇家金融计划（Royal Financial Planning），更属于皇家银行财务集团（Royal Bank Financial Group）；市民信托（Citizens Trust）属于加拿大市民银行（Citizens Bank of Canada）等；二是一般的投资信托公司，如加拿大合作信托公司（Co-operative Trust Company of Canada）、蒙特利尔信托（Montreal Trust）、人民信托（Peoples Trust）、权益信托公司（The Equitable Trust Company）等。三是涉足公益性质的环境资源保护、生命健康、教育类的公司，如Pengrowth能源信托公司（Pengrowth Energy Trust）、Prime West能源信托公司（PrimeWest Energy Trust）、加拿大奖学金信托计划（Canadian Scholarship Trust Plan，CST Plan）等。

在加拿大的信托公司中，由于大银行财团具有雄厚的实力，依附大银行财团的信托公司常具有较好的背景。道明加拿大信托（TD Canada Trust）属于道明银行财务集团（TD Bank Financial Group），道明加拿大信托银行的前身是多伦多道明银行。2000年，多伦多道明银行金融集团用80亿美元收购加拿大信托基金，更名为道明加拿大信托银行，使之成为一个隶属于集团旗下的银行。在道明加拿大集团内的五项主要业务之中，道明加拿大信托业务是其中之一。道明信托公司由于依靠着大金融财团，拥有雄厚的资金支持，发展速度很快。道明加拿大信托银行提供个人理财、中小企业借贷及信用、投资、理财建议、保险等一系列金融服务。

一般的信托公司虽然没有依附大银行财团的信托公司的实力雄厚，但由于从建立之初就专门从事与现代信托有关的业务，所以具有很多丰富经验。比如蒙特利尔信托，其最早可追溯至1889年3月21日的蒙特利尔安全储蓄公司，以存储和保管珠宝、首饰、货币、证券、文件等一切有价值物为主，在成立后的一年之内，该公司获得了经营信托业务的权利。

加拿大信托业经过100多年的发展，历史悠久，业务品种齐全，业务经营范围扩展到世界各个地区，发展过程中并购重组扩张特征明显，并注重金融手段创新，发展电子化交易。诸多信托公司都把业务扩展到全球各个地区。

七、加拿大其他金融业发展

1. 合作金融（信用社）

加拿大的信用社主要是由社区内的居民或行业内的职员为了在经济上相互帮助，按照自愿、公平的原则组织起来，实现金融互助的合作金融机构，它提供储蓄、贷款、支票等业务。信用社是消费者共同拥有的组织，由社员所有和管理，实行自主经营、自负盈亏，是独立的法人组织，服务对象主要为信用社社员。加入信用社的社员，无论存款数额大小或所持份额多寡，都是信用社的股东，拥有表决权。社员有权选举或竞选董事会成员、参加年度股东大会、对动议表决等。作为股东，社员享有每年一次的分红权利。信用社的存、贷款业务只与社员交易，而不与非社员发生交易。信用社由入股社员选举产生理事会和监事会，理事会聘任经理经营管理信用社。信用社理事会和监事会的成员不领取信用社的薪水，他们全部是兼职的志愿人员。

加拿大最早的信用社是帝雅鼎（Desjandins）先生1901年在魁北克省创立。经过长期的发展，截至2001年底，全国约有1 600家信用合作社，1 000多万社员，全加拿大信用社从业人员61 000人。目前加拿大信用社是世界上最具活力的合作制金融组织。信用社在加拿大全国都很活跃，但主要还是集中在西部省份和魁北克省。魁北克省是加拿大信用社的发源地，约70%的人口加入了信用社。魁北克省的帝雅鼎系统（信用社系统）已经成为魁北克省第一大金融机构，全加拿大第六大金融机构。萨斯克彻温省约60%的人口是信用社成员。2001年，加拿大信用联盟资产总和占加拿大存储金融机构国内资产总和的10%。信用社的业务主要集中在住房按揭融资、消费信贷和存款服务等。

加拿大的信用合作体系由基层信用社及其上级信用联盟构成。全国共有9个省级联盟，都是加拿大信用联盟中心的主要股东。加拿大信用联盟中心负责制定全国性的资金流动政策、监督资金流动状况，并在全国金融系统内代表信用社发出声音。

加拿大的信用联盟除少数情况外，基本没有在国外设分支机构。不过一直受信用社捐助的加拿大合作社协会（CCA），近来与加拿大国际开发机构（CIDA）合作在中国从事小型融资项目的研究。

2. 互惠基金（共同基金）

互惠基金（mutual fund）也称共同基金，是一种利益共享、风险共担的集合投资方式，即通过发行基金单位，集中投资者的资金，从事股票、债券、外汇、货币等投资，以获得投资收益和资本增值。大多数共同基金由信托公司组成，聘请专业经理人管理投资。银行和信用社等金融机构都参与基金的创建和基金销售。

加拿大的共同基金业开始于21世纪30年代，1932年，加拿大成立了第一个共同基金，即加拿大投资基金。早期加拿大的共同基金业发展比较缓慢，1962年成立了加拿大共同基金协会，此后基金业得到快速发展。特别是在国际金融自由化的推动下，加拿大的基金业成为加拿大金融业发展最快的行业。1993年底，全国基金总资产净值达1 146亿加元。90年代是共同基金业增长最快的时期。2001年，该行业从业人员达到90 000人。

加拿大基金业品种齐全，有互惠基金、私募基金、对冲基金等，而互惠基金是加拿大基金的主流。目前加拿大基金业的总规模已经超过7 000亿加元，各类基金公司有70多家，而互惠基金规模占绝对主导地位。截至2007年年底，互惠基金总规模为6 973亿加元，共发行了2 038个基金品种，全加拿大有49家互惠基金公司。加拿大的基金企业主要是专业基金公司，约占总规模的2/3，其余1/3是银行系基金公司。许多基金公司都有自己的特色服务，它们通过专业的基金经销商队伍和证券商网点推广自己的产品。由于加拿大银行垄断程度高，收益和服务质量也较弱，银行系基金的总体水准不如专业级基金公司，所以基金经销商得到发展壮大，目前加拿大共有158家基金经销商。

加拿大大部分基金投资于证券，尤其是股票市场，平均年复利增长率达到8%～12%，这其中也有年收益50%以上的明星基金，但明星基金中有许多已不对外开放,且管理费高昂。与银行业不同的是,加拿大基金业允许国外公司进入,进入门槛较低,竞争相对激烈,发展成熟,经营稳健。在次级贷危机时期,许多投资者在美国次贷危机笼罩下的资本市场中损失惨重,但加拿大基金公司由于经营专业,且大多锁定本土投资目标,有不少依然能获得正收益。加拿大基金业流动性不如美国基金业,但总体资金效率较高。

3. 租赁业发展

融资租赁业在加拿大金融业中占有重要地位。加拿大租赁业的发展促进了全国的生产力,提高了国民生活水平。资料显示,1992—2002 年间,基于资产的融资业直接使国民生活水平提高 2.3%。

加拿大租赁业在政府中有很高的认知度,租赁市场潜力很大。加拿大租赁市场由国内和国际银行租赁公司、大型独立实体和大量的小型租赁公司组成。融资租赁业包括基于财产的融资、设备和车辆租赁。加拿大租赁市场的主要特点是,整体市场规模较小,局限于特定设备的专业租赁公司不多,租赁公司的租赁服务呈现多样化。小型租赁公司的交易量主要取决于租赁承包供应商和供应商计划项目,中、大型租赁公司的交易则更多来自于直接承租客户。

根据中国国家商务部网站提供的信息资料,2010 年,加拿大租赁公司管理下的租赁资产共约 1030 亿加元,设备融资公司占 480 亿加元。大部分租户(60%)是中小型企业。加拿大 2004 年的商业设备融资为 190 亿加元。融资租赁业 2007 年融资最高达到 1 054 亿加元(1998 年仅 500 亿)。由于经济衰退,2008—2009 年的总资产融资下降至 808 亿加元。

租赁业在加拿大由各省自行负责管理,联邦政府对租赁不实行监管,但加拿大许多省区租赁业的相关法律和规定基本相同。加拿大租赁行业协会主要有加拿大租赁协会(Canadian Rental Association,CRA)和加拿大融资租赁协会(Canadian Finance & Leasing Association,CFLA)。两协会均是非营利机构,但要收取会员费维持日常运作,并提供一些行业相关的有偿服务,致力于促进会员企业的成功并推进租赁行业的发展。

加拿大租赁协会成立于 1965 年,在加拿大的不同地区设有分会和代表处。同时加拿大租赁协会隶属于美国租赁协会,是美国租赁协会的分会,因此加拿大租赁协会的会员可以与美国租赁协会共享资源。

加拿大融资租赁协会成立于 1993 年,由加拿大汽车租赁协会和设备租赁协会合并而成。加拿大融资租赁协会在加拿大拥有 200 多家会员,大多是在加拿大经营的设备和车辆租赁公司,包括大型跨国公司以及国内小型区域性企业,涵盖了对制造商的财务公司、独立租赁公司、银行、保险公司和行业供应商的金融服务。该行业的客户包括加拿大的小、中、大型企业以及消费者。加拿大融资租赁协会代表了加拿大以资产为基础的融资、设备和汽车租赁产业。这个行业是传统借贷（银行和信用合作）机构之外最大的债务融资提供者。

第二章 加拿大金融业监管总论

一、金融监管概述

(一) 金融监管的含义

金融监管,是指监管机关为保证金融业的安全与稳定,维护公众利益和促进社会经济发展,对金融机构及其业务活动、金融市场等实施的监督管理活动。广义的金融监管既包括国家金融监管机关的监管,还包括金融自律机构的自律监管。国家监管机关的监管是一种法定的监管,法律可以授权某个监督机构进行全面的监管,也可以授权几个监管机构分工负责监管。金融机构的自律监管主要包括行业自律机构对会员进行的监管,以及金融机构通过建立内控机制进行的自我监督与内部牵制。比较理想的金融监管是建立一套监管机关、行业自律组织与内部控制相结合的监管体系。

金融监管体系有广义和狭义之分。狭义的金融监管体系是指金融监管主体的组织结构,即为实现金融监管职能,对金融监管主体的职责和权力分配而设计的一系列行为规则,实质上就是由什么机构来监管、按照什么样的组织结构来监管,相应地由谁来对监管效果负责和如何负责等问题。广义的金融监管体系是指一国金融监管的制度安排,包括金融监管主体组织结构、金融监管法规体系、金融监管主体的行为方式等。

(二) 金融监管的必要性

在西方金融理论发展中,存在着反对金融监管和支持金融监管的不同观点。反对者认为监管会损害市场经济的自由度,不利于市场经济的发展。但自从经济学发生凯恩斯革命后,国家干预经济的思想长期占据主导地位,即使在20世纪70—80年代金融自由化的时期,国家对金融业的宏观干预也不曾放松。从理论和实践来看,金融监管的必要性主要体现在以下方面。

1. 市场失灵

金融市场失灵主要是指金融市场对资源配置的无效率。金融市场本身的失灵及缺陷是金融监管存在的重要原因。金融监管主要针对金融市场配置资源所导致的垄断或者寡头垄断、规模不经济及外部性等问题进行监管。因此，需要借助政府的力量，从市场外部通过法令、政策和各种措施对市场主体及其行为进行必要的管制，以弥补市场缺陷，通过金融监管可以在一定程度上纠正金融市场失灵的状况。

2. 金融业是现代经济的核心

金融是以货币为核心、以银行等金融机构为中介、以信用为手段、以市场为基础的经济交易行为。金融业涉及社会的各个领域和各个方面，在一国的经济体系中占有重要地位，是现代经济的核心。金融体系能否健康稳定地发展和运行，关系到一个国家经济体系的健康快速发展，因此，通过金融监管保证市场的稳定，维护金融秩序，保护公平竞争，提高金融效率等，都显得十分重要。

3. 金融业是特殊的高风险的行业

金融风险表现在银行、证券等各种金融领域，有借贷风险、经营风险、交易风险、道德风险等。造成金融风险的原因主要是信息不对称。事实证明，金融市场是一个信息不对称的市场。现在与未来、国内与国外、借方与贷方等许多方面都存在信息不对称的情况，这使得当事者存在风险的可能性，而金融机构自身的风险管理能力存在极大的局限性。金融业作为公共产品，关系到千家万户和国民经济的各方面，一旦出现风险，从居民、企业到国家，从经济到整个社会都会带来极大的不稳定性。因此，这种特殊性的行业决定了国家需要对金融业进行监管，通过一定的监管行为保护居民的利益和国家的经济安全。

（三）金融监管目标及效率

金融监管的目标，是指金融监管行为所要具体达到的目的。它是监管行为实施的指导方针，是监管理念的具体操作，也是检验监管效果的评价标准。总体来看，金融监管的目标主要包括，实现金融机构的经营活动与国家的货币政策目标的一致性；维护金融安全，减少金融风险，保障公众的利益和金融机构的合法权益；为金融业的发展创造良好、公平的竞争环境，促进社会经济的顺利发展。在各个国家金融监管的实践发展中，不同时期金融监管的具体措施和监管重心可能有所变化，但总体监管目标是保持稳定的，具体监管措施的调整都体现了对监管目标的完善和补充。

金融监管效率是判断评价监管体系运行作用的标准，既有宏观层面的效率，也有微观层面的效率。从宏观来看，在于一国金融制度是否促进了国民经济的增长。从微观来看，在于能否提高资源配置的效率、分散和化解风险发生的可能性、促进市场竞争和维护金融业稳定发展，在监管的同时促进金融创新的发展。金融创新涵盖多个内容，包括在金融制度、金融工具、金融机构等方面的创新。金融监管的制度设计和运转措施如果在发挥执行监管职能的同时，能够促进金融机构在以上所述方面进行创新，监管体制也能够伴随着监管对象以及监管环境的变化进行自身的创新，这种监管就可以说是有效的。

（四）金融监管的基本原则

为实现金融监管的总体目标和效率，无论具体监管目标如何变化，以下一些金融监管基本原则却为各国长期所遵循。

1. 预防风险为主的监管原则

由于金融系统风险非常容易传播和扩散，且后果严重，如果出现危机后再进行拯救，代价会异常沉重，所以预防风险为主的原则得到了长期坚持。

2. 加强被监管者内部控制机制原则

鉴于混业经营、全球化经营等形式和规模的变化，使得很多金融危机的发生都和内部控制的放松有关，这促使各国都注重督促被监管者强化内部控制机制。

3. 监管主体独立性原则

金融监管是专业性、技术性很强的活动，涉及面较广且复杂，其监管过程和目标容易受到来自不同方面利益主体的干扰。坚持监管的独立性，才能为金融业的发展创造良好、公平的竞争环境，促进社会经济的顺利发展。巴塞尔委员会订立的《有效银行监管核心原则》指出："有效的银行监管体系要求每个银行监管机构都有明确的责任和目标，都应具备操作上的独立性、透明的程序、良好的治理结构和充足的资源。"可见，监管主体的独立性是世界各国金融监管共同遵守的原则。

4. 依法监管原则

在市场经济条件下，金融监管机构依法监管是确保金融体系正常运行的保证。在金融依法监管过程中，金融监管机构必须依据有关法律、法规和规定实施金融监管，避免金融监管的随意性，从而体现金融监管的公正性、权威性、强制性，增强监管实效，维护金融运行的稳定与发展。

5. 国际合作原则

在经济全球化的情形之下，各国金融市场融合程度加深，风险扩散范围加倍扩大，强化国际合作机制的需求便日渐强烈。总体而言，金融监管的目标为依法维护金融市场公开、公平、有序竞争，有效防范和化解金融风险，保护广大存款人、投资者和被保险人的利益。

（五）金融监管体制

金融监管是一国金融监管当局为实现宏观经济目标和金融活动目标，依据法律法规对全国金融机构及其金融活动实施监督管理的总称。金融监管的重点是要解决由谁来对金融机构、金融市场和金融业务进行监管，按照何种方式进行监管以及由谁来对监管效果负责和如何负责的问题，即实行何种监管体制的问题。

从监管主体的多少来看，金融监管体制可分为一元化监管体制与多元化监管体制两种形式。一元化监管体制是指由统一的金融监管机构对金融业实行集中的单一型监管体制，部分发达国家和大多数发展中国家属于此类型，一般都由中央银行负责监管。多元化监管体制是指由两家或两家以上的监管机构分工负责进行金融监管的体制。实行多元化监管体制的国家，从中央和地方对金融监管权限的划分来看，又存在一线多元监管体制和双线多元监管体制的区别。实行一线多元体制的国家或地区，金融监管权力集中于中央，而中央又分别由两个或两个以上的机关负责监管，一般银行业由中央银行负责监管，证券业和保险业由其他的政府机关进行监管。实行双线多元体制的国家主要是联邦制国家，联邦政府和州（省）级政府都具有多元化金融监管权力，形成联邦和州（省）级政府双线多元的监管体系。实行双线多元体制的国家以美国和加拿大为典型代表。

二、加拿大金融监管制度的演进历程

（一）加拿大经济自由放任时期的金融监管

1929年经济大危机之前，受经济自由放任思潮的影响，加之金融活动复杂程度不高，加拿大金融监管机构较少并且不受重视。当时加拿大两大最主要的监管机构是保险监管办公室（The Office of the Superintendent of Insurance，OSI，简称"保监办"）和银行总监督官办公室（The Office of the Inspector General of Banks，OIGB，简称"银监办"）。保监办成立于19世纪末，随后变为内阁的保险部（The Department of Insurance，DOI），负责监管联邦注册的寿险公司、财险公司、信托公司和贷款公司以及养老计划，并向政府提供保险精算服务。但在工业革命的影响下，保监办的主要任务还是解决制造业发展过程中遇到的问题。银监办成立于1925年，当时是伴随家庭银行（Home Bank）的倒闭，由加拿大议会成立的监管机构，专门负责监管加拿大的特许银行。由于在自由竞争思潮的影响下,政府实行银行监管的观念并未得到普遍认同,也是出于监管成本和效率的考虑,当时主要采用金融机构自行规管的非现场稽核方式。在很长的时间内,由于缺乏对监管的重视,而且业务比较单调,银监办始终都是小规模运作,并未起到实际的监管效果。

早期加拿大银行业监管之所以发展缓慢并晚于保险业监管,是因为加拿大的银行体系长期比较稳固。加拿大早期的基础产业是农业、林业、木材加工业等,这类经济活动和资金需求季节性比较强,加上加拿大银行业实行英国式的分支行制度,银行体系在地区之间进行资金余缺调剂比较容易,这不仅保证了银行利润,也减少了银行倒闭的可能。

(二)加拿大金融分业经营时期的金融监管

1929—1933年经济危机的发生,导致世界上许多金融机构的破产,使人们意识到金融监管的重要性。在美国的《格拉斯-斯蒂格尔法案》的影响和带动下,加拿大由原来的金融混业经营走上金融分业经营的道路。与此同时,加拿大当局也开始从金融活动的被动参与者逐步向主动管理者转变。20世纪30年代早期,加拿大提出在金融体系中发展监督管理部门的理念。1934年其颁布的《银行法》,确定联邦注册银行的监管权归属中央。20世纪60年代,加拿大当局认识到原有法律和规范框架已经不能适应经济发展的新变化,亟待成立一个职能强大,且受政府大力支持的监管部门。1967年加拿大修改了《银行法》,这对加强银行监管起到了关键性作用。与此同时,为了保障小投资者的存款利益以及逐步改进加拿大存款机构的最低财务标准,加拿大财政部在1967年设立了存款保险公司(Canada Deposit Insurance Company,CDIC,简称"存保公司")。1983年,法律再赋予存保公司协助维持金融稳定和信誉的职责,银行也成为存保公司的监督对象之一。

进入20世纪80年代,金融活动愈加频繁和复杂,人们对金融监管更加重视,省级监管机构也纷纷建立,如安大略省存款保险公司、安大略省保险委员会、养老金委员会等机构都是在这一时期成立。

与加拿大金融分业经营相适应,这一时期的金融监管以分业监管为特征。保监办、银监办和存保公司共同承担具体的金融监管职责,其中银监办和存保公司是银行监管的主体,保监办则主要负责监管保险业,而省级监管机构则负责监管证券业。这种分业监管的模式在当时起到了较好的管制作用。另外,这一时期的金融监管呈现出由宽松监管向严格监管过渡的趋势,监管范围更广泛,监管目标更加具体。

（三）加拿大金融混业经营时期的金融监管

金融业的发展使原本存在于银行、信托公司、保险公司和券商之间的界限日渐淡化，这给金融监管机构的重新整合提出了迫切的要求。1985 年，加拿大商业银行（CCB）和北部银行（Northland Bank）的倒闭推动了监管机构的统一进程。1986 年 12 月，加拿大财政当局决定整合金融监管机构，在银监办和保监办的基础上成立加拿大金融机构监管局（The Office of the Superintendent of Financial Institutions，OSFI），简称加拿大金融监管局，并于 1987 正式成立。1992 年加拿大再次修改《银行法》，新修改的《银行法》允许银行可以从事传统银行业务以外的信托、证券和保险业务，其他金融机构也向银行业务渗透，从此加拿大金融业进入了合法的混业经营时期。

金融业的混业经营对监管提出了更高要求，此后加拿大银行法的每次修改对银行和其他金融领域的经营管理都有着更加严谨的制度安排。金融监管在坚持混业监管模式的基础上，也加紧对原有机制的调整。之前 OSFI 虽然是主要的金融监管部门，但是法律并没有明确规定其职责并赋予相应的监管资源。1996 年通过的 C-15 法案明确规定，OSFI 应通过推动行业规范的建设、降低银行经营失败的风险等手段，增强社会公众对金融体系的信心。该法案也特别强调了 OSFI 早期干预行为的重要性。1999 年加拿大财政部颁布了以风险管理为核心的《监管框架》，明确了 OSFI 进行监管操作的原则和方法。2001 年，加拿大成立金融消费者管理局（Financial Consumer Agency of Canada，FCAC），专门负责金融消费者的保护工作，并监察相关金融机构。

在 1999—2003 年间 OSFI 对下属部门进行改组以提高监管效率。在 OSFI 进一步明晰其职能的同时，各金融监管机构间合作交流增多，职能分工更加具体。1999 年成立金融市场监管机构联合论坛（Joint Forum of Financial Market Regulators），目的为协调保险、证券和养老金监管部门工作，简化规管金融产品和服务。2000 年成立加拿大金融交易和报告分析中心（The Financial Transaction and Reports Analysis Centre of Canada，FINTRAC），负责反洗钱反恐怖主义的融资监控，收集并分析可疑金融活动的信息，并与 OSFI 保持了密切合作。2001 年 10 月在 C-8 法案的支持下，成立的加拿大金融消费者管理局，意在加强对消费者的权益保护，并监察相关金融机构。2002 年 7 月成立的加拿大公共责任公会（Canadian Public Accountability Board，CPAB），通过实行对上市公司的审计员实行更严格的审查，建立更严格的审计人员独立性条例以及对企业审计的上市公司新的质量控制要求来增强对上市公司审计的独立公众监督。这一时期成立的还有加拿大证券管理组织（Canadian Securities Administrators，

CSA)、加拿大养老金监管局（Canadian Association of Pension Supervisory Authorities，CAPSA）、加拿大保险监管联合委员会（Canadian Council of Insurance Regulators，CCIR）等行业管理中心。在混业监管的框架下，省级监管机构与联邦监管部门对话合作机制的进一步完善成为这一时期监管制度的一个显著特点。

这一时期的银行监管表现为统一监管和功能型监管两大特征。监管领域不再以金融机构的种类来划分，对银行业、保险业、信托服务和养老金计划的金融监管由新成立的监管局统一执行，同时越来越关注对金融产品功能的监管。

（四）混业经营条件下加拿大金融监管的国内外合作

在加拿大金融监管局成立后，一个由监管局、存保公司、中央银行和财政部主要负责人组成的金融机构监督委员会也随之成立，该委员会负责协调解决监管机构间可能出现的分歧，并保障监管局行使监察权力，大大加强了不同金融监管机构之间的国内合作与协调。此外，省级监管机构与联邦监管部门的对话合作机制也进一步完善。行业自律协会、行业管理中心和金融协议成为这一合作机制的重要组成部分。在混业经营的条件下，银行监管与其他金融监管相互间紧密联系，各自的职能不断完善，各类监管部门间合作协调，成为这一时期加拿大金融监管制度发展的一个显著特点。

同时，加拿大金融监管与国际金融监管也有着良好合作。一方面引入了国际金融监管标准，另一方面开展了与国际监管组织的合作。早在1988年7月，巴塞尔委员会通过了《关于统一国际银行的资本计算和资本标准的协定》简称《巴塞尔资本协议》或《巴塞尔协议》，本文使用《巴塞尔资本协议》的表述。加拿大是《巴塞尔资本协议》的积极倡导者和实施者，是国际上最先使用《巴塞尔资本协议》的少数国家之一。加拿大还率先推行2004年6月巴塞尔委员会通过的《新巴塞尔资本协议》，并在2007年接受新巴塞尔资本协定。《新巴塞尔资本协议》提出的银行监管标准得到世界各国监管机构的普遍认同，它提出的以三大支柱——资本充足率、监管部门监督检查和市场纪律为主要特点的新资本监管框架，代表了未来银行监管理念的方向。《巴塞尔资本协议》虽然不具有强制执行力，但实际上却是银行监管的国际标准，被广泛采纳。加拿大一直是巴塞尔委员会成员之一，是协议的拥护者和先行者，通过采纳《巴塞尔资本协议》标准，进而提高了加拿大国内银行监管水平，促进了银行监管经验的国际交流。同时，加拿大金融监管部门与国际证券管理组织、国际保险监管协会、国际金融稳定局等国际金融监管机构都保持着密切的联系。

三、加拿大金融监管的特点

（一）加拿大金融监管制度的形成与发展具有明显的金融实践推动性特征

首先，金融危机的发生和金融机构经营失败是加拿大金融监管制度形成的直接原因。加拿大早期的金融监管组织体系是在经历金融机构经营失败和对危机的反思中产生和发展的。19世纪末，出于对少量金融机构监管的需要以及解决制造业发展中的问题，加拿大成立了保监办。1925年家庭银行的倒闭，催生了银行总监督官办公室的成立。1929年的经济金融危机导致众多金融机构经营失败，产生了金融分业经营制度和分业监管制度，以及20世纪60年代《银行法》的修改和存款保险公司的诞生。1985年商业银行和北部银行的倒闭，成为金融监管局、金融机构监督委员会以及若干省级监管机构产生的直接原因。

其次，日益活跃的金融业务活动促进金融监管制度逐步完善。加拿大金融监管模式的选择并不拘泥于金融业分业经营与混业经营的法定划分，而是更多地尊重金融业发展的实际需要。这种与实际紧密结合的特点突出表现在，混业监管的开始时间早于法定的混业经营开始时间。加拿大1992年修改的《银行法》允许银行和非银行金融机构的业务相互渗透，标志着加拿大金融业进入了合法的混业经营时期，而混业监管的模式早在1987年OSFI成立时就已经形成。混业经营合法化使得金融机构业务向多样化发展，衍生金融产品的创新和交易愈加活跃，进一步推动了混业监管的发展。得益于金融《监管框架》（Supervisory Framework），OSFI作为单一的综合性的金融监管机构实现了多个金融行业的跨业监管，成为名副其实的超级监管机构。因此，金融业的实践活动是推动金融监管制度形成、发展和不断完善的重要推动力。

（二）"两级多头"监管体制兼独立性与协调性于一体

加拿大金融监管的独立性表现在，联邦级和省级"两级"监管机构"分权"而治，分别对联邦级注册和省级注册的金融机构进行相对独立的监管。加拿大金融监管的协调性表现在，虽然两级监管机构独立处理各级事务，但并不彼此分割，他们通过签署协议加强合作，协调和减少矛盾。另外，两级监管项下有"多头"职能互补的部门，处理各级事务，还设有专门委员会协调各部门工作。加拿大金融监管体制无论是横向还是纵向都有明确的职能分工和清晰的权责体系。这种"两级多头"的特点主要受加拿大政治制度的影响而形成。加拿大为联邦制国家，早期受英国的政治经济的影响，接受了在联邦高度集中、在地方有庞大分支机构的银行保险体系，所以对银行和保险业的监管主要集中在联邦层次上。同时，因为加拿大地方各省对政治权利的要求和努力，各省在处理辖区内经济事务的自主权也较大；也因为加拿大的早期证券大多数是在省（区）范围内发行销售，所以现今对证券业的监管多以省级主导。"两级多头"监管体制保证了两级监管能够以清晰的权限进行分工合作，互不交叉，从而实现了统一协调的目的，保证了监管工作得以高效完成。

（三）加拿大金融监管具有较强的风险控制能力

加拿大财政部颁布的金融《监管框架》，建立了一套用以评估金融机构综合风险的标准化程序和风险指标体系，该体系遵循着净风险总评估——整体功能评级——资本、收益评级——综合风险评级的先后顺序，从评估重大业务到评估金融机构逐层深入。对于不同类型、不同规模金融机构的评估，虽然使用的行业数据和参照体系有所区别，但评估程序没有太大改变。这种标准化的评估评级，大大增强了评估评级的公正性和准确性，在各类大、中、小金融机构中得到广泛应用。标准化风险评估评级指标不仅能够对不同类型、规模的机构进行准确的风险评估，而且能够对处于不同风险等级的机构采取不同的监管要求和措施。此外，加拿大是全球范围内率先实行《新巴塞尔资本协议》的少数国家，在金融监管中非常重视对金融活动的风险识别和衡量。因此说，加拿大的金融监管机构具有相当强的风险控制能力，这从监管制度上保护了加拿大的金融机构。

（四）注重功能监管和弹性监管

加拿大实行混业监管制度前，是以金融机构种类作为划分监管范围的依据，实行混业监管后，监管部门根据金融功能而不是机构种类来设立，所以混业监管也被称为功能监管。功能型监管通过整合部门关系，明晰各部门的监管对象和权责范围来强化控制能力。比如金融监管局、存保公司和金融消费者管理局对银行的监管就是分别在金融主体（银行自身运行）、金融产品（存款安全性）和消费者意识（金融知识水平和维权意识）三个层次展开。功能型监管保持了金融机构的稳定，确立了监管机构的权威地位，提高了监管效率，同时也推动了监管机构间的交流合作。

加拿大金融监管中的管理介入制度体现了弹性监管的特征。在综合风险评估的基础上，金融监管局根据各项风险指标的评估结果以及对机构运行的综合考察，将金融机构的金融安全问题划分为不同等级，并根据金融机构的问题严重程度，确定对金融机构的监察力度和介入程度。这种因时而异、因人而异的弹性监管措施，不仅大大提高了监管效率，减少了资源和时间上的浪费，而且突出了监管的针对性，更有利于防范风险。

（五）金融监管法制化

在加拿大的金融监管实践中，依法监管是其明显的特征。第一，有比较完备的监管法律体系，一般在需要监管的领域都有相应的法律规范做支撑。第二，不断根据变化了的新情况对相关法律进行修改，保证对任何新的金融行为进行监管都有法律依据。以《银行法》为例，1992年以前，加拿大规定对《银行法》每10年修改一次。1992年之后，修改时间间隔缩短为每5年一次。但实际上进入21世纪后，日新月异的金融发展加快了法律体系的调整进程，加拿大国会几乎每年都会通过若干对《银行法》具体的内容补充和修改条例。第三，对相关金融法律法规一并修改，以避免法律适用过程中不同条款之间的矛盾冲突。第四，依法监管，加拿大监管部门严格遵循法律程序进行监管，公开透明，正如加拿大央行副行长保罗·詹金斯所说，最好的方法是将有效监管和透明的处理机制一同纳入金融体系的制度设计中。依法透明监管，增强了监管行为的效果和权威性。立法完善、依法监管和与时俱进是加拿大金融监管法制化的基本内涵。

（六）独特的金融监管理念

加拿大成立金融监管局的主要目的不是管制而是服务，不是为了消除金融机构倒闭的可能性，而是去推动行业规范的建设，帮助存款人、投保人和养老金计划参保人避免不必要的损失。从加拿大金融监管的实践来看，一方面通过系统的风险控制措施来监管金融机构，另一方面也适当放松了金融机构经营范围的限制，以适应金融机构在全球激烈竞争的环境下增强自身竞争力的需求。加拿大金融监管局独特的金融监管理念体现了加拿大审慎的金融文化理念，对加拿大金融监管和经济金融的稳健运行起到支撑作用。

四、加拿大"两级多头"的金融监管体制

加拿大建立的金融监管体制模式是联邦和省分权、分业监管的"两级多头"的金融监管体制，即多头平行监管体制。加拿大作为一个联邦制国家，金融机构准入注册和管理分为联邦政府和省区政府两个层级。

（一）联邦级监管

商业银行、部分的信托公司、保险公司、信用社、福利社以及养老金计划等关系重大的金融机构实行联邦政府准入注册管理制度，其监管重心是相关公司的偿付能力，目的是通过监管这些金融机构的资产偿还债务的能力去保护消费者的权益。

加拿大联邦级监管机构主要包括财政部、金融监管局、加拿大银行（中央银行）、金融消费者管理局、存保公司以及调查统计机构，监管部门之间有着密切的联系。财政部是加拿大的金融管理当局，负责制定金融政策，直接对加拿大议会负责，其他金融管理部门都受财政部领导，对财政部负责。金融监管局负责对银行、保险公司、信托公司等机构的综合监管。存保公司负责对存款人在其成员存款机构的存款提供政策性保险。中央银行负责制定货币政策和充当最后贷款人，并提供银行间的清算体系。金融消费者管理局主要负责保护金融消费者的利益。调查统计机构负责对金融机构的经营进行调查统计，并向财政部提供独立的调查报告。在这些金融监管机构当中，金融监管局是加拿大中央最主要的综合金融监管机构。

（二）省（区）级监管

加拿大的行政区域由10个省和3个地区组成。省（区）一级的监管对象是省级注册的证券公司、投资基金、信用合作社、保险公司、信托和贷款公司等金融机构，目标是对其市场行为实施监管。从全国主要金融领域的监管范围的划分，银行业和保险业等主要由联邦级监管机构监管，而证券业则主要由省（区）级监管机构监管。目前，各省区对金融业的监管分别通过金融服务委员会和证券委员会来执行。

（三）联邦级和省（区）级监管的关系

联邦级和省级监管机构无垂直领导关系，"两级"之间为平行机构，监管对象不同，对不同部门负责，不存在隶属关系，互不干涉彼此的活动，但存在密切的协调与合作。随着金融混业经营的发展和日益复杂化，大银行已经发展成为涵盖银行、保险、信托、证券、资产管理等金融业务的金融控股公司，系统性金融风险加大，对金融监管提出了更高要求。为了掌握更多的监管信息，联邦政府加强了与各省（区）金融监管的合作与交流。例如，在联邦级和各省级金融监管部门之间签署有关金融监管的协定，建立起相互之间信息沟通渠道。联邦金融监管部门通过国家设立的行业管理中心和行业自律协会实现对省属监管对象的某些影响。此外，加拿大存款保险公司和金融消费者保护协会也会通过制定行业规范对其成员实施影响。

近些年来，加拿大的证券业监管体制也开始出现走向全国统一监管的趋势。加拿大中央银行十分支持加拿大证券业实行全国统一监管，但由于各省区难以达成统一，而且涉及法律的修改，因此进程十分缓慢。

五、加拿大主要金融监管机构及职能

1995 年英国经济学家 M. Taylor 提出了著名的"双峰式"金融监管模式的理论。他认为清晰区别银行业、证券业和保险业传统的机构型监管制度已经不再是最好的监管体制，金融机构之间差异的缩小，以及大型金融企业和金融集团的出现，要求从更广泛的视角实施监管。Taylor 认为金融监管可以有很多目标，但主要的目标有两个：一是针对系统性风险进行审慎监管，以确保金融机构的稳健经营和金融体系的稳定；二是针对金融机构的机会主义行为进行合规监管，保护中小消费者和投资者的合法利益。为此，Taylor 主张建立两种委员会，即"金融稳定委员会"（Financial Stability Commission）和"消费者保护委员会"（Consumer Protection Commission），分别对系统性风险进行审慎监管和对金融机构的机会主义行为进行合规监管。

Taylor 的"双峰式"金融监管理论在西方发达国家产生了较大影响，比如 1998 年，澳大利亚的金融监管体制改革，在很大程度上就是沿着"双峰"理论的思路进行的。加拿大的金融监管也受到了一定的影响。但加拿大金融业发挥监管职能的机构，联邦和省区政府有 50 家，国内外还有 150 家协会、私营机构、标准化组织等参与其中。如何减少重复监管、提高监管效率，成为加拿大面临的难题。但在"双峰式"模式理论的影响下，自 20 世纪末开始，虽然金融监管机构数量没有减少，但监管权限在不同部门进行了再分配。加拿大金融监管机构的监管权限出现了相对集中的趋势。

（一）财政部

加拿大财政部作为联邦政府的重要组成部门，主要负责公共预算管理和执行。同时作为金融监管当局，在金融监管方面主要是制定加拿大金融体系的总政策和金融立法，包括外国金融机构的市场准入，外国金融机构的所有权、经营权及收购兼并等方面的规定。具体的金融监管职能，由其下属的金融监管局承担。

(二) 加拿大银行 (中央银行)

加拿大银行建立于1935年,它产生的经济背景是1929—1933年的经济大萧条时期,由于席卷整个欧美地区的金融风暴的影响,加拿大的经济也受到了沉重的打击。为了推广经济、稳定财政和发行货币,麦克米伦委员会于1933年向国会提出报告要成立中央银行。作为加拿大的中央银行,主要职责是负责货币政策的制定和执行、支持系统的运作、垄断货币发行以及作为最终贷款人。加拿大银行对金融机构主要从控制信用的角度进行管理,而不直接对金融机构进行具体的监管,也不制定金融监管方面的具体规章制度。在现实上,中央银行并不插手金融机构的市场行为、支付系统,因此,加拿大中央银行和金融监管部门职能分界清晰,没有任何的交叉关系。

(三) 金融监管局 (OSFI)

金融监管局是加拿大联邦级金融机构的主要监管者和金融监管规章制度的主要制定者,主要负责对所有银行、在联邦注册的保险公司、信托公司、信用社、福利社以及养老金进行综合监管,对财政部负责,独立于央行。同时还根据与各省区政府的委托协议,负责监管部分在省区注册的金融机构。

金融监管局是根据加拿大《财务管理法》,于1987年成立的一个政府机构。前身是加拿大的银行总监督官办公室和保险部。金融监管局下设法规部、监管部、专业支持部和公司事务部4个部门,另外还设有一个顾问委员会,局长由议会议长指定,其年度报告由财政部长向议会提交。金融监管局虽然是政府机构,而且名义上受财政部领导,但具有独立的监督管理权,不受其他机构制约。其主要职责是依据金融监管的法律法规,对金融业实行审慎的监督管理。其监管权限为:建立金融机构财务标准,审批金融机构市场准入,对金融机构资本金及经营合规性进行审查。对经营状况不符合法律规定及监管要求的金融机构,有权采取或要求金融机构采取必要的措施进行纠正。如有必要,有权以行为不当为由撤换银行董事或高级管理人员,并对违反法律法规的机构或个人给予经济处罚。

金融监管局的具体运作有着明显特点。第一,经费的来源主要是被监管金融机构上缴的监管费,各个被监管金融机构承担的费用根据资本比例分摊,资本越大,上缴的费用就越多。另外,政府也承担部分费用,主要用于国际的合作。金融监管局的预算上报财政部,也要抄送给被监管金融机构的董事会,接受被监管金融机构的监督。第二,金融监管局的监管工作有的放矢,规范有序,对每家银行都委派专职经理负责监管,对被监管金融机构至少每年检查一次，了解公司的经营情况、高管人员情况、公司的文化状况等，特别重视公司高管人员和独立董事对风险和监管的理解能力，力图从文化层面上增强监管的力度。第三，集中监管资源于风险突出的金融机构和金融领域。监管局只负责对重大风险项目的监管，而且只对金融机构的一级法人进行监管，对于分支机构则由被监管金融机构自行监管。第四，强调金融监管的持续性和前瞻性。金融监管局对一个金融机构通常实施不间断的监督，目的在于尽早掌握金融风险的动向，发现问题及时采取补救措施，从而减少出现系统性风险的可能性。第五，重视金融数据的收集和数据的真实情况。为做到数据的准时准确，金融监管局制定了严格的处罚政策，对不按时上报、误报、错报和恶意编造数据的行为进行惩处，因此，负责数据上报的人员都十分谨慎。通过这种手段，金融监管局一方面提高了监管资源的利用效率，另一方面也降低了金融机构所要承担的监管成本，两者的结合实现了效率和安全的统一。

由于加拿大金融监管局在金融监管中处于核心地位，因此需要对该机构的发展过程进行较为详细的陈述。

加拿大金融监管局是加拿大政府的独立机构，是联邦管辖的存款机构、保险公司以及联邦政府监管的私人养老金计划的主要管理者和监督者，职责是推进和管理规管框架，助推金融体系公信力的建设。该机构由保险部（The Department of Insurance，DOI）、原名保险监管办公室（The Office of the Superintendent of Insurance），与银行总监督管办公室（The Office of the Inspector General of Banks，OIGB）合并而来。

1986年4月，英国国务部长芭芭拉·麦克杜格尔公布了一项由Coopers和Lybrand编制的题为《评估当前OIGB的使命和行动》的研究结果。该研究是基于加拿大商业银行和北部银行的失败而进行的，研究结果主要指出三点经验教训：第一，OIGB应该扩大其检查、审查和测试工作的范围，使其内部和外部审计师的审计证明都有足够的可信度；第二，应通过提高员工的资历和经验增加新员工，加强员工培训和自我发展，改进培养和实践等方法，以提升OIGB的作用；第三，该报告认为在管理内外部审计人员方面应加强监管链条的衔接。同年8月，Estey在自己的报告总结指出，OIGB和DOI应该合并成一个新的加拿大存款保险委员会。该委员会由三名人员组成，分别来自银行业、会计、保险行业。这个报告还建议增加检查人员，补充更为合格的、有经验的银行审计师和银行信贷人员；而对于现有员工可通过培训提升其专业知识；有雄才伟略且已退休的监管机构和银行人才也可以被提拔使用。

次年，英国政府便颁布了一项法案正式确定将合并DOI和OIGB，新设立的机构名为OSFI，还建立了金融机构监督委员会。加拿大早年的金融机构，在众多经济事件和长年压力下，已无力继续下去。所以，OSFI 成立初期主要是为了缓冲金融市场的低迷期，以及应对金融市场的一些重大事件，例如 1988 年 7 月《巴塞尔资本协议》的实施。1990 年，OSFI 开始设计开发并实施一系列的监管规则，例如监管联邦政府的金融机构、实施退休金计划等。两年后，OSFI 出台了一系列备受关注的干预措施，以促进金融机构的全面改革，并于当年 6 月在联邦法规层面成功确立这些措施的地位。

加拿大宪法明确规定，OSFI 的主要职责是确保存款人、保险客户和养老金计划成员免受过度损失，提出和执行一个能够在竞争激烈的金融环境中维持公众信心的监管框架。为实现这些目标，1997 年，OSFI 着手开发一个全新的监管框架，即一个基于风险管理的更为全面的监督方法，并于 1999 年获准在整个金融机构实施。根据这个新的方法论，OSFI 开始聚焦于评估金融机构的风险及其资产质量的风险。这一举措，使得不少金融机构获得了风险补偿。

OSFI 与巴塞尔银行监管委员会，内外部监管同行，一同监管着加拿大的金融机构。2001 年初，二者的共同努力使得《巴塞尔协议 II》初步成型，并于 2007 年 11 月成功实施。加拿大作为第一个实施新巴塞尔协议的国家，其银行部门的风险资本比率由 OSFI 定义，这一比率高于巴塞尔协议的最低要求。OSFI 于 2001 年制定的风险资本比率目标是，商业银行的一级资本比率不低于 7%，总的资本比率不低于 10%。《巴塞尔协议 II》也被称为新巴塞尔协议。2010 年，巴塞尔委员会又通过了《巴塞尔协议 III》，加拿大是该协议的坚定支持者和践行者。同年 10 月，FCAC 作为巩固和加强消费者保护措施的监督机构而成立，以促进有效的信息共享。

紧接着，2002 年，OSFI 开始向联邦政府监管的所有金融机构提供一个综合风险等级来反映其经营的安全与稳健。

2003 年 5 月，为了使联邦政府监管的各金融机构能更好地与 OSFI 沟通和参与其活动，OSFI 的组织架构被重新分成三个部门：监管部门，负责风险评估和干预；管理部门，负责制定规则和审批；服务部门，负责支持监管和管理部门。OSFI 变成一个更精简的组织，能够更好地履行其职责。2004 年，OSFI 建立了自己的风险承受能力框架。当评估某金融机构的风险容忍水平时，这个框架的设定便可适用于广泛的管理原则。

2006 年 10 月，原 OSFI 负责人尼古拉斯·勒哥辞职，2007 年 7 月，副负责人朱莉·迪克森被任命为代理主管，成为新一任的金融监管局负责人。早在 2007 年夏初，全球金融市场就已经逐步下滑，朱莉上任初期，正是美国次级抵押贷款市场迅速蔓延到全球金融市场的严重低迷期。而此时，负责监管的 OSFI 则预测，加拿大的银行业，事实上几乎所有金融机构，在金融危机中的情况和表现都将好于许多全球同行。

在对经济衰退做出预期时，OSFI 对金融机构的压力测试能力就加大了关注度。同时，为了在加拿大金融机构中进一步支持严格的审慎，OSFI 就开办了年度风险管理研讨会，这样为各行各业部门首席风险官提供了一个和他们期望中的 OSFI 主管和监管机构沟通对话的机会。

2007 年，OSFI 与许多其他金融机构利益相关者共同向国际货币基金组织（IMF）提出回顾加拿大的金融体系并进行金融稳定计划评估。评估报告得出结论："加拿大的金融体系成熟，饱经历练和管理良好；在合理的宏观经济政策、严格的审慎、有效的监管和监督下，巩固了其金融市场的稳定。"

在应对全球金融市场动荡时，OSFI 适时增加了其招聘的努力，并尽可能挽留住员工的技术技能和行业经验，以应对快速变化和复杂的环境。

2011 年，从其应对金融动荡以及改变金融环境中的风险发展已有 10 多年的经验来看，OSFI 回顾和重提其在 1999 年首次引入的指导管理者在日常评价金融机构监管框架。

在经济危机中，与其他 20 国集团国家相比，加拿大各金融机构、FISC 合作伙伴（OSFI、加拿大央行、加拿大存款保险公司、金融消费者保护机构和财政部）之间紧密协作，一直致力于维护加拿大的金融系统的相对强劲和稳定性。

于 2011 年 1 月 1 日开始生效的国际财务报告准则（IFRS）当中，OSFI 还发表了修订的指导方针和建议。多年来，OSFI 本身的工作也获得了较大的支持，它和加拿大各金融机构还在国际金融和监管社区积极参与国际工作，这一直延续到今天。

（四）金融消费者管理局（FCAC）

2001 年 6 月，加拿大成立了金融消费者管理局（也可简称"金融消费局"）。该局的成立反映了加拿大重视和加强对金融消费者保护的政策取向。金融消费局的监管对象包括联邦注册的银行、保险公司、信托和贷款公司和零售协会。有别于金融监管局，金融消费者管理局对联邦注册的银行的监管并不包括外资银行代表处。其主要职责是，监督金融机构遵守联邦消费者保护法令，包括《银行法》《存款保险公司法》《信托和贷款公司法》《合作信用协会法》和《金融消费者管理局法》等。监测保护消费者利益的行业规范和自我管理规范的执行情况。宣传金融消费者的权利和义务，帮助消费者了解金融知识和获得必要的有关金融产品和服务的信息，增加对自身权利的认识。金融消费局每年通过财政部长向议会提交年度工作报告，内容包括有关自身活动和金融机构履行法律义务的情况。在强制执行力方面，当金融机构违反相关法律时，金融消费局可视违法的程度和频率，要求金融机构纠正错误，或者处以罚款、刑事制裁或采取其他必要措施。

（五）存款保险公司（CDIC）

1967年，加拿大设立存款保险公司（也可简称"存保公司"）。存保公司的监管对象包括会员银行、信托公司、贷款公司等接受存款机构。存保公司的会员银行包括第一类的国内银行，第二类的外资银行子公司，但不包括第三类的外资银行分行。省辖机构则须得到省政府的授权才能申请成为存保公司的会员。那些无会员资格的银行储蓄不受存保公司的保护。存保公司监管的主要职权包括：建立存款保险的条款和标准，确定保费，批准或取消银行的存款保险资格，积极调控和评估投保的金融机构的表现以及他们投保资金的风险，通过收购资产、提供贷款、在该机构存款等方式帮助会员银行度过暂时性的支付危机。对违反有关的风险管理和业务操作规定的金融机构，采取各类必要措施，如要求整改、征收罚金，直至取消保险或关闭该机构。其中，通过赋予或取消银行的保险资格是存保公司保障存款安全的主要手段。可见，存保公司的监管目标是保障小额存款安全，避免因银行破产导致的存款者利益损失。实际监管中，存保公司常常依据金融监管局对银行的评估结果，制定相应管理措施。

可见，金融监管局更注重对银行的运行状况的管理，存保公司更关注对存款安全性的保障，金融消费者管理局则以增强消费者维护自身权利的意识为己任。虽然表面上这三大监管机构的监管对象有所重叠，但监管侧重不同，减少了监管功能的缺失，还使监管制度更加完善，也是加拿大银行监管从机构型监管向功能型监管转变的具体体现。

（六）省级金融监管机构

加拿大省区级金融监管机构主要是证券委员会和金融服务委员会（Financial Service Committee，FSC）。省区证券委员会负责对本省内各证券公司（包括交易商、共同基金和投资顾问）的监管。目前省区证券委员会的监管权力受到金融监管趋于集中的形势的挑战，已经成立了加拿大证券管理联席委员会（Canadian Securities Administrators，CSA）以及相应的政策协调委员会，但这还不是真正的加拿大全国性的证券业监管机构，加拿大的证券业监管权力仍然归于加拿大10省3区各自的证券监管部门，并仍然适应于各省自己制定的法律法规。加拿大联邦和省区分权的政治架构，决定了各省区对金融市场的监管还将长期存在。加拿大各省区的金融服务委员会，负责对信用社、省注册的信托、贷款和保险公司进行监管，但省区监管的范围和规模不大。保险业的监管主要是由联邦负责，原因是在联邦注册的寿险公司和财险公司的保费收入分别占全国的 90% 和 80%，而且大多数省区都与联邦监管当局达成委托协议，由联邦监管当局代表各省区对在省区注册的寿险公司实施审慎监管。加拿大的信用社是世界上发展最好的合作金融组织，从农村由下而上逐步发展起来。虽然加拿大所有的信用合作社都是按照省区法律登记注册的机构，但除魁北克省只受省政府监管之外，目前它们都要同时受到联邦及省区政府的监管。目前加拿大共有 9 个省级信用联盟和 1 个加拿大信用联盟中心（CUCC），加拿大信用联盟中心由 9 个省级信用联盟共同出资成立。根据《信用社协会法》和有关委托代理协议，9 个省级信用联盟和加拿大信用联盟中心均由 OSFI 负责监管。因此对信用社的监管在实际上也已经纳入到联邦级金融监管的范畴之中。

（七）联邦金融监管协调机构

在两级多元的监管体制下，为协调金融监管政策和监管行为，加拿大还设立三个金融监管协调机构。一是根据《金融监管局法》（Office of the Superintendent of Financial Institutions Act）设立的金融机构监管委员会（Financial Institutions Supervisory Committee，FISC）。该委员会由金融监管局局长担任主席，由财政部、金融监管局、存保公司、中央银行和金融消费委员会参与组成。监管委员会定期交流信息，至少每季度召开一次会议，分析、评估系统性风险、确定监管重点，对影响金融体系稳定的机构、市场、工具和行为，实行金融风险监控，妥善处置问题金融机构，促进金融部门发展。二是高级顾问委员会（Senior Advisory Committee，SAC）。该委员会由财政部、监管局、存保公司、中央银行和金融消费委员会参与组成，主席由财政部副部长担任，其作用主要是协调金融政策的制定及发展。三是加拿大存款保险公司董事会。董事会由存款保险公司总裁任主席，成员有金融监管局局长、财政部副部长、加拿大银行总裁，存款保险公司董事会重点是研究存款保险问题。以上三个协调机构在协调监管政策、确保监管效率方面发挥着重要作用。此外，加拿大联邦和省政府的金融监管部门也建立了沟通协调渠道，目的是减少可能引发的矛盾，加强对整个金融体系的监管。

（八）行业自律组织的监管

行业自律组织（Self-regulatory Organizations，SROs）的监管主要是以行业协会自律管理为主的监管。加拿大的金融行业自律组织主要集中于证券业，这些机构主要包括：加拿大投资交易人协会（IDA）、加拿大基金经纪商协会

（Mutual Fund Dealers Association of Canada，MFDA）、市场管制服务公司（Market Regulation Service Inc.，RS）、多伦多证券交易所和蒙特利尔证券交易所。加拿大金融行业自律组织的监管权需要通过省区证券监管机构的授权获得。监管内容包括会员的资本充足率、市场行为、法人治理结构等。

六、加拿大以风险为核心的金融监管框架

（一）以风险为核心的金融监管框架产生的背景

加拿大金融业发展的历史表明，在金融业开始出现混业经营的情况下，传统的金融业分业监管模式无法对金融市场的变化做出及时的反应，于是具有综合金融监管功能的加拿大金融监管局应运而生。但从金融监管局1987年成立到1996年将近10年的时间中，所发挥的作用仍然是有限的。因为法律没有赋予其太多的社会责任，机构自身也没有建立起一套完整系统的工作准则，监管资源相对有限。在金融自由化的推动下，20世纪80年代末和90年代初以后，金融市场发生了日新月异的变化，金融科技不断得到推广和运用，金融产品和服务创新不断，金融业竞争日趋激烈。

1992年，加拿大对《银行法》等金融法规进行修改，从法律上确保了金融业混业经营的合法性，各金融机构的业务范围和赢利空间得到扩张，金融业内部孕育着巨大的不稳定因素。加拿大国会于1996年制定和通过的C-15法案，提出金融监管局应该加强对金融机构的日常监管，推动行业规范建设，帮助存款人、投保人、养老金计划参加者避免不必要的损失。C-15法案的颁布对金融监管工作起到重要的推动作用，但此时法律上仍然没有赋予金融监管局足够的监管资源，例如，监管局没有对拥有重大风险的金融机构的行政罚款权和对这些金融机构高管人员的人事处置权等。针对金融监管实践中存在的滞后问题，经过认真调查研究和科学严谨的开发设计工作，1999年6月加拿大财政部颁布了新的金融监管框架。

以风险管理为核心的金融监管是加拿大金融监管体系的基本内容。颁布新的金融监管框架的目的在于，通过有效的金融监管实践，降低监管成本，维护公平市场竞争，提高服务效率，避免不必要损失，增强公众对金融业的信心。监管框架的基本思想就是建立以风险为核心的金融监管体系，强调将有限的监管资源集中于风险突出的金融机构和金融领域，把金融风险的识别、衡量、监测和控制贯穿于监管工作的始末，并且建立了一套完整的风险评估和评级体系。金融监管框架的内容包括六个部分和四个附录。第一部分是对监管框架的

整体介绍（Introduction），第二部分说明监管框架的优点（Benefits），第三部分阐述监管框架的关键原则（Key Principles），第四部分是风险评估（Risk Assessment），第五部分是客服经理（The Relationship Manager），第六部分是监管流程（The Supervisory Process），附录A是风险分类，附录B是固有风险评级的建议，附录C是风险管理控制功能，附录D为风险巨阵。

新的监管框架不仅可以实现保护社会公众利益的监管目标，而且也有利于降低金融机构所承担的监管成本。该监管框架成为金融监管局进行日常操作的指导文件。

（二）确定金融机构的重要活动（significant activity）

根据金融监管框架规定的监管程序，首先就要确定被监管金融机构的重要业务活动，即金融机构任何显著的业务行为或过程。确定金融机构的重要活动要考虑金融机构的组织结构、战略商业计划、资本配置以及内部与外部的财务状况等因素。衡量的标准主要有：重要活动所产生的资产涉及公司收支平衡表内外的总资产，重要活动的风险加权资产涉及公司风险加权资产总额，重要活动所产生的收入关系到公司的总收入，重要活动的税前净收益涉及公司税前总净收益，重要活动的风险权重资本涉及公司风险权重资本总额，重要活动的内部资本配置涉及公司总资本金，重要活动所需的准备金属于公司总准备金的一部分。

（三）金融机构重要活动的净风险（net risk）评估

确定金融机构的重要活动是监管框架所规定的第一步，接着就是对金融机构重要活动的净风险进行评估。净风险评估涉及三个影响变量，即内在风险、风险管理质量和风险的发展方向。因此需要在对这三个影响变量进行风险评估的基础上才能进行净风险评估。

1. 内在风险（inherent risks）评估

所谓内在风险是指重要业务活动本身所潜在的未来不确定性风险，其评估标准是根据风险发生的可能性以及对公司的预期资本和收益所能产生的负面影响程度而定。因此，在评估金融机构内在风险时，需要全方面了解该公司的经营环境及其主要商业行为。内在风险评估包括信用风险、市场风险、保险风险、经营风险、流动性风险、法律风险和战略风险7个子项评估。内在风险评估不考虑风险管理质量，它只通过分别考虑以上7子项因素来评估单个业务的净风险。评估结果可分为"低""中""高"三个级别。"低"内在风险是指未来潜在的不确定因素和风险对公司资本预期和收益预期的负面影响概率低于平均概率,"中"内在风险是指未来潜在的不确定因素和风险对公司资本预期和收益预期的负面影响概率约等于平均概率,"高"内在风险则是指未来潜在的不确定因素和风险对公司资本预期和收益预期的负面影响概率高于平均概率。

2. 风险管理质量 (quality of risk management) 评估

风险管理质量评估分为两个部分,即经营管理质量评估以及风险管理控制功能评估。其中,经营管理质量评估以公司的重大业务活动为测评对象,评估结果是支持重大业务净风险评估的要素。风险管理控制功能评估则是以公司机构为测评对象,是对公司机构综合风险评估的必要准备。风险管理控制功能评估包括对6个子项的评估,即对财务分析、合规性分析、内部审计、风险管理、高级管理层以及董事会监察的分别评估。高水平的经营管理可以确保政策、程序、控制系统富有效率、提高员工水平。对单项公司业务而言,经营管理质量评估更为重要。但是《监管框架》也认为风险管理控制功能的评估结果基本上可以反映经营管理质量的水平,所以评估经营管理质量通常从风险管理控制功能的6个子项出发。如果这6项功能运行稳健且富有效率,则金融机构的经营管理质量相应也应该稳健而高效。风险管理质量评估的结果可分为"强""可接受"和"弱"三个级别。

3. 风险发展方向评估

金融监管框架根据影响各种风险的潜在因素在未来的变动趋势,将风险的发展方向分为上升、平稳、下降三种情况。

4. 净风险评估

净风险评估包括净风险状态以及净风险趋向的判定。净风险状态是在内在风险评估结果和风险管理质量评估结果的基础上做出的(见表2-1)。如:"低"内在风险和"强"风险管理质量组合,净风险处于"低"水平;"中"内在风险和"可接受"的风险管理质量组合,净风险处于"中"级水平;"高"内在风险和"弱"风险评估质量组合,净风险处于"高"风险。净风险趋向指在一定时间范围内,净风险现处状态下的发展方向。最终的净风险评估是综合金融活动的内在风险评估、风险管理质量评估和风险发展方向评估后做出的。

表2-1 重要业务活动的净风险评估组合

重要业务活动风险管理质量评估	重要业务行为内在风险评估		
	低	中	高
	重要业务活动净风险评估		
强	低	低	中
可接受	低	中	高
弱	中	高	高

资料来源：《监管框架》，加拿大金融机构监管局，原版（1999年），修改版（2011）。（*Supervisor Framework*, Original Supervisory Framework released in August 1999, Revision date is in March 4, 2011, Office of the Superintendent of Financial Institutions, Canada.）

http://www.osfi-bsif.gc.ca/app/DocRepository/1/eng/practices/supervisory/framew_e.pdf.

（四）金融机构重要活动的净风险评级（风险矩阵评估法，risk matrix）

金融监管局对金融机构的净风险评估是逐项进行的，对各个项目的风险评估只能说明某项重要业务活动不同方面的风险状况，还不能说明一家金融机构所有重要业务行为的整体风险状况，因此还必须对整个金融机构总的净风险状况进行评级，即净风险总评级。由于不同重要业务活动的重要性不同，因此在衡量总的净风险级别时，必须对每项重要业务活动设置不同权重，并汇总到一个总的风险矩阵中，从而进行净风险总评级。对金融机构总的净风险进行评级，是以矩形图加权汇总各项重要行为的净风险为基础，因此也称风险矩阵评估法。

《监管框架》将净风险总评级分为四个级别，即低、中、中上和高。"低"净风险总评级是指该金融机构的预期资本和收益的负面影响低于平均概率。"中"净风险总评级是指金融机构的预期资本和收益的负面影响高于平均概率。"中上"净风险总评级则是指金融机构的风险管理存在明显的薄弱环节，对预期资本和收益的负面影响已经大于平均概率。"高"净风险总评级指该金融机构风险管理质量低下，重要业务活动的风险严重，预期资本和收益的负面影响大大地超过平均概率，金融机构的生存受到威胁。

与净风险总评级同时进行的，还有对风险管理控制功能的总评级以及对风险发展方向的总评级，其评级的基础就是监管局对这6项风险管理控制功能所做的评估。根据对金融机构风险管理控制功能的评估，《监管框架》将风险管理控制功能确定为强、可接受、需要提高和弱四个级别。风险发展方向的总评级和风险发展方向的评估一样，分为上升、稳定和下降三个级别。

（五）金融机构的综合风险评级

在确定金融机构净风险总评级的基础上，金融监管局还要根据金融机构的资本充足状况、收益状况以及时间周期等因素，对金融机构进行资本评级、收益评级以及综合风险发展方向评级，并在综合考虑这些因素的基础上对金融机构进行综合风险评级。综合风险评级的过程如图2-1所示。

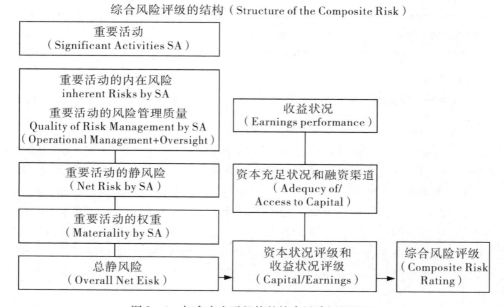

图2-1 加拿大金融机构的综合风险评级流程

资料来源：《风险评估与评级标准》，加拿大金融机构监管局，2002年7月。(*Introduction to the Supervisory Framework Ratings Assessment Criteria*, July 2002, *Supervisory Framework Ratings Assessment Criteria*, Page 3, Office of the Superintendent of Financial Institutions, Canada.)

http://osfi-bsif.gc.ca/app/DocRepository/1/eng/practices/supervisory/02-Introduction _ to _ Criteria _e. pdf.

综合风险评级共分为四个级别，即低、中、中上和高。"低"综合风险评级是指金融机构整体上可以承受大多数不利的商业和经济条件的影响，自身存在的风险状况不会对公司产生实质性的负面影响，关键性经济指标超出同行业的平均水平。"中"综合风险评级是指金融机构可以承受一般性的不利的商业和经济条件的影响,自身存在的整体风险状况不会对公司构成实质性的负面影响,关键性经济指标一般可以达到同行业平均水平。"中上"综合风险评级则是指金融机构的整体风险状况容易受到不利的商业和经济条件的负面影响,关键性经济指标低于或略低于同行业平均水平,融资能力受到削弱。"高"综合风险评级则是指金融机构的整体风险状况已经使公司无法承受大量不利的商业和经济条件的影响,公司面临严重生存威胁,大多数关键性经济指标均低于同行业平均水平,融资能力受到严重削弱。以上四种不同级别的综合风险评级,其具体组合见表2-2。

表2-2 金融机构综合风险评级组合

净风险总评级	资本和收益评级			
	强	可接受	需要提高	弱
	综合风险评级			
低	低	低	中	*
中	低	中	中上	*
中上	*	中上	高	高
高	*	高	高	高

注:*号表示依金融机构所处的环境而定。

资料来源:《风险评估与评级标准》,加拿大金融机构监管局,2002年7月。(Composite risk rating assessment criteria, Office of the Superintendent of Financial Institutions Canada.)

http://www.osfi-bsif.gc.ca/app/DocRepository/1/eng/practices/supervisory/05-Composite_Risk_e.pdf.

一般而言,净风险总评及越"低",资本和收益评级越"强",银行机构的综合风险就越"低"。净风险总评级越"高",资本和收益评及越"弱",金融机构的综合风险评级就越"高"。但是,在"低""中"净风险总评级和"弱"资本和收益评级的组合,或者"中上""高"净风险总评级和"强"资本和收益评级的组合下,金融机构的综合风险评级还需考虑金融机构所处的经济环境和行业环境。另外,在一定的时间范围内,综合风险评级也有"下降""平稳"和"上升"三个发展方向。综合风险评级和综合风险发展方向评级的不同组合决定金融机构所处的综合风险等级。

(六)确定金融机构的安全等级与现场监管

根据综合风险评级结果以及综合风险发展方向,金融监管局将金融机构的金融安全按严重程度度划分为"0"至"4"共5个等级（或5个阶段）。《风险评估与评级标准》要求应根据对金融机构不同的风险关注等级，确定监管计划和监管强度。风险关注等级处于"0"级的金融机构属于经营稳健的机构，金融监管局对该类机构适当放宽监管力度，对其进行常规监管，无须对其采取任何行动。风险关注等级处于"1"级的金融机构，说明已经存在不稳定因素，金融监管局往往要对其提出早期警告。风险关注等级处于"2"到"4"级的金融机构，说明该类机构存在严重安全隐患或面临生存危机，此时监管局就要通过各种现场监管措施，加强监管力度和提高监管频率。比如加强对特定资产的监管、扩大审计范围、行政罚款、撤换高管成员以及与金融机构签订协议等。根据《监管框架》规定，对于安全级别属于"0"级和"1"级的金融机构，金融监管局至少要每季度进行一次评估。对于安全级别属于"2"至"4"级的金融机构，监管局则需要每月进行评估，并加强与公司管理层的沟通，实施各种现场监管。安全级别愈高的金融机构，其存在的风险性愈大，因此就愈需要监管机构的介入干预。

七、加拿大金融业对消费者的保护

金融产品销售不当，特别是金融欺诈和滥用会对公共投资利益造成的巨大侵害。加拿大拥有世界上独特的、保守的、稳健的金融体系和监管制度，其体系也充分意识到只关注金融机构的利益诉求而忽视对消费者利益的切实保护，会破坏金融业赖以发展的基础，影响金融体系的稳定性。因此，加拿大十分重视对金融消费者的保护。

（一）加拿大金融消费者保护体系

在加拿大，众多保护消费者权益的法律法规和各种消费者权益保护组织都使消费者的权益得到充分保障。

1. 通过立法进行保护

早在1999年，加拿大就提出了保护消费者权益的口号。2001年6月，加拿大通过了《加拿大金融消费者管理局法案》（Financial Consumer Agency of Canada Act），作为金融消费者保护的专门性法规。该法律详细阐述了加拿大金融消费者保护局的职能、行政和执法权力，并且详细列出了金融消费者保护局执行监管所依据的联邦法律和法规。同时，加拿大出台了《银行法》《信托和贷款法》《保险法》等法律制度，严格监控当局的行为与市场运作，从立法的角度上保障金融消费者的权益，从而构建了一套较为完整的消费者权益保护体系。加拿大立法部门还每隔 5 年进行一次立法的修订,从根本上保障了消费者权益保护体系的建立。

2. 通过监管机构进行保护

加拿大监管机构都担负着保护金融消费者的职责。保护金融消费者权益的直接主要监管机构是加拿大金融消费者保护局,这是在 2001 年由加拿大联邦政府依据《加拿大金融消费者管理局法案》成立的一个独立于政府的机构,致力于保护金融产品和服务的消费者权益,确保立法、监管、行业承诺的强制执行。2010 年 7 月以后,加拿大金融消费者保护局还负责监督加拿大网上支付运营商以及他们的商业行为。其他监管机构如金融机构监管局(OSFI)、加拿大存款保险公司(CDIC)等都通过有效的监管直接或间接地保护金融消费者的权益。

(二) 对金融消费者隐私的保护

1. 加拿大个人信息保护和电子文件保护法规的建立

为了保护个人信息和电子文件,加拿大建立了《个人信息保护和电子文件法》,为商业化经营的个人征信机构、个人信息供应商、交换个人信息的机构、个人信息使用机构等的活动提供了法律规范,力图在个人希望保护自己的个人信息和社会合法利用个人信息之间建立一种平衡的关系。《个人信息保护和电子文件法》关于消费者隐私保护规定了 10 项原则:(1) 承担保密义务的原则;(2) 确定采集和使用个人信息的目的原则;(3) 当事人同意的原则;(4) 有限采集原则;(5) 限制使用、披露和存储的原则;(6) 准确性原则;(7) 保证个人信息得以安全保存的原则;(8) 公布使用方法原则;(9) 当事人有知情权原则;(10) 接受申诉并核实信息的原则。

2. 网上交易隐私保护

在信息化数据化时代,金融业务越来越借助于互联网,但互联网的虚拟性和开放性,使得金融消费者的个人隐私暴露并被利用的隐患大大加大。加拿大金融系统一直致力于为金融消费者的隐私撑起一把保护伞。首先,无论是在加拿大银行业、保险业还是证券业,每个金融机构都会有自己关于网上交易的隐私保护法则,向用户承诺尊重和保护其隐私的安全,并在法则中向用户详细解释其收集用户个人信息的类型、用途和使用者。其次,每个金融机构的网上交易平台都会有一套自成体系保护消费者个人隐私信息安全的具体措施。

以加拿大蒙特利尔银行为例,网上交易平台关于保护消费者个人隐私信息的措施主要包括:(1) 安全的浏览体验。网站不断更新使用的安全软件,致力于保护消费者的信息安全。其网站为消费者提供了一个可视化的指标,以帮助确定其网站是否为合法。如果是合法银行网站，全部或部分的 URL 地址栏会变成绿色。如果是一个诈骗网站，会变成红色，并显示一条警告消息。（2）电子邮件加密。消费者注册了加密电子邮件后，银行将通过加密的渠道为其发送保密的消息，而消费者也可以在保密的情况下进行回复。（3）100%网上银行担保。银行承诺凡是由于网上银行未经授权的交易而导致的个人银行账户的损失，银行承诺给予 100% 的赔偿。（4）芯片技术的承诺。蒙特利尔银行借记卡和信用卡使用的芯片技术比以往任何时候都更加安全。芯片借记卡和信用卡包含一个加密芯片，为消费者的个人识别码提供了更多的保护。（5）提供免费的安全软件。银行提供易于安装和使用的免费软件，与现有的防火墙和防病毒软件一起进一步保护用户的计算机，以防止网上银行交易常见的欺诈和身份盗窃。（6）其他的安全措施。若客户 10 分钟没有进行操作，系统自动帮其退出对话框；防火墙用来保护银行和客户之间的信息；银行不会通过电子邮件向客户发送消息，要求客户向其提供个人或账户信息电子邮件。

（三）对金融消费者投诉与争议的解决

1. 加拿大金融消费者管理局对投诉的处理

加拿大金融消费者管理局（FCAC）调处消费者与金融机构之间的纠纷，主要通过隐蔽调查和年度检查的措施来进行。FCAC 对违反联邦消费者保护法律和规章的行为具有管辖权，但对于诸如服务质量、营业政策、营业时间等一般性服务问题的投诉，没有强制性的处理权利。

当消费者通过电话向 FCAC 进行投诉时，接线人员会详细询问其细节，评估投诉是否违反了联邦的消费者保护法以及是否由 FCAC 管辖。如果 FCAC 需要进一步研究，FCAC 会在 48 小时内给投诉者回复电话。一旦 FCAC 了解到消费者投诉的问题是由 FCAC 管辖的话，FCAC 会通知投诉者对问题的处理意见。如果投诉者认为金融机构违反了联邦的消费者保护法，FCAC 的投诉处理官员会和金融机构进行联系，讨论消费者的投诉。如果投诉处理官员认为金融机构违反了消费者保护法，FCAC 将向金融机构下发警告信或者违法通知单，并作出相应的罚款。FCAC 也会公布金融机构的违法细节，包括金融机构的名称以及罚款数额。金融机构如对 FCAC 的处罚不服，可向法院起诉。

2. 保险业总调查服务组织对保险投诉的处理

保险业总调查服务组织（The General Insurance Ombud service，GIO）是一个独立的、区域性的保险业服务机构，专门调查保险业的争议案件。绝大多数联邦注册的保险公司都是这个服务机构的成员，GIO 可以帮助客户和保险公司解决他们之间的争议，以确保公平。如果和保险公司达不成协议的话，拿上保险公司的最后决定公文，到 GIO 寻求帮助。

GIO 的服务是免费的，无论在加拿大什么地方，无论保单是英语还是法语的，只要是成员公司的关于家庭、汽车或商业保险的保单持有人都可以在发生纠纷的时候向 GIO 提起投诉。GIO 会及时回应消费者的查询和投诉，对于传真或电子邮件消息，GIO 力争在 1 个工作日内回复。

GIO 承诺具有一批具备公正的专业人士，利用其在保险业及相关行业的经验和真知灼见，在尽职调查和了解事实信息的基础上，力求完整和客观处理每个案件，寻求一个公平的解决方案。GIO 的员工严格遵守 GIO 隐私政策中的保密标准和协议，确保个人和私有信息的绝对保密。

（四）加强对金融消费者的金融教育

对公众进行关于金融知识、投资和金融决策的教育是加拿大监管机构的工作重点。这是由于金融消费比较复杂，消费者容易购买不适合自身需求的产品。而且金融产品交易条款往往不易理解，导致某些消费者没有很好认识自身权益和责任。金融消费者若缺乏经验，其面对的风险将不断加大。加强对消费者的金融教育（比如通过培训等渠道）提高消费者的金融知识及权利意识，也是对金融消费者权益保护的重要手段。比如，安大略省证券委员会设立了非营利组织投资者教育基金。该组织通过培训等形式对加拿大消费者进行金融知识的教育，同时提供金融工具的信息，以提高对金融知识的了解和掌握。

（五）其他对金融消费者的保护措施

（1）针对金融消费领域信息高度不对称的特点，加拿大政府明确要求金融机构以普通消费者可以理解的语言，详尽、清晰、全面披露金融产品或服务的细节，特别是对消费者的权利义务产生重大影响和决定消费者选择的内容。

（2）日常账户的透支保护。透支保护（overdraft protection）主要是为客户提供方便和灵活性，尤其对各种交易非常频繁的客户或者平时无暇注意账户余额是否充足的客户来说十分有用。具体做法是，银行对客户的支票账户上设立透支额度，并可循环使用。如果不发生透支，那么没有任何费用。如果发生透支，则收取少量的透支手续费和大大低于信用卡利率的透支利息。

（3）通过新的信用卡规则来保护消费者权益，该规则要求增加信用卡额度，最少 21 天的宽限期，对消费者进行完全信息公开并限制不利于消费者的商业惯例。

（4）颁布借记卡和信用卡的行业原则，帮助小型企业应对不公平的对待。

（5）禁止金融产品使用消极选择计费规则。

加拿大的金融消费者保护虽然仍然存在着一些弊端，但无可否认其已经优于多数国家，以人为本、公众利益至上的原则是其一切保护措施的根本宗旨。有效维护消费者的存款权益是加拿大金融体系一直维持稳定的一个重要原因。

八、加拿大金融监管对中国的启示

从中华人民共和国成立到1978年实行改革开放政策之前，中国实行高度集中的计划经济管理体制，当时几乎没有金融市场，且在相当长的时间里，只有一家银行即中国人民银行，既从事信贷业务又有金融监管的职能，因此这一时期中国实行的是集中统一的金融监管体制。1980年以后，我国金融体系发生了很大变化，先后成立了中国农业银行、中国建设银行、中国银行、中国工商银行。1983年9月，中国人民银行成为独立的中央银行。从1984年至1993年这段时间，中国人民银行作为中央银行集货币政策和所有金融监管于一身，是我国金融监管的主要机构。因此这个时期，我国实行的仍然是集中统一的金融监管体制。

20世纪90年代以后，我国金融体系发生了更大的变化。以1990年上海证券交易所和深圳证券交易所的成立为标志，多层次资本市场逐渐发展起来。除了四大国有商业银行外，股份制商业银行纷纷建立，外资银行开始进入中国，非银行金融机构迅速发展，其中保险公司和保险市场发展迅猛。随着我国金融事业的发展，特别是证券和保险行业的快速发展，对我国金融监管的要求越来越高，于是，陆续成立了中国证券监督管理委员会（简称"证监会"）、中国保险监督管理委员会（简称"保监会"），以及中国银行业监督管理委员会（简称"银监会"）。中国人民银行主要制定和执行货币政策，对货币市场和外汇市场进行监督与管理。银监会负责统一监督管理全国银行、金融资产管理公司、信托投资公司及其他存款类金融机构。证监会依法对全国证券、期货市场实行集中统一监督管理。保监会统一监督管理全国保险市场，维护保险业的合法、稳健运行。由此形成了由中国人民银行、证监会、银监会和保监会牵头的分业经营和监管的格局。这一监管格局的形成，有利于加强对银行业、证券业和保险业的专业化管理，有利于防止在我国金融业管理水平不高的阶段因混业经营而产生金融风险。

为了更好地对金融机构和金融市场进行统一和综合监管，银监会、证监会、保监会于2000年共同签署了金融监管分工合作备忘录，对各自的监管职责予以明确，对合作监管办法作了明确规定。建立了银监会、证监会、保监会三会的监管联席会议机制。银监会、证监会、保监会任何一方与金融业监管相关的重要政策、事项发生变化，或其监管机构行为的重大变化将会对他方监管机构的业务活动产生重大影响时，应及时通告他方。若政策变化涉及他方的监管职责和监管机构，应在政策调整前通过会签方式征询他方意见。对监管活动中出现的不同意见，三方应及时协调解决。

应当说，我国目前实行的分业监管、相互合作的金融监管体制基本适应我国金融机构和金融市场阶段性发展的需要。但我国的金融监管也存在许多问题。主要表现在：（1）对于当前中国金融业发展中实际存在的混业经营状况缺乏有效监管，或者说存在监管真空。（2）金融监管法律体系及规章制度不健全，已有的金融法规缺乏配套的实施细则，一些专门的法律法规缺失，执法力度和违法惩治力度都不够强，少数立法原则与国际惯例不一致，无法适应金融开放的形势。（3）我国监管机构之间缺乏有效协调。虽然各监管机构之间已经建立了监管协调机制，但缺乏刚性制度规则的支持，弹性太大，不能真正做到信息共享和充分沟通，协调机制不能发挥应有作用。（4）金融机构的内控机制和自律机制建设不完善，包括金融机构内部对高管的监督管理、制度约束、信息披露与沟通、稽查制度、内部审计以及自律组织的独立性和权威性等方面。

加拿大的现代金融业已经走过了近200年的历史，许多做法成为国际上效法的典范。中国的金融业及其监管实践都正处在改革、发展和完善过程中，加拿大的做法有不少地方给我们带来许多启示，值得我们学习和借鉴。

（一）借鉴加拿大混业监管的成功经验，推动我国分业监管模式向混业监管模式的转变

加拿大是较早进行混业监管的国家之一。在OSFI成立之前，实行金融业的分业监管，分别由银行总监督官方办公室（OIGB）、保险监管办公室（DOI）和省级证券监管机构对银行业、保险业和证券业进行监管。当时加拿大的分业监管是与金融业的分业经营相适应的。混业监管从1987年OSFI成立正式开始，到1992年混业经营合法化后，混业监管的形式进一步确立。监管模式转变的同时，监管机构也向着职能专业化、权力平衡化发展。专业化体现在更加强调中央银行的独立性，原属于央行的金融监管职能被分配到专门的监管机构（OSFI，CDIC和FCAC）。现在的加拿大中央银行主要负责制定金融机构的规章制度以及完善监管法律法规，而不负责监管的具体工作。然而，这种剥离并没有动摇对审慎监管的重视和监管机构的执行力，相反因为职能更加明细，又有法律的支持，监管效率大为提高。权力平衡化体现在分权制衡的组织机构设置上，加拿大"两级多头"的机构设置能够避免某个监管机构与金融

机构合谋，促进部门间相互监督，提高监管的透明度。同时，机构间的职能交叉，又有助于防止"监管真空"。

我国的金融监管发展道路与加拿大是截然相反的，我国是先混业监管再分业监管。1992年之前，我国一直由中国人民银行对金融业进行统一监管。同年，证券监督管理委员会成立，1998年保险监督管理委员成立，2003年银行监督管理委员会成立，至此我国开始以"三会"为主体对证券业、保险业和银行业进行严格的分业监管。造成以上转变的两大原因是，第一，金融业的发展水平要求与之相适应的监管方式。我国国内金融机构创新能力、金融衍生品种类都远不及发达国家，金融市场还相当脆弱，金融业处于分业经营的框架下。分业监管既与这一阶段的金融业发展水平相适应，又能够满足该水平下的监管要求，因此是分业经营阶段下的较好选择。第二，中央银行体制建立过程中，对央行职能的调整。1995年中国人民银行（简称"人行"）被确定为中央银行，其职能更加强调制定和实施货币政策，管理手段也由对金融机构直接调控转变为为维护金融稳定和提供金融服务进行宏观调控。将原属于央行的监管职能重新分配到专业监管机构中，突出了人行的独立性和专业化，是央行逐步放权，向宏观调控者角色转变的具体表现。

结合我国的实际情况，受加拿大的成功经验启发，我们应努力推进由分业的机构监管向混业的功能监管转变。但由于我国金融市场仍不成熟，主要依靠行政手段转变监管模式，可能会带来巨大的金融风险。所以短期内完全实现分业监管向混业监管转变还难以迅速完成。因此监管制度的改革应该是根据金融发展实际谨慎前进。根据我国目前的银行业经营和监管情况，我国可以建立一种处于完全混业监管和完全分业监管之间的监管模式。与此相适应，应建立类似加拿大金融监管局那样的全国性的统一金融监管机构，独立行使监管权力，防范各种金融风险，保持金融业的稳定发展。

（二）加拿大以风险为核心的监管体制给我国的启示

无论是哪个国家或何种社会，以市场经济为基础的金融业的风险都是客观存在的。从我国的实际来看，由于各种原因，我国各类金融机构的资产质量普遍不高，因此，加强对金融机构的风险防范和化解，避免出现系统性风险应该成为我国金融业监管中的重中之重。目前，以风险为核心的金融监管已是当今人们对监管工作的共识，我国虽然从2001年就开始传播这一思想，但并没有真正付诸实施。在监管实践中，监管人员依然按照传统的行为方式，被动地按照上级的要求去完成统计和检查工作，而不是根据规则和制度对金融机构实行监管。

目前我国金融监管的特点主要是采取行政手段、合规性监管和标准化监管来进行。这种监管模式在中国目前的发展阶段有其存在的客观必然性，但本身也存在许多不合理方面。使用行政命令式的监管不利于发挥市场的活力，容易出现监管操作的随意性。合规性监管作为一种事后监管也不利于对风险的识别和评估。标准化的金融监管侧重于对风险的事前防范，而且是一种静态的风险监管，缺少对金融市场的一个动态的预防能力。

客观来说，如果中国金融监管的标准化建设比较先进和科学，也能够起到防范金融风险的作用。但我国金融监管标准化建设滞后，金融业制定的各种行业规范和标准本身存在不少问题。比如，对标准化建设的重要性认识不足，监管标准的结构不尽合理，一些标准的制定和建立不科学，标准老化或者缺失，标准还不能满足改革的需要，企业参与标准化活动不足，尚未形成政策法规、标准研制和合格评定程序有机结合的机制，标准化队伍建设滞后。

因此，中国可以参考加拿大的金融监管的手段，对金融市场的监管做到有的放矢。建立适应性比较广泛的制度化的风险评估评价标准体系，而不是建立以自愿性标准为基础的标准体制。政府部门应推动科学的风险评估评价体系的制定，并赋予其制度和法律的地位。同时，还应该强调金融监管的持续性和前瞻性，不间断地对金融机构实施监督，掌握金融风险的动向，及早发现问题及时采取补救措施，减少出现系统性风险的可能性。特别是随着经济的发展，金融产品创新不断，更应该以谨慎性的监管原则进行金融活动的风险识别和一系列的风险评估，系统地完善我国的金融风险监管控制能力，为消费者和金融机构服务。

（三）加拿大有效的金融监管协调机制，对我国提高金融监管机构间的协调性具有启示和借鉴意义

金融监管制度涉及不同的监管机构和监管领域，无论制度安排怎么合理科学，其内部的协调一致是必然存在的客观要求。加拿大的金融监管制度在加强不同监管部门之间的协调方面同样是相当有效的。

当前我国的金融监管由中国人民银行、银监会、保监会和证监会"一行三会"组成。银监会、证监会、保监会是我国直接监管的三大主要机构。"三会"是国务院直属正部级事业单位，在各省、直辖市、自治区设派出机构，派出机构在总部机关的统筹指导下，监管相关行业内部金融事务。这种组织结构具有以下弊端。第一，行政上的平行关系，有利于权力制衡，但难以形成有效的牵头机制和问责制。第二，各部门职能分割，各专其职，可能导致监管的"重复"或"真空"。第三，部门间缺乏有效的协调制度，不利于及时解决矛盾摩擦。第四，总部机关和地方派出机构是垂直管理与被领导关系，具有很强

的行政指令性，地方自主权较小，不利于调动地方积极性。随着我国金融市场开放程度提高，受国际混业经营思想影响加深，国内金融行业间混业经营障碍被进一步扫清，分业监管的缺陷逐步显现。在这种发展趋势下，加强各个监管部门的协调与有效合作是我国金融监管必须面对的现实问题。因此我们可以借鉴加拿大的做法，加强金融监管机构之间的协调与沟通。首先，在现行"三会"的监管格局基础上，成立专门协调委员会。协调委员会作为监管机构的主导，负责协调三部门的监管行动，建立畅通的对话渠道，收集和整理金融机构的信息等。这既可保持我国现有机构的稳定性，也适应我国向混业经营发展的金融业现状。其次，建立全局性的协作渠道，并加以制度化。尽管我国在监管机构的合作方面进行了许多尝试，例如：在中国人民银行、银监会、证监会和保监会总部机构间建立"主席联席会议"制度，签署《在金融监管方面分工合作的备忘录》，在"一行三会"的派出机构间建立碰头会制度，还签订了一些区域性的《监管协作办法》或《合作备忘录》。但因为缺乏全局性和制度上的稳定性，这些尝试的运作效果也大打折扣。因此应制定非常具体和明细化的协作办法，并以法律确定其地位，从而实现在保证中国人民银行、保监会、银监会和证监会监管独立性的同时，提高金融监管机构间的协调性，保障整个金融体制的稳定与发展，不断提高监管效率和水平。

（四）加拿大对金融业实行依法监管的成熟做法，对我国不断完善金融监管法律法规具有重要借鉴意义

借鉴加拿大的金融监管实践经验，我国在金融监管方面首先要进一步完善相关监管立法。随着我国金融业混业经营的逐步发展，相关的金融监管法律应该跟上。我国应根据金融业发展的新情况设立专门的金融监管法规，这方面目前仍然缺位。同时对国家各类监管部门都应该建立相应的监管规制，做到依法监管。其次是应该对已有的相关法律进行修改和完善。原有的相关法律比如《中华人民共和国中国人民银行法》（简称《中国人民银行法》）对金融监管只是笼统的规定，很难适应金融业发展对监管的要求，应适时进行修改。最后，对相关法律也要进行同步修改，实现监管法规系统协调一致，这在金融业创新不断且迅猛发展的时代是完全必要的。

（五）加拿大对金融消费者的保护做法对我国金融消费者权益保护具有重要借鉴意义

1. 中国金融消费者权益保护面临的主要问题

中国金融业对金融消费者保护十分重视，"一行三会"均已设立了金融消

费者保护机构，但真正处理消费者投诉以及相关的调查和解决制度尚存诸多空白，金融消费者被侵权现象日益凸显，权益保护还面临法律环境不健全等诸多问题。广大金融消费者在保护自身权益的问题上还缺乏认识，自我保护能力还比较弱。因此，加强金融消费者权益保护工作已经成为迫切需要解决的问题。中国金融消费者权益保护面临的主要问题在于：

（1）相关金融消费者权益保护法律法规缺位。在已出台的《中国人民银行法》《中华人民共和国银行业监督管理法》（简称《银行业监督管理法》）《中华人民共和国商业银行法》（简称《商业银行法》）《中华人民共和国证券法》（简称《证券法》）《中华人民共和国保险法》（简称《保险法》）等法律法规中对消费者的保护过于抽象。在国家层面缺乏一部金融消费者权益保护的法律法规，新修订的《中华人民共和国消费者权益保护法》（简称《消费者权益保护法》）虽然增加了对金融消费者保护的内容，但仍然不够具体。近几年来，各地人民银行在总行的要求下，探索制定了《中国人民银行金融消费者权益保护实施办法》，对一些比较具体的内容进行了规定，但由于法律效力位阶低，加之与其他相关金融法律不完全相衔接，造成操作起来难度增加。

（2）金融消费者保护的信息披露和监管滞后。金融消费者是特殊领域的消费者，在与金融机构博弈中，自身势单力薄，专业知识有限，弱势地位特征明显。随着金融创新的不断推进，各种金融创新产品包括金融衍生品开始流行。由于现行法律对金融机构信息披露义务及法律责任规定的落后，导致金融机构并没有充分披露这些复杂的金融产品的信息，有时甚至出现模糊披露误导消费者盲目购买金融商品的情况。

（3）金融机构侵犯消费者权益。实践证明，金融机构往往借助契约自由侵害消费者的权益，免除自身义务和法律责任。主要表现为：储户存款被冒领，发售理财产品忽视风险提示，擅自转让客户信息，对冒领存款拒不退还，错登个人信用记录，通过霸王条款侵害消费者公平交易权，对格式合同条款不做解释，等等。这些问题的存在，充分说明了保护金融消费者权益的迫切性。

（4）金融消费者自我保护能力不强。增强金融消费者的自我保护能力关键在于教育，通过教育提高金融消费者的认知水平和决策能力。整体来看，目前我国在对金融消费者的金融教育手段、教育载体等许多方面都很不够，导致金融消费者在金融知识方面的缺乏，并带来在金融投资选择上的羊群效应。特别是与金融产品创新和金融服务方式创新的速度相比，金融知识普及的速度远远落后。

2. 对加拿大金融消费者保护做法的借鉴

（1）完善对金融消费者保护的法律法规，明晰金融消费者和金融机构的权利与义务。借鉴加拿大的经验，加强现有同金融消费者关联的法律法规和《消费者权益保护法》的对接力度，制定国家层面的金融消费者保护法律，依法制定可操作性较强的规章或条例，从而使金融消费者的权益受到法律的保护。同时设立专门的金融消费者权益保护机构（比如设立金融消费者委员会），负责金融领域的消费者保护工作，主要职责是：监督金融机构遵守消费者保护有关法律，统一金融消费者保护原则，制定金融业对金融消费者权益保护的责任和义务，行驶监督、检查和执行权，对违法金融机构进行行政处罚，承担金融消费者的教育和诉讼纠纷，等等。

（2）提高金融市场信息披露水平，强化金融机构信息披露义务。金融消费者与金融服务者是委托与受托的关系，金融消费者一般不具备分析复杂金融商品的专业能力。借鉴加拿大的做法，我国应进一步强化金融服务者信息披露的义务，严格各类金融产品信息披露的监管要求，以适当的方式让消费者了解其消费的权利和义务、风险与收益。无论是正式的金融法律法规还是配套的自律守则，都应充分体现信息披露原则。金融机构在披露产品和服务信息时，必须做到全面、准确，既要进行销售前的信息披露，更要在金融产品和服务的存续运行期间以及服务终止之时加强信息披露。

（3）加强消费者教育，提升金融消费者自我保护能力。金融消费者权益保护机构应将提高公众对金融服务及与之相关问题的理解作为重要工作目标，通过培训等渠道提高消费者的金融知识及权利意识。根据加拿大的经验，提高消费者的地位将促进竞争，使金融部门更好地回应消费者的需求。因此，金融消费者权益保护机构通过开展消费者教育活动，阻止金融服务的强制性交易，促使金融机构在消费者接受金融服务或进行投资时提供更多的信息。同时也可以将金融知识教育纳入到公民基础教育范畴，推动金融常识普及。各种金融机构和各种消费者组织应开展形式多样的金融教育活动，进行长效的金融消费者信息支援，不断提高消费者自我保护能力。

第三章 加拿大银行业监管

在加拿大金融体系中,银行是最重要、最具有影响力的部分,在经济中发挥着重要作用。它不仅在经济萧条时期为信用企业提供贷款,而且也是中小型企业的最大信贷来源。

加拿大的银行被划分为三种类型:第一类银行是在《银行法》的授权下提供完全服务的国内银行。第二类银行是在《银行法》授权下的外资银行子公司。第三类银行是在《银行法》授权下可在加拿大境内经营、在股权与银行业务方面受到限制的外资银行分行。

从加拿大金融监管的发展历程中,可以看出由于加拿大的银行体系长期比较稳固,所以早期加拿大银行业监管的发展相对缓慢。在金融业分业经营时期,由于证券业监管属于省级监管范围,联邦政府主要负责银行业监管和保险业监管,而银行监管则处于监管的重心。在金融业混业经营时期,由于银行业混业经营涉及的资产总额规模巨大,在加拿大经济中举足轻重,所以银行业监管始终处于核心的地位。

一、现代银行监管理论及加拿大银行监管研究综述

20世纪90年代发生的一系列区域性金融危机,让人们重新关注金融系统的安全性和危机的传染性。这一时期现代银行监管理论的研究涵盖了组织机构、自律管理、市场约束和法律约束等多个角度。

(一)现代银行监管理论

1. 银行监管的组织结构理论

目前世界上银行监管有三种主要的组织形式,机构型监管、功能型监管和目标型监管。

机构型监管亦称为分业监管,是以金融机构的种类来划分监管领域,建立不同的监管主体来监管不同领域的金融业务。各监管主体在各自监管领域高度专业化,这种监管模式与金融业的分业经营相适应。

功能监管由默顿(Merton,1993)和博迪(Bodie,1993)首先提出,它是指以金融业务的种类划分监管领域,即一个给定的金融活动由同一个监管者

进行监管，而不再考虑该活动由谁从事。Merton 和 Bodie 认为，在金融功能比金融机构更稳定和金融功能优于组织结构的两个假设上，实行功能型监管比机构型监管更有助于监管目标的实现。

目前世界实行功能型监管的国家又可大致分为三种类型。第一，统一监管型，即对不同的金融机构和金融业务都由一个监管主体负责。此类型的国家有英国、日本、韩国。第二，牵头监管型，即制定一个监管机构作为牵头机构，负责解决分业监管下各监管机构间出现的监管真空和监管重复问题。法国是该类型的代表。第三，伞形监管，即总负责机关下设有分管各类金融业务的监管机构，必要时候总负责机关也对各金融机构行使裁决权。此类型以美国、加拿大为代表。

目标型监管由 Taylor 和 Goodhart 提出，认为应首先确立监管的目标，然后将监管目标明确定义并且准确将这一目标传达给监管机构，监管才能有效进行。荷兰和澳大利亚基于目标监管的思想进行了金融改革。目标型监管又可分为"双峰式"监管和"矩阵式"监管。"双峰式"监管主张成立一个为预防金融系统风险而进行金融审慎监管的独立机构和一个为防止金融机构机会主义行为而进行的合规性监管的独立机构。"双峰式"监管可以避免监管的重叠，并有利于解决目标等方面的矛盾冲突。"矩阵式"监管主张成立多个独立监管机构，分别是针对存放款金融机构系统性风险的系统监管者，针对非银行金融机构的持续经营能力的审慎监管者、针对批发金融业务和零售金融业务的合规监管者，交易所的自我监督和保证竞争性公平的监管部门。

2. 激励相容的监管理论

激励相容的概念，最早由哈维茨（Hurwiez）提出，是指市场经济中，理性人都有自私的一面，个人行为会按照自理规则行动。如果有一种制度安排使得行为人追求个人利益的行为与企业实现集体利益最大化的目标相吻合，那么这种制度安排就是"激励相容"。近年来，激励相容监管机制在银行监管中尤其受到重视。激励相容的银行监管就是将对银行的监管不但考虑银行监管目标的实现，而且参照银行经营目标，将银行的内部管理和市场约束引入监管范围。

3. 市场纪律说

市场纪律是通过市场参与者的连续约束行为来影响银行的利率及资产价格，以引导银行以安全、稳健的方式经营，体现出市场这种外部力量对银行经营的制约。众多学者对银行监管的市场纪律说进行了研究。其中凯恩（Kane，1983，1985）在他的《对存款保险改革的六点建议》中尤其强调了市场纪律的作用，他认为，存款保险制度为银行配置高风险资产，并将这些风险转移给存款保险公司提供了激励，政府也因此要支付巨额的补贴支出和银行监管成本。要避免这一情况，就要对存款保险进行合理定价，运用市场办法对银行向存款保险公司转移风险的激励形成约束。Thomson（1990）和 Kaufman（1996）的研究表明银行监管和存款保险制度会使银行缺乏对市场激励做出反应，缩小存款保险的范围和规模，把政府监管和市场约束结合起来，可以提高银行监管效率。Goodhart（2000）在研究世界各地发生的银行危机后表明：在公司治理、法律和信息披露制度不完善的国家，政府监管机构的外部监督无法有效地保证银行体系的稳定，而市场力量可以作为政府监管的补充机制发挥有益作用。Baumann 和 Nier（2003）的实证研究表明，要求银行披露更多的信息有助于提高银行的效率，而市场无法产生足够的信息，这就需要政府强制银行披露信息。

4. 监管法律理论

皮斯托和许成钢（2002）从贝克-斯蒂格勒模型的前提假设出发，受"不完备合约"（Hart，1990）启发，引申出"法律的不完备"理论，并将该理论用于金融监管的研究中。他们认为，法律是面对全体国民的，社会在变化，而法律具有稳定性，不能预料将来发生的事情，而不能事先形成规范，所以，现实中的法律总是不完备的。在不完备法律下，法庭执法不具最优性，还是要引入监管机构的主动执法改进法律效果。监管机构的事前预防的主动执法和法庭事后惩罚的被动执法，可以相互弥补不足。

（二）中国国内现代银行监管的研究现状

在国际银行监管理论发展的带动下，我国的一些学者也开始了银行监管的研究。吴刚（2006）从自律的角度分析存在于我国银行监管中的主要问题是：监管主体缺位、内控机制薄弱和行业自律监管乏力以及监管者的道德风险问题。他将康德的自律理论与我国银行监管实际相结合，认为健全银行业自律机制的思路应该是完善监管主体和建构完备的自律主体，建立有效的商业银行内控自律机制和行业协会自律机制，并从他律转向自律，加强监管者的再监管。冉勇、钟子明（2005）通过模型证明赋予我国商业银行国家信用与进行信息披露制度之间存在着一定的冲突，我国目前对金融体系的过度保护会降低商业银行信息披露对银行体系稳定性的改进，合适的改革次序应是国家信用在金融机构中的先行退出，即建立一个合适的存款保险制度，其次再建立规范的信息披露制度。蒋海、刘少波（2004）通过建立存款人与监管部门、监管当局与金融机构三方的监管博弈模型，对金融监管中的激励问题进行了研究。结果表明，信息结构对监管激励水平、监管效率和社会福利水平有重要影响。信息不对称程度越大，监管激励水平和监管效率越低。因此，我国金融监管改革的关键不是从宏观层面加强金融监管，而在于增强监管机构的透明度，完善监管机构的监督和考核机制，为监管机构提供有效的监管激励。巴曙松（2004）指出，国际金融监管框架的演变，更注重激励相容、金融创新和监管的成本收益权衡与监管的问责考核，分业监管、机构监管向混业监管、功能监管过渡，为商业银行创造了更大的发展空间。

（三）中国国内对加拿大银行监管研究现状

近年来，越来越多的中国学者不再局限于对银行监管制度的一般性研究，而是与各国实际情况结合，进行针对性研究。对加拿大银行监管的经验也已有不少积累。韩飚、代世洪、钟剑（1998）对加拿大金融机构监管局和存款保险公司有关管理危机银行的措施，以及两机构的分工合作进行研究，认为这种监管程序和协作能够更好地维护存款人的利益，避免监管机构的冲突和相互推诿。刘峰、王敬伟（2004）对加拿大新的金融《监管框架》尤其是框架中的风险评估和评级体系进行了详细研究，认为加拿大以防范风险为核心的金融监管，通过对风险发展方向的跟踪和控制，监管风险管理质量的高低和能力的大小，能够将风险因素限制在萌芽状态。此后，加拿大在金融危机中的稳定表现更提高了学界对加拿大银行监管制度的关注度，众多学者对加拿大银行监管制度的外在形式和内在原因进行了研究。巴曙松、王淼（2008）认为"独家监管"的模式、风险为核心的金融监管理念和相对稳健的银行风险管理制度是加拿大在金融危机中保持金融业相对稳定的重要原因。崔瑛（2009）则从监管机构的机构设置、职能配置和组织关系的角度分析了加拿大金融监管制度的合理性和优势，并从中得到四点启示：完善金融监管体制和职能配置；明确保护债权人利益的监管目标和方法；加快完善金融监管法律法规和建立金融监管机构之间的协调机制。牟益斌研究了加拿大银行监管体制的特点以及对我国的借鉴意义。其他一些学者，也都从不同角度探讨和研究了加拿大金融监管问题。应当说，这些研究对推动中国的金融监管体制改革有着积极意义。

二、加拿大银行监管的历史沿革

（一）早期的加拿大银行监管制度

加拿大出现银行业是在18世纪末期。1792年，蒙特利尔的部分商人开始从事吸收存款和发放贷款的银行业务。蒙特利尔银行于1817年开业，于1822

年得到当时加拿大政府的特许，进行了注册，成为注册银行。实际上，根据有关资料显示，以政府的注册先后为序，第一家加拿大注册银行是"新布伦瑞克银行"，它于1820年注册，先于蒙特利尔银行。但蒙特利尔银行在加拿大最早从事银行业务，是加拿大第一家正式的私人银行。

加拿大早期的银行注册条例把银行业务限制在较窄的范围，它们不仅不能从事商品和劳务等方面的经营活动，而且也不能贷款给经营土地或不动产业务的客户，以及发放长期抵押贷款。早期的注册商业银行可以吸收存款、贴现债券、从事黄金白银业务，可以发行银行券作为货币流通，但每次发行银行券的数量受到严格限制。

受英国银行制度的影响，加拿大早期的注册银行可以在全国范围开设分支行，这促使了加拿大银行体系分支结构的形成。虽然后来也受到美国个体自由银行制度的影响，于1850年通过了《自由银行法》，但加拿大的自由个体银行并没有发展起来，其原因主要是政府立法仍允许注册银行的建立，而且注册银行能在全国范围开设分支行，同时在发行银行券方面享有更多的自由，因而利润率比个体银行高得多。1880年，加拿大《自由银行法》被终止。

早期的银行注册条例还体现了加拿大政府对商业银行实行严格控制的倾向。考虑到存款人的安全和金融业的稳定，早期银行注册条例对开业银行的负债总额有所限制，同时政府有权定期向银行索取关于银行资本额、负债额、发行钞票额以及账面持有现金额的报告书。

1867年加拿大独立前后，是加拿大经济和金融业空前繁荣的时期。在这一时期，不仅注册银行及其分支机构的数量激增，而且其他经营长期信贷业务的非银行金融机构也开始出现。由于加拿大的注册银行不能经营长期信贷业务，也不能对土地和不动产业务发放信贷，这使得其他各类金融机构应运而生，包括储蓄银行、信托公司以及各种类型的保险公司等。这些经营不同业务的非银行金融机构的出现，使加拿大金融体制开始向多元化的方向发展。

（二）加拿大独立后对银行业的监管

1867年加拿大独立，成立联邦政府，成为英联邦的一个自治领。根据《英属北美法》（*British North America Act*），联邦政府全权管辖自治领的货币和银行业。独立以后，加拿大联邦政府更是加强了对银行业的控制，1871年颁布了《银行法》。该法在法律上确认了已经基本形成的分支网络体制，并规定《银行法》要每10年重新修订一次，以确保银行业的监管能跟得上行业的发展。但总的看来，加拿大早期的《银行法》及其修订案仍然体现着联邦政府在管理金融和银行业方面求稳定和保守的倾向。

加拿大独立以后，金融业又得到迅速发展。在 1867—1874 年间，有不少新银行相继注册开业，最多时达到 51 家，这也是加拿大历史上注册银行数目最多的时期。但从 1890 年到 1914 年，注册银行则又出现了合并特征。在不到 25 年的时间中，虽然银行分支机构的数量从 426 家猛增到 3000 多家。但是，同期的注册银行家数却从 1890 年的 41 家减少为 1914 年的 22 家。注册银行数减少的主要原因是兼并所致，这说明银行体制开始走向集中。这种情况与列宁在《帝国主义论》中所做出的在 19 世纪末 20 世纪初资本主义从自由竞争走向生产集中最后走向垄断的论断是一致的。

自 1890 年以来，非银行金融中介的力量也在迅速发展，各类经营长期信贷业务的储蓄银行、信托公司、抵押贷款公司、保险公司等金融机构数和资产额都迅速增加，这说明加拿大的金融体制已形成多样化的发展局面。但是在各类金融机构的总资产中，注册银行的资产仍占最大比重，1914 年为 60% 左右。

在 21 世纪初，加拿大银行体制的发展格局已基本定型，即注册银行形成了集中的分支制度，其他非银行金融机构由于都是由省立法机构注册，没有或少有分支，因而形成了分散的个体制度。这一时期，加拿大政府继续强调对金融机构的管理和控制，1913 年对《银行法》所做的特别修订，规定注册银行除了接受财政部的监督外，还要接受广大股东的监督和检查。此外还对银行之间的兼并进行了限制。1914 年，第一次世界大战爆发，政府颁布了战时《金融法》，加快了加拿大金融体制走向现代化中央银行管理体制的步伐。

（三）加拿大中央银行体制的建立标志着对银行业监管的进一步加强

两次世界大战期间，加拿大政府在金融领域的管理作用大大加强，政府从一个被动参与者，逐步转变为主动管理者。战时的《金融法》维持了金融体制的清偿力，但也造成战后比较严重的通货膨胀，影响了金融业的稳定。加拿大政府从多个方面加强了对金融业尤其是银行业的监管。首先是更加重视对货币发行量的控制，同时也加强了对注册银行的管理，标志就是在财政部设立了"银行总监督官办公室"，用来专门负责监管注册银行的经营状况。另外一个重要监管措施就是建立加拿大中央银行。

在 21 世纪初，加拿大还没有中央银行，连续多次建立中央银行的提议都遭到否决，原因是公众认为建立中央银行没有必要。1929—1933 年的世界经济大危机使加拿大的经济受到沉重打击，政府发现如不全面管理货币供给，则无法抗拒经济危机的力量。1933 年 9 月 2 日，专门研究金融体制改革的麦克米伦委员会向国会提出报告，建议成立独立于政府的、垄断货币发行权的中央银行。在当时的经济形势下，该建议得到了采纳，并于1935年3月成立了加拿大中央银行，取名"加拿大银行"。中央银行的成立，标志着加拿大金融体制步入了现代化的阶段，也标志着联邦政府对银行业监管的进一步加强。

（四）战后加拿大的银行监管

20世纪50—60年代中，加拿大金融业的一个显著特征是非银行金融机构的发展速度超过了注册银行。以吸收存款为例，注册银行吸收的存款额虽然也有增长，但大大低于同期各类非银行金融机构存款额的增长速度。这一时期注册银行发展相对缓慢的原因，主要在于加拿大《银行法》对注册银行的限制，表现在严格的法定准备金率控制，设定银行贷款利率上限，以及对经营信贷业务的长期限制。这些限制不利于银行和非银行金融机构之间的竞争，于是加拿大政府于1967年对《银行法》进行了特别修订，放宽了对注册银行的多方面管制，包括降低法定存款准备金率，取消银行贷款利率的最高限制，以及放宽对注册银行贷款范围的限制，使注册银行也可以在长期抵押贷款业务等领域同其他机构展开竞争。总之，这次《银行法》的修订，打破了金融机构之间严格的专业分工格局，银行和非银行金融机构的业务开始相互重叠，相互之间存在明显竞争。

银行业务领域多样化，银行体制集中化，这是加拿大银行体系20世纪70年代以后的新发展。银行分支越来越多，而银行的数目越来越少。到1980年，加拿大只有11家注册银行，其中最大的5家，持有全部银行资产的90%。

高度集中的银行体具有稳定性，但也形成了典型的银行业寡头垄断市场结构，其后果是银行体制内部缺乏竞争。鉴于这种情况，1980年，加拿大对《银行法》再次进行修订，其中最主要的内容是把银行分为A级银行和B级银行。原有的所有注册银行都属于A级银行，它们可以在全国范围设立分支机构，任何个人和团体都不能持有10%以上的A级银行的股份。新增设的B级银行在股份持有比例上没有限制，但在其他方面受到更多限制，比如B级银行只能在加拿大境内开设一个分支行，在加拿大境外则不能开设分支行。B级银行的最低开业自有资本也大大高于A级银行等。为了打破原有注册银行高度集中的垄断局面，1980年新修改的《银行法》允许个人和团体自由组建B级银行，也允许非银行金融机构拥有B级银行作为其附属机构，同时还允许外资持有B级银行，或者在加拿大组建B级银行作为其分支机构，条件是允许加拿大的银行在对方国享受同等待遇。

进入20世纪90年代，加拿大先后修改了《金融机构和存款保险修正案》和《银行法》，允许银行通过金融控股公司的形式建立附属机构，从事信托、证券和保险业务，同时，其他金融机构也可以向银行业渗透，加拿大金融业进入混业经营的时期。因此，加拿大不断加快银行监管的创新速度，并于1996年通过了C-15法案。C-15法案规定OSFI应通过推动行业规范的建设、降低银行经营失败的风险等手段，增强社会公众对金融体系的信心。该法案特别强调了OSFI早期干预行为的重要性，主要在前期阶段就预防风险的出现，也逐步形成了以风险管理为核心的监管机制。

对外资银行的监管方面，加拿大长期以来都以谨慎的态度对待，早期只允许国外银行组建独立法人，直到20世纪末才允许外资银行设立全能分行或者贷款分行，并且对业务范围有一定规定。在加拿大银行开展对外经营领域，自1980年以来，加拿大金融业开始加速国际化的进程，但加拿大仍然以法律手段严格对国内银行业的开放进行监管。

三、加拿大银行监管的主要内容

（一）加拿大银行监管的组织制度

1. 银行监管的组织机构

加拿大有两级监管机构，联邦级监管机构和省级监管机构。联邦级监管机构主要负责监管在联邦注册的金融机构，如联邦注册的银行、存贷款公司和养老金计划等。省级监管机构主要负责在省级注册的金融机构，例如：省级注册的信贷公司、保险公司和绝大多数的证券公司。联邦级监管机构和省级"两级"监管机构"分权"而治，为平行机构，其监管对象不同，对不同部门负责，不存在隶属关系，不干涉彼此活动，其通过签署协议协调合作减少矛盾。两级监管机构中，联邦级监管机构的监管范围最全面，执行力最强。这就是加拿大颇具特色的"两级多头"监管制度。

因为银行在加拿大金融业中的重要地位和影响，加拿大相当重视对银行的监管，所以进行银行监管的主要机构是联邦级监管机构。与银行监管关联度较高的联邦级监管机构有：加拿大银行、财政部、OSFI、CDIC和FCAC。加拿大银行和财政部主要负责制定银行业规章制度，接受和审批具体监管机关的工作报告和完善银行法律法规等，但并不负责具体的监管工作。负责具体银行监管工作的是OSFI、CDIC和FCAC三大机构。这3家机构均独立于政府，其负责人由加拿大总督指派，通过财政部长向议会提交工作报告。

2. 三大机构的权职分工

除不负责具体监管工作的加拿大银行和财政部，OSFI、CDIC和FCAC分别从评估风险、提供存款保障和保护消费者利益三方面对银行实现监管。

OSFI 的监管对象包括：所有联邦特许、许可或注册的银行、保险公司、信托公司、贷款公司、投资公司、合作信用联合社、友爱福利社以及年金计划。联邦注册银行共 77 家，分别是 22 家国内银行、26 家外资银行子公司、22 家提供完全服务的外资银行分行和 7 家仅提供贷款服务的外资银行分行。OSFI 其对银行监管的主要职责包括：监督银行内部的财务状况和对联邦法律的履行状况；敦促问题银行采取补救措施；制定银行监管法规，发展符合法规的、行之有效的风险管理框架；监测并评估可能对不利于银行稳健经营的系统风险和部门问题。OSFI 不干涉银行的日常经营，但若发现某银行存在重大经营风险或生存危机且始终得不到缓解时，OSFI 有独立的介入权以影响银行的经营决策，甚至在必要时候任免该机构董事会成员，接管银行资产。

CDIC 的监管对象包括：会员银行、信托公司、贷款公司等接受存款机构。CDIC 的会员银行包括第一类的国内银行，第二类的外资银行子公司，但不包括第三类的外资银行分行。那些在非 CDIC 会员银行的储蓄则不受 CDIC 的保护。其银行监管的主要职责包括：批准或取消银行的存款保险资格；通过收购资产、提供贷款、在该机构存款等方式帮助会员银行度过暂时性的支付危机。其中，通过赋予或取消银行的保险资格是 CDIC 实施监管保障存款安全的主要手段。可见，CDIC 的监管目标是保障存款安全，避免因银行破产导致存款者的利益损失。在实际的监管中，CDIC 经常借用 OSFI 对银行的评估结果，在结果的基础上进行独立的管理介入。

FCAC 的监管对象包括联邦注册的银行、保险公司、信托公司、贷款公司和零售协会，与 OSFI 不同的是，FCAC 对联邦注册的银行的监管并不包括外资银行代表处。其主要职责是：监督金融机构遵守联邦消费者保护法令，监测旨在保护消费者利益的行业规范和自我管理规范的执行情况，帮助消费者了解金融知识和增加对自身权利的认识。

可见，OSFI 更注重对银行的运行状况的管理，CDIC 更关注对存款安全性的保障，FCAC 则以增强消费者维护自身权利的意识为己任。虽然表面上这三大监管机构的监管对象有所重叠，但监管侧重不同，不仅没有造成监管功能的缺失，还使监管制度更加完善，也是加拿大银行监管从机构型监管向功能型监管转变的具体体现。

（二）加拿大银行监管的风险评级制度

加拿大的银行监管的风险评级体系是在 1999 年由 OSFI 颁布的金融《监管框架》（*Supervisory Framework*，简称《框架》）上建立起来的。《框架》建立了一套用以评估金融机构综合风险的标准化程序和风险指标，它不仅能够对不同类型、规模的机构进行准确的风险评估，而且对处于不同风险等级的机构提出的监管要求和采取的干预措施进行了规定。

1. 风险评级的流程

OSFI 对银行的风险评级综合考虑银行自身运行状况、银行业发展状况以及所处经济环境状况，评级过程可分为对重要业务的风险评估和对银行机构的风险评估两个步骤。加拿大银行监管的风险评级与金融监管局颁布的金融监管框架的监管流程完全一致。

（1）对银行重大业务的风险评估。这是银行风险评级的第一步。它以银行业务范围、业务部门以及业务流程为考察范围，以银行的组织结构、商业战略、资金分配以及内部、外部财务报表为主要评估内容。进行业务评估首先是评估内在风险，其次评估风险管理质量，最后以风险管理质量抵减内在风险获得净风险以及风险趋向。

（2）对银行机构运行的风险评估。这是银行风险评级的第二步，分四个环节。第一，在所有业务的净风险评级结果上获取净风险总评级结果。第二，进行整体功能评级，包括对功能特点和表现的评级。这一环节与前一环节同时进行。第三，进行银行资本和收益评级。第四，最后在净风险总评级结果、整体功能评级结果以及资本和收益评级的基础上做出综合风险评级的判断。

2. 对银行重大业务风险评级各环节的分析

（1）内在风险评估（inherent risks）。内在风险指未来潜在的不确定因素和风险暴露对金融机构的资本预期和收益预期造成的负面影响。对银行内在风险的评估包括对银行信用风险、银行业市场风险、保险风险、经营风险、流动性风险、法律风险和战略风险7个子项评估。内在风险评估不考虑风险管理质量，它只通过分别考虑以上7个子项因素来评估单个业务的净风险。评估结果可分为"低""中""高"三个级别。"低"内在风险指由未来潜在的不确定因素和风险暴露对银行资本预期和收益预期的负面影响概率低于平均概率，"中"内在风险指负面影响概率约为平均概率，"高"内在风险则负面影响概率高于平均概率。

（2）风险管理质量评估（quality of risk management）。风险管理质量评估分为两个部分：经营管理质量评估（operational management）和风险管理控制功能评估（management control functions）。其中，经营管理质量评估以银行的重大业务为测评对象，评估结果是支持银行业务净风险评估的要素。风险管理控制功能评估则是以银行机构为测评对象，是后来银行机构的综合风险评估的必要准备。高水平的经营管理可以确保政策、程序、控制系统富有效率，提高员工水平。对单项银行业务而言,经营管理质量评估更为重要,但是《框架》也认为风险管理控制功能的评估结果基本上可以反映经营管理质量的水平,所以评估经营管理质量通常从风险管理控制功能的6个子项出发。风险管理质量评估的结果可分为"强""可接受"和"弱"三个级别。

(3) 净风险评估(net risk)。净风险评估包括净风险状态以及净风险趋向的判定。净风险状态是在内在风险评估结果和风险管理质量评估结果的基础上做出的(见表3-1)。如:在"低"内在风险和"强"风险管理质量组合下,净风险处于"低"水平;"中"内在风险和"可接受"的风险管理质量组合下,净风险处于"中"级水平;在"高"内在风险和"弱"风险评估质量组合下,净风险处于"高"风险。净风险趋向指在一定时间范围内,净风险现处状态下的发展方向,可分为"下降""稳定"和"上升"三个级别。

表3-1 重要业务的净风险评估组合

重要业务的风险管理质量评估	重要业务内在风险评估		
	低	中	高
	净风险评估		
强	低	低	中
可接受	低	中	高
弱	中	高	高

资料来源:《风险评估和评级标准》,金融机构监管局,2011年7月。

(4) 净风险总评估(overall net risk)。净风险总评估是借助风险矩阵(risk matrix),对内在风险评估、风险趋向和经营管理质量结果的汇总。净风险总评估仍是对银行重要业务的评估,但是其结果对衡量银行机构的运行风险非常重要,它是进行综合风险评级的必须要素。其评估结果可分为"低""中""中上"和"高"四个等级。

3. 对银行机构运行综合风险评级各环节的分析

完成以上对银行重大业务的风险评估后,就进入到对银行机构的综合风险评级中。这是整个风险评估体系的最重要一环,代表OSFI对银行经营安全性和稳定性的看法,也是OSFI和CDIC决定对其管理介入程度的依据。

(1) 风险管理控制功能评级(management control functions)。风险管理控制功能包括财务分析、合规性分析、内部审计、风险管理、高级管理层运作和董事会检查6个方面。银行监管业界普遍认为,对六大功能的评估是风险管理质量评估的主要内容，其结果也能够很好地反映经营管理水平。对财务分析而言，最为关键的是及时有效的财务报告，因为报告可以向管理层和董事会反映机构的运行状况，为管理决策提供依据；合规性分析既要求机构制定符合监管要求的政策和规范，也包括监督机构履行规范的情况；内部审计是对业务和组织的控制功能以及对风险管理规章制度的履行情况进行评估；风险管理包括风险认定，发展风险评估体系，制定管理风险的制度和程序，确定可接受风险的极限，以及向高级管理层和董事会提交风险监管报告；高级管理层运作包括保证组织和程序控制的有效性，保证履行规章制度，制定战略和计划，树立良好商业信誉和商业道德；董事会监察包括确保管理层胜任工作，审查和批准战略和业务计划，对管理控制提供独立评估。

（2）资本和收益评级（capital/earnings）。资本评级的目标在于评估当银行面临风险时，资本是否充足和资本管理程序是否有效率。高效的资本运作能够减缓银行机构在遭遇风险时的意外损失，为银行提供一张安全网。收益评级的目标在于了解银行盈利的质量、数量、波动性、可持续性以及盈利如何促进资本的增长。资本和收益评级的结果被分为"强""可接受""需要提高"和"弱"四个级别。

（3）综合风险评级（composite risk rating）。综合风险评级是对银行机构整体状况的评估，它综合考虑净风险总评级、六大风险管理控制功能评级、风险发展方向和资本和收益评级。在风险矩阵的分析下，综合风险评级的结果可分为"低""中""中上"和"高"四个等级（见表3-2）。处于不同风险级别的金融机构有不同的表现（见表3-3）。一般而言，净风险总评级结果越低，资本和收益评级结果越强，银行机构的综合风险就越低；净风险总评级结果越高，资本和收益评级结果越弱，银行机构的综合风险就越高。但是，在"低""中"净风险总评级及"弱"资本和收益评级的组合，或"中上""高"净风险总评级及"强"资本和收益评级的组合下，银行机构的综合风险等级则还需考虑银行所处的经济环境和行业环境。

另外，在一定的时间范围内，综合风险也有"下降""稳定"和"上升"三个发展方向。综合风险评级结果和综合风险发展方向的不同组合决定银行机构所处的风险等级。

表3-2 银行机构的综合风险评级组合

净风险总评估	资本和收益评级			
	强	可接受	需要提高	弱
	综合风险评级			
低	低	低	中	*
中	低	中	中上	*
中上	*	中上	高	高
高	*	高	高	高

注*：表示依银行所处的环境而定。
资料来源：《风险评估和评级标准》，金融机构监管局，2011年7月。

表3-3 处于综合风险评级下的具体表现

综合评级	具体表现
低	1. 该银行实力雄厚，经营良好。 2. 能够适应最严酷的商业和经济环境，并且其自身风险状况不易被外部影响。 3. 机构的表现向来良好，绝大多数关键指标符合行业规范，有非常畅通的资金渠道。 4. 任何外部的督导和关注都不会影响其自身运作，且内部问题以常规方式解决
中	1. 该银行整体经营良好。 2. 能够适应一般的商业和经济的不利条件。 3. 机构的表现符合要求，关键指标符合行业规范，合理要求下的资金需求可以被满足。 4. 自身有能力处理受到督导和关注的问题
中上	1. 银行的财政生存能力处于早期预警阶段。 2. 易受到商业和经济的不利条件的负面影响。 3. 机构的表现不符合要求并且正在恶化，一些关键指标低于或濒临低于行业规范，需要放弃部分经营目标以筹得资金。 4. 自身的风险管理虽不足以立刻导致财务和偿付危机，但若得不到妥善处理可能引发更严重问题

续表 3-3

综合评级	具体表现
高	1. 银行处于严重信誉危机和安全问题中。 2. 对商业和经济的不利影响几乎丧失抵御能力。 3. 机构的各项表现糟糕，绝大多数关键指标都不符合行业规范要求。要严重损害其经营能力以获取资金。 4. 应立即采取有效的措施以挽救银行避免处于财务能力和偿付能力崩溃边缘

资料来源：《风险评估和评级标准》，金融机构监管局，2002年7月。

（三）加拿大银行监管的弹性介入制度

OSFI 和 CDIC 进行干预的目标是：在问题发生的早期阶段，引起银行机构对相关领域的关注，促使其积极补救，以减轻银行机构在风险中的损失。银行机构的综合风险越大，面临的问题越严重，两大机构对银行运营的介入程度越深，监管的频率越高，两机构间的合作程度越密切。

1. 介入程度的分级以及分级标准

根据综合风险评级结果以及综合风险发展方向，OSFI 和 CDIC 将金融机构的金融安全问题划分为五个等级，分别是"0"级阶段，也即无重大风险阶段；"1"级阶段，即早期预警阶段；"2"级阶段，有生存能力和偿付能力风险阶段；"3"级阶段，严重生存危机阶段；"4"级阶段，破产或濒临破产阶段。

"0"级阶段，是指银行机构无重大风险，经营活动正常。通常综合风险评级为"低"时，银行机构处于"0"级阶段。当综合风险评级为"中"时，处于"0"级阶段还是"1"级阶段就依综合风险发展方向而定。在这一阶段，银行的财务状况良好，政策程序运行充分，不存在重大问题或者能控制缺陷，机构运作能够抵御一般的商业风险和经济风险带来的冲击。

"1"级阶段，即早期预警阶段（early waring）是指 OSFI 已发现经营中存在不稳定因素，但并不严重的阶段。当综合风险评级结果为"中"或"中上"，同时综合风险朝着"下降"或"稳定"的方向发展，则银行机构处于"1"级阶段。这一阶段中，银行机构存在风险承受能力方面的问题或有风险管理的缺陷，尽管这可能不足以导致机构丧失生存能力或者偿付能力，但是如果忽视缺谄可能引致严重的后果。

"2"级阶段，是指银行有生存能力和偿付能力的风险。此时的综合风为"中上"或者更高。这一阶段中，银行在遭遇经济风险时缺乏抵御能力，若非有足够的重视，否则风险可能会对机构的生存能力和偿付能力造成严重后果；已有的风险管理缺陷，尽管不会立即导致机构丧失生存能力和偿付能力，但忽视缺陷可能会带来更严重的后果。

"3"级阶段，是指金融机构将面临严重的生存能力危机。这一阶段中，银行的运行状况在"2"级阶段上更加恶化，没有抵御经济风险的能力，若忽视存在于风险管理中的问题，则会令机构丧失生存能力和偿付能力。

"4"级阶段，是指金融机构已破产或濒临破产。这一阶段，银行已经无法立即改变危机的状况，日常的资金需要已经得不到满足；对该银行进行接管的法定条件已经满足；银行自身已经不能制订并实行可行的业务计划来阻止前两种情况的发生。

2. 在不同风险阶段的管理介入措施

值得注意的是，OSFI 和 CDIC 的合作深度和对金融机构的监察力度、介入程度并不是对所有情况的"一刀切"，而是视金融机构的问题严重程度，进行不同的计划安排。这样，不但大大提高了监管效率，减少了资源和时间上的浪费，而且监管的针对性更强，更有利于防范风险。例如，监控频率和程度依据风险程度而定，对管理完善、风险评估结果好的机构，OSFI 可减少对其监管的频率，并且降低披露内部信息的程度；对存在风险评估和控制管理问题的机构，其风险程度越高，OSFI 对其监管频率越频繁，要求其对内部信息的公开程度越高。

（1）"0"级阶段 OSFI 和 CDIC 的管理措施以及合作。

OSFI 在这一阶段不对银行机构采取任何干预活动，只进行一般的监管活动。活动包括：①从银行的法定记录备案、财务报告、管理报告、董事会纪要和委员会纪要中搜集相关信息；②对银行进行常规的风险评估和综合风险评级（至少每三个月一次）；③向银行发送监察建议书和综合风险评估结果，并要求银行管理层将建议书抄送给外审机构；④向审计委员会发送监察建议书副本；⑤定期与银行召开会议，或参加银行的董事会议，审查监督检查结果；⑥向银行提出建议的措施，并检查实施情况；⑦向财政部长提交年报。

CDIC 在这一阶段通过以下渠道进行银行监管以确保银行机构在 CDIC 法案下合法经营：①从 OSFI、加拿大银行获取信息并提交给财务信息委员会；②与 OSFI 召开例行会议；③评估银行机构报告、OSFI 的年度检察结果以及其他报告。

OSFI 和 CDIC 在这一阶段的合作包括：①OSFI 向 CDIC 提供监察建议书以及风险评估概要副本；②OSFI 和 CDIC 相互知会对银行的介入阶段及进展；

③召开例行的共同会议；④共同讨论银行的经营问题，商讨任一机构敦促银行采取的补救性措施。

（2）第一阶段 OSFI 和 CDIC 的管理措施以及合作。

OSFI 在这一阶段的活动包括：①向公司的管理层、董事局和公司的外审机构发送监察建议书，以正式的形式通知机构正处于风险的第一阶段，并且要求采取相关措施修正存在的缺陷；②与公司的管理层、董事局和外审机构召开会议，提出担忧并讨论补救措施；③向银行机构发出评估将加收费用的通知；④对银行提高检查频率，要求银行披露更多信息；⑤对银行进行更频繁和详细的监督审查，并要求银行内部人员加强对关键领域的审查（如资产、贷款安全性）；⑥与银行签订协议，以便实施维持或强化机构安全和稳健的措施；⑦要求银行增加资金；⑧在必要时候，限制金融机构的业务范围并且要求机构服从。

CDIC 在这一阶段一般不会再干涉银行的业务，但仍承担其固有职责。职责包括：①向 OSFI 或者其成员机构了解更多信息；②向成员机构传达其担忧，并将处于风险的银行列入观察名单中，并向银行知会这一行为；③安排一次对该银行的特别检查，以获得更多信息并评估 CDIC 遭受的风险；④征收向监察机构咨询的相关费用；⑤若银行不能达到 CDIC 的以下要求，可给予其书面陈述的机会。这些要求包括：实施有效的公司治理、风险管理、流动性管理和资金管理措施，向 CDIC 提供所需信息，保持银行信息记录的完整性，遵守银行的管理法令，遵守银行对 CDIC 的承诺条件。

OSFI 和 CDIC 在这一阶段的合作包括：①OSFI 向 CDIC 通报被监察机构所处风险阶段，处于该阶段的原因以及 OSFI 将要采取的措施；②OSFI 向 CDIC 发送介入报告；③CDIC 知会 OSFI，如果该机构已处于 CDIC 的监控名单上，并会敦促该机构采取相关的补救措施；④OSFI 与 CDIC 召开频繁的会议讨论该机构的风险情况；⑤OSFI 和 CDIC 更新在 FISC 或 FISC 分支机构中关于该机构的信息。

（3）第二阶段 OSFI 和 CDIC 的管理措施以及合作。

OSFI 在这一阶段的活动包括：①加强对补救性措施实施情况的监督；②开展更频繁、更大范围的后续监督；③要求银行将一定期限内解决问题的补救措施植入业务计划中；④要求外审机构扩大对银行的财务状况及其他经营方面的审计范围，并形成书面报告（费用由银行支付）；⑤指派一个非外审机构的审计师对该银行进行一次特别审计（费用由银行支付）；⑥建立一个应急计划，以便 OSFI 可以在金融机构经营状况迅速恶化的情况下，迅速接管该机构的资产。

CDIC 在这一阶段的职责包括：①当 CDIC 的会员银行不遵守 CDIC 法规或违反存款保险制度时，CDIC 向该银行的 CEO 或者主要负责人发送一份正式报告；②如果 CDIC 对补救性措施取得的成果不满意时，必须要通知该银行和财政部。经过财政部长批准，CDIC 可以取消该银行的存款保险资格（至少提前 30 天通知）；③如果 CDIC 认为立刻在该银行存入资金可以最好地保护存款者和 CDIC 的利益，则应在监察部门的批准下马上实行；④向法院申请一项命令，敦促成员机构遵守 CDIC 法案以及存款保险制度或阻止成员机构违反法规。

OSFI 和 CDIC 在这一阶段的合作包括：①OSFI 向 CDIC 告知强化检查后的相关信息；②OSFI 和 CDIC 开始着手准备应急计划（在非正常情况下，这一行为也可能在第一阶段就发生）。

（4）第三阶段 OSFI 和 CDIC 的管理措施以及合作。

OSFI 在这一阶段的活动包括：①指派外部专家或专业人员评估某一领域，如信贷安全，资产价值和储备；②增加对银行业务的限制，提高银行必须向 OSFI 披露信息的等级；③负责对该银行监管的 OSFI 员工在原来基础上继续监督；④推广应急计划；⑤向银行管理层、董事会建议解决方案，例如：机构重组或者变卖资产。

CDIC 在这一阶段为减少 CDIC 暴露在外的风险，可采取以下措施：①接管会员银行的资产；②向危机银行提供有担保或无担保的贷款；③在成员银行存入资金。

OSFI 和 CDIC 在这一阶段的合作包括：①CDIC 和 OSFI 展开更深层和更密切的讨论；②按规定召开定期的金融机构监管委员会（FISC）会议，讨论局势的演变和应急计划。

（5）第四阶段 OSFI 和 CDIC 的管理措施以及合作。

OSFI 在这一阶段的活动包括：①当一切法定接管条件满足时，OSFI 可以对银行的资产及处于其管理下的资产进行暂时的管制；②当法定接管条件满足时，在财政部长的批准下，接管该公司资产及在其管理下的资产；③加拿大总检察长申请清盘令，以清算处于监管机构管制下的银行资产及处于银行管理下的资产。

CDIC 在这一阶段的职责包括：①在财政部长的批准下，知会各监管机构后，可取消即将破产的银行的存款保险资格；②在收到该银行已经或即将停业的正式声明，或者导致银行可能被接管或者被清盘的环境没有得到改变时，由 CDIC 启动"FIRP"程序；③在财政部长的批准下，CDIC 可给即将破产的成员机构申请清盘令（CDIC 本身可以是清盘人或接管者）；④在财政部长的批准下，通过媒体向公众宣布取消该成员机构的存款保险资格。

OSFI 和 CDIC 在这一阶段的合作包括：①定期召开金融机构监督委员会（FISC）会议以协调介入行为；②监管机构在向破产银行提供一个合理的陈诉后，以书面形式通知 CDIC；③在以下情况下满足时，启动 FIRP 程序。首先该机构已经或即将破产，并且根据监管法律，该银行的生存能力无法保留或恢复。其次满足监管机构接管的条件，接管后，满足申请清盘令的条件。（注：FIRP 是指加拿大总督根据财政部长的建议颁发的机构重组命令。该命令将联邦金融机构的股份和次级债券赋予 CDIC；或者指定 CDIC 作为该金融机构的接管人。这样做的目的是为了重整成员机构重要业务的一项交易或者一系列交易）

四、加拿大银行监管的特点及动因

（一）加拿大银行监管的特点

加拿大对银行业的监管起步较早，积累了大量的成功经验。总的来说，加拿大的银行监管制度能够紧跟经济发展做出调整，注重对最新理论的运用，使用先进的分析工具并不断完善的管理手段。具体来说，加拿大银行监管制度具有以下几个特点。

1. 分权制衡

组织制度中的"两级"是指：联邦级和地方级的监管机构都有监管权，两者在监管范围上的划分以金融机构的注册地为依据。联邦级监管机构监管在联邦注册的金融机构，例如：银行、保险公司、信托公司、贷款公司等。省级监管机构监管在省级注册的金融机构，如：证券公司、保险公司、信托公司和贷款公司等。由于加拿大的银行都是在联邦注册，且大部分都是 CDIC 的会员机构，所以对银行的监管集中在联邦一级。"多头"是两级项下有若干部门共同执行监管职责，他们以不同的金融功能为监管重点。与银行监管相关联的联邦级监管机构共有五个，分别是加拿大中央银行、财政部、金融监管局（OSFI）、存款保险公司（CDIC）和消费者管理局（FCAC），其中负责具体监管的只有 OSFI、CDIC 和 FCAC。

分权制衡的"两级多头"的监管组织体系具有独立性和协调性。独立性表现在：联邦级和省级"两级"监管机构"分权"而治，相对独立的对联邦级注册和省级注册的金融机构进行监管。"两级"之间为平行机构，监管对象不同，对不同部门负责，不存在隶属关系，不干涉彼此活动。协调性表现在：虽然两级独立处理各级事务,但并不彼此分割、各自为政,他们通过签署协议协调合作减少矛盾。这种"分权制衡"的组织制度一方面可以防止监管机构与被监管对象的合谋,提高行政的透明度和促进权力机关间相互监督,另一方面也明晰了各监管机关的权利职责,避免了在危机时部门间相互推诿。

2. 注重功能监管

以 1987 年 OSFI 的成立为标志,加拿大金融业正式开始混业监管。混业监管前,以金融机构种类作为划分监管范围的依据,实行混业监管后,监管部门根据金融功能而不是机构种类来设立,所以混业监管也被称为功能监管。健全监管功能的手段由过去的通过增设机构来填补监管空白,转变为通过整合部门关系、明确新部门的权责范围、明晰监管对象来强化控制能力。

OSFI、CDIC 和 FCAC 对银行的监管就是分别在金融主体(银行自身运行)、金融产品(存款安全性)和消费者意识(金融知识水平和维权意识)三个层次展开。功能型的监管保持了金融机构的稳定,从 1987 年 OSFI 成立至今,银行监管界没有出现大规模和根本性机构改组,避免了机构变动造成的资源浪费,维护了监管法令和程序的一致和稳定,稳固了监管机构的权威地位。功能型的监管提高了监管效率。各个监管机构在各自领域的专业化,有助于加深他们在专门问题上的研究,提高问题解决能力。功能型的监管还推动了监管机构间的交流合作。具有强大金融功能的金融衍生品在创造极大的商业利益的同时,也给这类产品的监管提出了难题。衍生金融产品的运作往往需要跨行业金融机构的协作支持,仅有单一监管功能的监管机构无法完成监管的全部工作,这就要求监管部门间进行密切的交流合作。

3. 标准化风险评估评级

标准化风险评估评级表现在评估程序的标准化。综合风险评估法是监管机构采用的最重要评估方法,它包括金融业务的风险评估和金融机构运行风险评级。风险评估评级遵循净风险总评估—整体功能评级—资本、收益评级—综合风险评级的先后顺序,并从评估重大业务到评估金融机构逐层深入。对不同类型、不同规模的金融机构进行评估时,尽管使用的行业数据、参照体系有所区别,但评估程序没有太大改变。这种标准化的评估评级,将监管机关有限的精力集中在追求评估结果的最大真实性,而不是费尽心思地编撰烦琐的评估操作指南。另外,这种标准化的程序大大增强了评估评级的公正性,综合风险评估法在各类大、中、小金融机构中迅速推广开来。

4. 弹性监管

弹性的管理手段表现在"因时而异"的管理介入方案中,监管机构的干预程度与金融机构的风险情况成比例。根据综合风险评级结果,OSFI 和 CDIC

将金融机构的金融安全问题划分为 0～4 共 5 个等级,并视金融机构的问题严重程度,调整合作深度和对金融机构的监察力度、介入程度。这种因时而异、因人而异的管理方案,不但大大提高了监管效率,减少了资源和时间上的浪费,而且突出监管的针对性,更有利于防范风险。例如:对管理完善、风险评估结果好、处于 0～1 级风险的机构,OSFI 可按季度对监察对象进行风险评估,并且降低要求其披露内部信息的等级;对存在风险评估和控制管理问题的机构,其风险程度越高,OSFI 对其监察频率越频繁,2～4 级风险的机构除对其每个月评估外,还要求其提高披露内部信息的等级。OSFI 和 CDIC 也根据金融机构处于不同的危机阶段,调整合作程度和介入程度。处于 0 级风险时,OSFI 和 CDIC 只需定期召开会议讨论该机构经营状况即可。处于 1～4 级风险阶段时,共同磋商频率逐级提高,并且要召开金融机构监管委员会(FISC)会议以协调两大监管机构的介入工作,对监管对象的介入也从建议措施、监督实施逐步升级为接管资产、取消存款保险资格甚至申请清盘。

5. 重视保护消费者利益

银行监管方面,加拿大监管当局非常重视对消费者利益的保护。在三大联邦监管机构中的 CDIC 和 FCAC,就明确将维护消费者利益定为监管目标。他们保护消费者利益的途径有,让银行客户享有充分的信息,在金融交易中能够受到公平对待,向储蓄者宣传金融知识以提高维权意识等。重要法规有《加拿大消费者管理局法》(Financial Consumer Agency of Canada Act)、《隐私权法》(Privacy Act)等。

6. 依法监管

加拿大银行监管法制化表现在:法制健全,依法行政和定时更新法律。在银行监管中,不仅有一部《银行法》,还有各类专项法律条例,例如:《金融监管局法》《加拿大存款保险公司法》《加拿大消费者管理局法》《外资银行管理条例》《银行分行和银行控股公司管理条例》等。从加拿大银行管理条例的重心来看,20 世纪 80 年代前的立法主要从健全监管体系、防止银行破产、维持金融稳定出发,以安全为重点。进入 20 世纪 90 年代后,立法更加侧重提高银行监管效率,提高监管水平,维护消费者利益,以竞争和效率为重点。

加拿大的执法严格遵守法律规范。在意识到有必要对原监管机构进行改革时,加拿大并不急于进行撤销或改组,而是首先进行广泛的调查取证,再向议会提交议案,得到议会批准后颁布正式法律,最后才依法成立或改革原监管机构。以 OSFI 的成立为例,在 OSFI 成立之前就经历了提交调查报告(《蓝皮书》)、制定法律,正式颁布法案三个环节。这种规范的行政程序,保证了监管行为总是师出有名,有法可依,增强了监管行为的法律权威性。此外,加拿大始终保持对法律定期修改的传统。1992年以前加拿大《银行法》传统上包括一个10年期的落日条款（sunset clause）以确保对立法进行常规性的回顾。（注：落日条款有广义和狭义之分，广义的"落日条款"包括各种法律中以及合同中关于有效施行期限的规定，狭义的"落日条款"仅指规定各种法律规范性文件的有效施行期限的条款。本文所指的是狭义上的"落日条款"）1992年法律实施时，决定根据情况变化的幅度和范围对其有效性进行评估和回顾，于是颁布了一项5年期的落日条款。从此，对《银行法》的修改从10年一次缩短为5年一次，这一频率以法律形式确定下来。以银行监管法律为例，加拿大基本上每年对《银行法》进行部分增补，每5年一次大修。以《银行法》为依据的监管法律子系统也紧跟而上，这使得加拿大的法律体系总能与不断提高的金融水平相适应。

（二）加拿大银行监管特点形成的动因分析

这种富有特色的银行监管制度的形成与加拿大的政治制度、社会心理、人文传统和经济发展水平密不可分。具体原因分析如下。

1. 加拿大的政治制度是形成"两级多头"银行监管制度的主要原因

加拿大是由10省3地区组成的联邦制国家。对自由、平等、分权的追求使加拿大民众避免集中造成的垄断，这一点体现在社会生活的各个方面。加之在国家成立的初期，要求地方各省在地方政治权利做出斗争和努力，使得如今各省在辖区内享有较大的经济事务自主权。这在证券业的发展体系上尤为突出，加拿大的早期证券大多数是在省内发行销售，所以现今对证券业的监管多以省级主导。可见，只集中于一级的监管方式难以适应这种情况，所以形成了加拿大制衡式的金融监管制度。

因为在建国早期受到英国政治经济的影响，接受了在联邦高度集中、在地方有庞大分支的银行体系。加之，加拿大地域广大，资源丰富，早期以农业、林业、木材加工业为基础产业，这些产业的特点是对资金的需求具有高度的季节性，在金融水平并不高的时期，调剂资金缺口的职责主要由银行承担，因此急需一个在中央具有很强调控能力，并且能够深入到各地方的庞大分支行银行体系。所以加拿大的银行都在联邦注册，也正因如此，加拿大对银行的监管也主要集中在联邦一级。

2. 金融发展水平的提高是促成功能监管的重要原因

1992年开始的金融业混业经营使金融产品的复杂程度提高，金融各行业的相互依赖程度加深。新形势下的监管要求超出了单一机构的能力范围，在促进监管机构间更广泛、更密切合作的同时，也促进监管方式由机构监管向功能监管的转变。基于银行业在加拿大经济中的重要地位以及对其他行业的重要影响,完善银行监管就成为保障金融稳定的重点。

3. 尊重法律和人权的意识促进银行监管的法制性和对消费者权益的保护

加拿大是一个崇尚法律文化的国家,法律渗透加拿大人生活的各个方面,涉及政治、经济、文化、宗教的各个领域,其法律文化的一个重要特点是道德观念法律化,即尽可能地使用法律手段来解决社会问题。在这种社会心理的影响下,加拿大的银行监管也不仅依赖于银行的自律控制,也始终将法律管理置于重要的地位。经过长久以来的法律积累和创新,加拿大形成了最为健全的法律体系。受西方自由、平等、人权思潮的影响,加拿大的银行监管法律和监管机构的职责都非常强调维护金融消费者的权益。

4. 知足保守的文化传统和舒缓平和的国民性格成就了谨慎的银行监管

无论是加拿大的普通民众还是商业投资者都愿意遵循一定的规范和流程,进行生产、生活和经营活动。与追逐短期的暴利相比,他们更偏向长期稳定的收益。商业机构将风险的最小化摆在利润的最大化之前。多数民众不偏好购置复杂的金融衍生产品,不热衷于从事风险大的投机活动,也不盲目追求新奇的投资手段。对风险的规避使得加拿大民众非常看重金融机构的稳定性和金融产品的安全性,这种文化传统下的银行监管自然也倾向谨慎和严格。

五、加拿大银行监管制度的国际比较

选取四个具有代表性国家的银行监管制度与加拿大的银行监管制度进行比较,有利于更好地理解和把握加拿大的金融监管制度。这四国分别是美国、英国、日本和印度。美国和英国的银行监管制度是西方发达国家银行监管制度的代表,在长期的运行中积累了诸多成功经验,分析他们的特点有助于把握最新的国际银行监管动态和学习先进的监管思想。日本和印度的银行监管制度则分别是成熟赶超型国家和新兴发展中大国银行监管制度的代表,由于日本和印度与我国有类似的文化历史和现实状况,对他们的研究有助于为我国银行监管制度的完善提供现实参考。

(一) 美国的银行监管制度

美国的银行监管制度是国际先进银行监管的典范,与加拿大的银行监管制度最为相似,但具体之处仍有差别。

1. 美国银行监管制度的内容

(1) 美国银行监管的组织制度。

美国的银行监管也采取"双层多元"的形式。银行监管机构由联邦监管机构及州政府银行监管部门构成。联邦一级主要负责监管在联邦注册的银行,其中货币监理署、联邦储备系统和联邦保险公司与银行监管联系最为紧密。州级的银行负责监管在州注册的银行,具体工作由州级的银行监督监理官依照各州的商业性银行法规执行。但是,州银行加入联邦储备系统后也要受到联邦银监机构的监管。

货币监理署(OCC)是美国历史最悠久的银行监管机关,也是监管联邦级银行的首要机关,负责监管美国国民银行和联邦注册的外资银行分行,为监管提供大量的技术手段支持。其主要职责包括审批银行注册、定期监督检查银行的经营状况和采取针对银行的管理措施。

联邦储备系统(FED)中与银行监管联系最为紧密的是联邦储备银行和联邦储备理事会。联邦储备银行是进行具体中央银行业务的部门,他的政策和调控行为对国民银行和州立银行具有很强的导向作用。联邦储备理事会对银行的监管划分为两个层次:第一层,对联邦储备银行的监管;第二层,对会员银行及整个银行业的监管。总体来说,联邦储备系统对银行监管的主要职责包括:对处于其监管范围内的银行进行定期检查,执行对存款准备金的监管要求并处理会员银行的申请。

联邦存款保险公司(FDIC)主要通过经营商业银行的存款保险业务执行其监管职能,它的监管对象是所有加入存款保险的银行,重点管理那些非联邦储备系统会员的银行。它有权要求处于其监管范围内的银行提交财务状况报表和统计,处理这些银行建立分支机构、兼并和执行信托权的申请。

以上三大联邦级银行监管机构有各自的监管重点,货币监理署为确保银行业务的合规性和风险控制而进行日常监管,它是美国财政部为了实现联邦政府金融、货币等宏观经济职能的一部分。联邦储备系统对银行的监管侧重于与货币安全相联系的银行体系的安全,是联邦储备系统维护金融体系安全和货币政策有效性的一部分。联邦存款保险公司则是为确保存款人的权益而设立的机构。

州政府银行监管部门的监管职责则基本包括:批准州注册银行的成立,处理州分支行设立、兼并或关闭的申请;规定州立银行的经营范围;制定本州银行监管的法令并监督执行;实施对州立银行的检查活动并采取管理措施。

(2)美国银行监管的风险评级制度。

货币监理署负责银行的风险评级的具体工作。评估包括非现场分析和现场检查,在分析和检查结束后,监管人员会撰写检查报告。报告中会包含一个CAMELS评级,这一评级结果则是监管机构对银行经营状况的综合性评价。

"骆驼评级体系"（CAMELS）也被称为"联邦监理机构内部统一银行评级体系"，这一体系的评估结果在联邦监管机构内部共享并且统一承认其真实有效性。最新的 CAMELS 评级体系从资本状况（capital adequacy）、资产质量（asset quality）、管理水平（management）、收益状况（earnings）、流动性（liquidity）和对市场风险的敏感性（sensitivity to market risk）6 个方面对银行的风险状况进行评估。每方面的评分被划分为 5 个等级，从"1"的经营状况良好，不需要特别关注，到"5"的状况很差，需要对银行实行重组，逐级严重。将 6 项评估结果汇总后就得到对该银行的综合性评价。综合评价也被划分为五个等级，分别表示不同的风险等级，分值越低则整体水平越高。

2. 美国银行监管制度与加拿大银行监管制度的比较和原因分析

（1）美国银行监管制度与加拿大银行监管制度的比较。

从美、加两国的银行监管制度比较中可以发现相似情况居多。两国都是实行联邦与省级的双层监管，都以银行的注册地为划分监管范围的主要依据。两国都有统一的风险评级体系，并且将风险评级的结果作为决定管理措施的依据。都关注消费者权益，都注重法律规范的完善和依法行政，等等。

实际上，美、加的银行监管仍有差别。第一个显著差别就是，加拿大的银行监管主要依靠联邦监管，而美国的银行监管则由银行的注册地作为界定标准。因为银行有选择是否加入联储的权利，实际上也就获得了选择监管部门的权利。这样银行就会尽可能选择监管宽松的地区注册，并且造成监管机构间为了吸引更多的会员银行而降低监管标准。第二个显著差别是，美国至今还未成立一家跨行业的混业机构。尽管美国在 1999 年《金融服务现代化法案》的推动下，进入了金融业混业经营时期，但是监管机构的组织结构并没有因为经营方式的改变而相应调整，而仍是保持着与分业经营相适应的机构型监管。对联邦注册银行或州注册银行的监管权力分散在三大联邦监管机构和州级监管机构。证券业、基金业、保险业及期货业的监管，则分别由美国证券监督委员会（SEC）、联邦保险署（SIC）和美国期货交易委员会（CFTC）负责。在加拿大，加拿大金融监管局（OSFI）实施了对银行业、保险业、信贷和养老金计划的跨业监管，是名副其实的超级监管机构。

（2）原因分析。

第一，美国混业经营的程度逊于加拿大。加拿大在 1992 年就在《银行法》的规定下进入了合法的混业监管阶段，而美国直至 1999 年才颁布有益于混业经营的《金融服务现代化法案》。在此之前，由于受到《银行控股公司法》及其修正案对银行经营业务的限制，混业经营的进程也被大大推延。

第二，美国银行制度。美国的州立银行在自由银行制度时期获得了先于联邦银行发展的契机。州银行间的竞争日趋激励，各州政府为了维护各自利益，实行了禁止外州银行参与本州业务，也禁止本州银行跨州建立分支机构的规定，确定了州立银行的单一州原则。伴随州立银行发展的迅速风险膨胀和联邦法律的支持让国民银行的发展迎来了春天，形成了美国国内国民银行与州立银行并存的局面，而且银行机构可以自由选择在州注册或联邦注册，这使得对美国银行的监管不能单依靠联邦机构或者州级机构，而必须确立双线银行监管体制。

次贷危机爆发后，美国也对原有的金融监管制度中的缺陷进行了反思，在2009年6月颁布金融监管改革的"白皮书"，开始全面的金融监管改革。银行监管在短期内，将着力于加强监管机构间的合作。OCC、FDIC、储蓄监管办公室（OTS）将加入总统金融市场工作小组（PWG），在PWG的协调下更密切合作，中期内将整合监管机构关系。改变现在州注册银行将接受联邦和州级双重监管的状况，将监管权统一交给联邦储备系统或者联邦存款保险公司。长期内将建立目标型监管模式。确定联邦储备系统作为市场稳定者的监管职责，再建立审慎金融监管机构和商业运行监管机构。将对银行的监管权统一收归到审慎金融监管机构。

（二）英国的银行监管制度

英国的银行监管制度也是成熟金融市场下成功经验的代表，但是它与加拿大银行监管制度有较大的区别，它实行的是单一机构的统一监管。

1. 英国银行监管制度的内容

（1）英国银行监管的组织制度。

1997年之前，英国的银行监管由隶属于英格兰银行的银行业监督委员会和银行业监督局负责。1997年10月之后，证券投资委员会更名为金融服务局（FSA），1998年英格兰银行的银行监管职能转移到FSA，第二年，保险监管职能也转移到FSA。2000年开始，FSA在《金融服务和市场法》的授权下，正式成为可以对所有金融业机构监管的监管机构，监管范围包括商业银行、投资银行、证券、期货、保险等9个金融行业。

FSA的监管权力包括：给予或拒绝申请机关的银行授权，检查和要求银行报表和相关资料，调查银行的业务活动，限制或者取消银行的授权。

（2）英国银行监管的风险评级制度。

英国的银行监管喜欢采取非量化的弹性管理方式。这种管理方式是指在评估金融机构经营状况的过程中，强调运用监管者的经验和判断力，对有不同程度问题、处于不同环境的金融机构应有不同的处理方式和标准，即使法律也应有足够的弹性。另外，监管部门还非常强调金融机构和行业内的自我约束和管理，喜欢使用道义劝说和君子协定的手段解决问题。

但是随着金融水平的提高，英国也越来越多地使用量化的评估方法，其中最重要的是 CAMEL-B-COM 评估法。这是一种类似综合风险评级的方法，从机构运营状况、业务风险和内部控制三方面进行综合评估。设计的评估指标包括：资本（capital）、资产（asset）、市场风险（market risk）、收益（earnings）、负债（liability）、业务（business）、控制（control）、组织（orgnization）和管理（management）9 项。对 9 项因素的综合评分则是银行的等级分数。银行监管部门根据评分判断问题的严重程度并采取相应措施。

2. 英国银行监管制度与加拿大银行监管制度的比较和原因分析

（1）英国银行监管制度与加拿大银行监管制度的比较。

虽然同为拥有成熟金融市场的发达国家，但是英国和加拿大的银行监管制度还是有明显差别。体现在以下方面：

第一，英国是单一机构的统一监管，是权力集中型监管，加拿大是"两级多头"式监管，是权力制衡型监管。英国式监管组织制度的最大优势就是可以避免因为分权或权力部门重叠带来的效率损失和资源浪费，也能防止出现重大监管失误时各个部门相互推诿。

第二，英国偏向采取非量化的评估，而加拿大遵循数量化的评估。在英国，对银行的评估结果与监管人员的经验和判断相关，而在加拿大，综合风险评估方法则通过进行严格的数量分析和模型推理，为金融机构的风险状况打分并划分风险等级，减少了主观因素的影响。

第三，英国采取非正式的监管方式，而加拿大遵循标准化的监管方式。在 1979 年英国的《银行法》颁布以前，银行监管尊重银行的自我管理，监管机构往往通过道义劝说和君子协定等方式进行灵活管理。这种管理不具有强制性的法律效力，监管效果是建立在监管机构与金融机构良好关系并且金融机构主动配合的基础上。而加拿大则通过将评估方法和管理方法正规化、标准化，是监管机构的决策具有强制性。一旦符合法定条件，金融机构就必须执行。

（2）原因分析。

英国这种权力集中、非量化评估、非正式监管的银行监管制度与英国银行发展历程和社会心理习惯相关。

首先，英国银行以自然构造的方式形成了高度集中和垄断的特点。英国是最古老的资本主义国家，以最踏实的方式进行原始资本的积累。在它之前没有可效仿的榜样，因此银行制度的建立也在没有人为干预的环境中缓慢进行。在经济发展的自然演进中，集中和垄断不可避免，而英国历届政府也对此采取宽松管理的态度，因此形成了银行的高度集中和垄断。对应这种银行业局面，就需要有一个功能强大，且权力集中的监管机构。

其次，英国采用非制度化的银行监管并不是因为英国不重视法律，相反英国人善于自我克制、尊重社会权威、看重承诺和声誉。金融机构自身保持严格的自律性，监管机构则相较于频繁地颁布法律的做法，更偏向通过劝说和约定来达到监管目的。

（三）日本的银行监管制度

日本的金融业发展起步较晚，但是步伐很快，已经成为少数金融发展水平较高的东亚国家之一。日本的银行监管制度既吸收了不少英、美银行监管的成功经验，也在国情的基础上形成了自身的特点。相对于美、英、加，日本实行的是有强烈政府干预色彩、高度集中统一管理的银行监管制度。

1. 日本银行监管的主要内容

（1）日本银行监管的组织制度。

在 1998 年以前，大藏省和日本银行是金融监管的主要机关。大藏省的成立时间最早，长久以来一直是主管日本财政、金融、税收的最高机关。对日本的银行的监管主要由大藏省负责，作为日本中央银行的日本银行也承担部分银行监管职责。但是，日本银行行政隶属于大藏省，其独立性受到很大影响。

1998 年，在《新日本银行法》的推动下，日本政府对金融监管体制进行了改革。改革包括：成立金融厅、金融再生委员会，削减大藏省的权力范围，增强日本银行独立性，改革存款保险制度等。经过改革，日本形成了以金融厅为核心，中央银行、存款保险机构以及地方财务局共同参与的金融监管组织体系。

金融厅成为对银行、保险、证券等金融业务监管的统一机构。在银行监管方面，它直接监管大型银行，与地方财务局共同监管地方银行。监管的重点是市场关联风险、体制风险、银行遵守法律的状况以及风险管理状况等。日本银行可对与其有业务往来的金融机构进行检查，为处于短期支付困难的金融机构提供特殊贷款，也以此为条件督导金融机构进行有效的风险管理。金融厅作为金融监管的最高部门，负责向金融机构颁发营业许可执照，对金融机构进行检查和下达指令。而日本银行则以提供服务为条件，对金融机构的财务状况监察。尽管两机构在监管重点不同，但是具体工作中密切配合，例如，共享检查结果及相关资料，协调检查安排等。改革后大藏省的权力被大大缩小，不再负责具体的银行监管工作，只从政策上保证监管的实施。

（2）日本银行监管的风险评级制度。

日本的银行评级制度是先对资本充足性（C）、盈利水平（E）、风险管理（M）三方面进行评级，然后在以上三方面的基础上进行综合风险评级。以上三个指标在综合风险评级中占的比重分别为50％、10％和40％。综合风险评级结果分为4级：A级，良好——无重大问题；B级，尚好——无重大问题；C级，尚可——有一般问题；D级，不符合要求——有重大问题。中央银行根据风险程度对银行进行后续监督和指导。同时，金融厅鼓励运用数理统计模型来进行风险评估。

2. 日本银行监管制度与加拿大银行监管制度的比较和原因分析

（1）日本银行监管制度与加拿大银行监管制度的比较。

日本与加拿大银行监管制度的最大差异表现在监管组织制度方面。日本实行的是权力集中的一元负责形式，且具有浓厚的行政干预色彩。而加拿大实行"两级多头"权力制衡的监管，监管机构保持独立地位，受政府（议会）干预较少。而在风险评级制度方面，两国则有较大的相似度。日本和加拿大都采用量化、规范化的评级方式，并在评级结果的基础上进行弹性管理。

（2）原因分析。

第一，"二战"后以美国为代表的西方国家对日本经济重建有重大影响。"二战"后，美国成为帮助日本重建的最重要国家，美国不仅带来了丰厚的资金、先进的技术，也植入了美国式观念和经济组织框架。正是在美国的影响下，日本建立了现代银行体系，并且效仿了美国的理性量化管理方式。

第二，君主制的长期影响增加了日本对行政干预手段的偏好。"二战"前，尽管日本经历了明治维新的民主改革，但是君权至上、皇权至上的意识残留仍很严重，宗法和等级制度对社会秩序和社会意识的影响很深。所以日本虽然接受了美国式分业经营的金融体系，但并没有借鉴其多个监管机构共同参与的银行监管。长期以来，大藏省就是地位超然的监管中心，改革将大藏省的部分权利下放到其他监察机构，并增强了这些机构的独立性。新成立的金融厅因为可以实现跨业的金融监管，地位作用得以凸显，取代大藏省成为监管的中心。

（四）印度的银行监管制度

近年来，印度金融业的发展步伐加快，成为金融业的新兴发展大国。印度银行与中国商业银行的发展水平、业务范围、经济规模和财务状况相近，总结印度银行监管的经验对我国的银行监管建设有重要的借鉴意义。

1. 印度银行监管的主要内容

（1）印度银行监管的组织制度。

1969 年前，货币监理署和印度储备银行共同履行银行监管职责，1969 年后，货币监理署逐渐淡出。在 1974 年修改的《银行法》的支持下，印度储备银行成为银行监管的唯一机构。印度储备银行也是印度的中央银行，银行监管是印度央行非货币职能的重头。印度储备银行领导下的金融监管委员会对印度商业银行进行直接监管，印度储备银行的子公司履行存款保险职能。

（2）印度银行监管的风险评级制度。

印度的银行监管注重建立制度，创建有序稳定的金融环境，所以采用以非现场检查为主，现场检查为辅的监管。除非发生严重的银行危机，一般情况下，印度储备银行不干预银行的内部管理。对所有银行，印度储备银行通过调整利率、存款准备金率和公开市场业务等方式进行谨慎监管。对发现有问题的国有银行，印度储备银行通过采用行政手段进行管理，对发现有问题的非国有银行，印度储备银行通过警告和罚款等方式限制非国有银行经营。对陷入严重危机的银行，印度储备银行强制其清盘或者退市。在《新巴塞尔资本协议》的影响下，印度储备银行也开始重视对银行机构的内部评级。此外，印度还建立了比较完备的监管法律制度，包括《储备银行法》《银行管理法》《公司法》和《外汇管制法》等。

2. 印度银行监管制度与加拿大银行监管制度的比较和原因分析

（1）印度银行监管制度与加拿大银行监管制度的比较。

印度是发展中国家的代表，金融发展程度远不及加拿大，银行监管制度与加拿大相比存在较大差别。

第一，印度采取的是单一机构的统一监管，印度储备银行是有权对银行监管的唯一机构。而加拿大采取的是多头的分散监管，实施具体监管工作的就有 OSFI、CDIC 和 FCAC 三大机构。

第二，印度银行监管中的政府色彩非常浓厚。政府对银行的过度干预表现在：对银行设立和扩张的限制，对放贷数量的控制和对存款利率的控制。印度储备银行成为印度中央政府的印储发行货币、筹集资金的机关，央行的独立性得不到保证。加拿大的三大银行监管主体均为独立于政府的机构，且只对议会负责，因此加拿大的监管机构更具有独立性，运作更尊重市场化。

第三，印度对问题银行的监管以限制手段为主，而加拿大以援助手段为主。与印度的行政管制、警告和罚款等强制手段不同，加拿大的银行监管机构在发现问题时，不急于惩罚，而是在能力范围内提供援助以减轻问题的严重程度。最典型的行为就是 CDIC 向会员银行存入金额或者提供贷款担保。

但是在法律的完备、风险评级手段的运用、测评指标的采纳等方面，印度也正在向西方发达国家靠拢。

（2）原因分析。

造成以上差异的原因与印度的经济发展水平和历史文化背景息息相关。一般来说，发展中国家因为市场化程度较低，缺乏充足的监管经验，偏向采用强制纠正的办法，监管对象危机越严重，监管手段越具有直接强制力。印度在英国的长期殖民统治下，采用了英国模式——国有银行占绝对支配地位。独立后，印度也发展了一大批本土银行，以及网点众多的村镇银行。复杂的银行体系要求一个权力集中且具有很强执行力的监管中心。在英国的影响下，印度建立银行监管法律的时间较早，相比较其他发展中国家，监管法制更健全。

（五）小结

从以上5国银行监管制度的比较（见表3-4），我们可获得以下认识：

首先，可影响一国银行监管制度选择的因素众多，包括经济发展水平、历史渊源、社会习俗和民众素养等，最有效率的银行监管制度应建立在对众多因素的综合考察上，一切从自身特点出发，符合本国国情。

其次，分业监管和混业监管是当今国际金融监管的两大模式。分业监管是以金融机构的种类来划分监管领域，建立不同的监管主体来监管不同领域的金融业务，也被称为机构监管。混业监管是指以金融业务的种类划分监管领域，即一个给定的金融活动由同一个监管者进行监管，而不再考虑该活动由谁从事，也被称为功能监管。从分业监管（机构监管）向混业监管（功能监管）过渡，监管机构权力的适度集中，是国际银行监管的普遍趋势。

再次，量化评估和非量化评估是两大重要分析方式。量化评估看重金融机构的真实经济数据，通过量化的信息在数理模型和风险矩阵中的运用判断金融机构所处的风险等级。非量化评估是依靠评估人员的经验和感受判断金融机构问题的严重程度。非现场分析和现场检查是两大主要的检查方式。现场检查主要指监管人员深入金融机构，了解金融机构的经营状况、辨别问题的严重程度、监督管理措施的实施情况和指导运作等。非现场检查则主要通过分析企业报送的财务报表、工作总结和企业其他数据发掘金融机构可能存在问题，并提出解决方案。如今国际银行监管越来越注重使用数量化分析，并且是高频率的现场检查和非现场检查结合，以现场检查为主、非现场检查为辅。

最后，金融监管的管理手段可分为国家行政干预和监管机构的弹性介入。国家行政干预是指监管机构在其权力范围内对被监管机构直接发出指令性的整顿建议，具有强制性和权威性，是集权制国家较常使用的管理手段。弹性介入是指监管机构一般不干涉金融机构的内部运作，只有其风险程度超过金融机构承诺的限度时才开始干涉，并且干涉程度依金融机构的风险程度和事态的严重程度而定。国际银行监管管理手段的普遍趋势是从国家行政干预向弹性介入转变。

表3-4 各国银行监管制度的比较

国别	监管机构		风险评级法	组织结构	监管方式	管理手段
加拿大	联邦	金融监管局	综合风险评级法（CRR）	两级多头	高频率的现场监督和非现场评级	弹性管理援助为主
		存款保险公司				
		金融消费管理局				
	省级	地方政府				
美国	联邦	货币监理署	CAMELS评级法	两级多头	高频率的现场监督和非现场评级	弹性管理援助为主
		联邦储备系统				
		存款保险公司				
	省级	州政府银行监管部门				
英国	金融服务局		注重使用非量化评估CAMEL-B-COM评级法	一元统一	高频率的现场监督和非现场评级	弹性管理重视劝说和约定
日本	金融厅、日本银行为主		CEM评级法	二元复合	非现场评级为主现场检查为辅	政府色彩浓厚，偏向强制、惩罚
	地方财务局配合					
印度	印度储备银行		按《新巴塞尔资本协议》的要求	一元统一	非现场评级为主现场检查为辅	政府色彩浓厚，偏向强制、惩罚

六、加拿大银行监管制度的不足和发展趋势

任何一种监管制度都不可能毫无缺陷，即使一时在风险管理和维护金融稳定做出突出成绩，但是不断创新的金融活动和日益提高金融水平总会向监管制

度提出新的考验,这就要求我们能够在监管失利中总结监管制度的不足,不断健全监管制度。

(一) 加拿大银行监管制度的不足

1. 监管组织系统仍然存在机构繁杂和重叠的不足

加拿大金融监管的"两级多头"组织制度有助于监管机关间的权力均衡和相互监督,但限制了监管效率的提高。对加拿大银行进行监管的机关既有负责具体工作的金融监管局、存保公司和金融消费者管理局,也有负责政策指导和法律援助的加拿大中央银行和财政部。随着银行从事业务范围的宽泛,对新业务进行监管的监管机关也随之增加,如:加拿大金融交易和报告分析中心(The Financial Transaction and Reports Analysis Centre of Canada, FINTRAC)、加拿大公共责任公会(Canadian Public Accountability Board, CPAB)、省级监管机关等。除了这类权力机关外,银行还要接受银行协会(Canadian Bankers Association, CBA)等行业自律组织的监督。关系复杂的监管机构给监管信息的流动和监管机关的沟通合作带来困难,同时,不明晰的监管职能定位也可能导致重复的监管。这种情况下,银行往往在监管机关的各类检查中疲于应付,或者试图利用监管的漏洞逃避监管。

2. 监管机关的协调机制仍不完善

加拿大已经成立一家协调金融监管的专门机关——金融机构监督委员会,委员会人员由金融监管局、存保公司、加拿大银行和财政部的主要负责人组成,负责协调各部门协作并保障监管局的监察权力。该委员会协调的重点是会内的四大机关,协调的层次仅在联邦级的监管机关。而在新业务监管部门之间、官方监管机关与行业自律组织之间、联邦级监管机关与省级监管机关间却没有成立相应的协调部门或签署有影响力的协调协议,这种协调缺位制约了监管效能的提高。

3. 单一监管手段的监管效果不尽如人意

加拿大主要采用规制导向型的监管方式,尊重法律权威,遵循框架中的程序和指令,根据固定的标准评定结果。这种监管对法律的过度迷信,降低了监管机关对市场的敏感性,也限制了银行的创新动力。这种监管将监管机关和专业人员的精力调动到撰写复杂冗长的规则中,而这些规则最终连监管者都难以掌握。这种监管对银行的刚性管理往往容易造成监管机关与被监管对象间的关系紧张,不利于监管工作的良性互动。这种监管将检查银行是否合规经营作为监管重点,满足了银行遵守规范的形式要求,却忽略了保证银行业健康发展的内在要求。

4. 风险评估体系中没有对银行系统风险予以充分的重视

金融危机的爆发，在微观上是因为金融产品和金融机构经营的高风险，中观上是因为对金融系统性风险的认识不足，宏观上是因为监管当局缺乏沟通，没有及时地采取措施消弭系统性风险，足见认知系统风险对防范危机的重要性。加拿大风险评估体系中所包含的对银行重要业务和对银行机构的风险评级是微观层次的监管，对银行系统风险的监管还没有提出明确的办法。虽然加拿大的银行业没有受到金融危机的严重破坏，但是美英等国家系统性风险监管缺失的情况也同样存在于加拿大的银行监管中，加拿大应引以为戒。只不过在加拿大，由于微观金融监管做得比较好，大大减弱了宏观上系统上金融风险的程度。

（二）加拿大银行监管制度的发展趋势

金融业的发展和金融危机后对监管的反思为加拿大未来银行监管制度的路径选择提供参考。

1. 将目标型监管的理念融入混业监管中

目标型监管是最新的金融监管理论，该理论主张首先应对监管目标进行明确定义，再将监管目标委托给监管机关以确保监管的有效进行。加拿大开始目标型监管并不是推翻已有的混业监管的基础，相反，不同于混业监管与分业监管的严格区别，目标型监管可以与混业监管或分业监管相兼容。目标型监管与混业监管相结合就是对监管机关业已确定的监管目标进行归纳分类，提出相互补充的综合目标，以达成目标作为监管的最终目的。这样的监管可以鼓励具有相同目标的监管机关协调合作到达监管目的。

2. 促进规制导向型监管和原则导向型监管的有效结合，丰富监管手段

加拿大的金融监管主要采用规制导向型的监管手段，但是学习原则导向型监管的成熟经验有助于激发银行的创新尝试以及建立监管机关与银行间的良性互动。

3. 继续坚持谨慎性监管理念，加大对银行业系统性风险监管的重视

金融危机中，加拿大银行业免受巨大冲击的实例是对加拿大一直坚持谨慎性监管、强势监管的肯定，今后加拿大的金融监管也不会偏离这个方向。另外，英美等工业化发达国家银行业在金融危机中蒙受巨大损失的例证，也为加拿大加快填补银行系统性风险监管上的缺失敲响警钟。在当前各国都极其重视经济高速发展而忽视其稳定性的国际经济环境中，加拿大政府势必对银行业的监管越来越强化，加拿大的银行监管制度也会愈加完善。

（三）小结

世界上不存在绝对完善和万能的金融监管制度。金融业的发展总是为监管制度的发展创造空间、带来考验，所以为了维护金融稳定，监管制度需要根据金融发展的现实不断完善，甚至进行具有前瞻性的尝试。对一国而言最优的监管制度，不见得要全盘引用金融水平最高的国家的监管经验，而要立足本国国情，综合考虑金融发展历史、当今金融水平、政治制度、社会心理和民众素养等因素。

在混业监管和分业监管并存，规制导向型监管和原则导向型监管并存的监管制度中，混业监管和规制导向型监管是当今监管的主流。但是金融危机过后，新兴的目标型监管理念备受瞩目，原则导向型监管的优势也被重新认识。目标型监管与混业监管结合，规制导向型监管与原则导向型监管结合将成为今后金融监管的发展趋势。

七、加拿大银行业监管的国际合作与外国银行市场准入管理

（一）加拿大银行业监管的国际合作

早在1988年加拿大就是《巴塞尔资本协议》的积极倡导者和实施者，是国际上最先使用《巴塞尔资本协议》的少数国家之一。同时，2007年加拿大率先实施《新巴塞尔资本协议》，并根据《新巴塞尔资本协议》的要求对加拿大银行设定法定的资本充足率，同时也要求银行使用高级的内部评估评级办法衡量信用风险，从而有效防范银行风险。2010年《巴塞尔协议Ⅲ》公布后，加拿大仍然是该协议的积极支持和维护者。

加拿大银行业加强国际监管合作，不仅是加强国内银行监管水平，也是基于加拿大国内银行不断向海外扩张的事实。加拿大银行业在拉丁美洲、加勒比海、美国、亚洲以及世界其他国家和地区分设机构，从事大量的国际业务，这些业务的主营方向在世界不同地区有所区别。比如在美国开发新的市场，主要开展投资银行业务、电子银行业务以及理财业务等。在拉丁美洲、亚洲以及世界其他国家和地区更多投资于特定市场。2004年加拿大银行业的国际业务收入约占银行业全部收入的50%。

（二）加拿大对外国银行的市场准入管理

1999年6月以前，加拿大对外国银行分行准入是采取禁止的态度，只允许外国银行在加拿大通过独立的子公司进入加拿大银行市场。这种运作形式使得外国银行在加拿大的发展受到阻碍。1995年世界贸易组织成立后，由于加拿大是世贸组织的最早成员，其他世贸组织成员国纷纷要求加拿大允许外国银行直接在加设立分行。1999年6月加拿大联邦立法机构通过《第C-67法令》，根据该法令修改了《银行法》《清算与重组法》以及其他金融机构相关法令，从而允许合格的外国银行在加拿大设立分行，并允许外国银行分行可以采取全能分行或者贷款分行的形式来运作。

加拿大对外国银行设立加拿大分行制定了准入规则，包括设立外国银行分行的申请程序、批准设立外国银行分行的标准等。其准入制度的主要特点表现在：首先，对世贸组织成员和非世贸组织成员的银行准入进行区别对待。这种区别对待也是基于世贸组织原则，以及确保国内银行在进入境外银行市场上获得东道国公平和互惠待遇的重要保障。其次，把《银行法》的原则规定与金融监管局的具体操作指引相结合，同时坚持原则性与灵活性的统一。比如在审查步骤和公开化的程序上应坚持严格的规范，同时对审查时间，金融监管当局则可以根据具体的需要自由裁量和灵活把握。最后，在分行设立的实体要求上，充分反映巴塞尔委员会有关跨国银行监管的基本原则。尤其是在申请人及拟设分行的信息要求上，反映了加拿大法制对有效监管的高度关注。对外资分行母国监管当局及其监管方面的要求，则充分体现其尊重巴塞尔委员会将母国有效监管作为审查跨国银行在东道国拓展的重要标准。

八、加拿大银行监管对中国银行业监管改革的启示与借鉴

前文先从发展历程、具体内容、特点和形成动因四方面对加拿大银行监管制度进行了分析，再通过加拿大与美国、英国、日本和印度银行监管制度的比较，突出了加拿大银行监管制度的优势，指出了不足和未来发展的方向。根据上述分析，可以得到完善我国的银行监管制度的一些启示和有益借鉴。

（一）推进整体金融监管制度改革，建立激励相容的银行业监管制度

如前所述，我国应当借鉴加拿大金融监管的经验，完善和推进我国金融监管制度的建设，注意混业经营业务的发展和加强对混业经营业务的监管。同时

在银行监管领域应注意建立激励相容的银行业监管制度。

  监管的激励相容制度能将监管机构的审慎监管目标与金融机构的利益最大化目标有机结合，它包含内部控制和市场约束两大内容。内部控制上，加拿大的金融监管调动了金融机构自律和同业公会管理双重力量。在金融机构内部建立严格的自律规章，在行业公会组织制定具有约束力的行业规范。监管机关不随意干涉金融机构的运作，只在发现违规或者在发现金融机构的实际风险高于机构自身承诺的限度后，才会对金融机构进行处罚。在市场约束上，加拿大建立了以存款保险制度为核心的金融安全网。存款保险制度是一种金融保障制度，存款保险机构向发生经营问题或面临破产倒闭的金融机构提供财务援助或者直接向存款人支付部分或全部存款，以帮助金融机构度过暂时性的危机，这有助于保护存款人利益，维护金融信用，稳定金融秩序。国际上通常把存款保险分为显性存款保险和隐形存款保险。加拿大实行的是显性存款保险制度，即成立了专门的保险机构——加拿大存款保险公司。加拿大的这种存款保险制度有助于稳定存款人的信心，提高处置效率，节约处置成本，增强市场约束力，明确金融机构倒闭时各方责任。自律管理和存款保险制度双管齐下，充分发挥了监管机构、金融机构自身、行业自律组织和普通民众的多元化监管力量。

  在我国，银行的自律进程开始较晚，尚缺乏经验。我国的银行自律协会——中国银行协会成立于2000年，成立以来在规范行业经验行为、提高银行服务水平、促进同业协作等方面做出了巨大努力，但仍有独立性和影响力的不足。因为银行协会成立时间较短，还存在称谓不统一、地位不明确、职责任务不规范、组织机构不完善、工作关系不顺、从业人员素质不高、队伍不稳、支持保障措施不到位等一系列问题。协会的工作直接由银监会负责，各地方级银行协会也由所在地银监局的监督指导。可以说，中国银行协会虽名为社团组织，但实际上成为银监会的派出机构，独立性大受影响。也因为以上的诸多弊病，中国银行协会自律管理的号召力也大打折扣。

  加拿大的银行监管经验，为促进我国银行监管力量的多样化提供参考。第一，增强银行协会的独立性和影响力。要进一步明晰协会的职责任务，理清与银监会等其他监管机构的组织关系，加强对从业人员的选拔，提高从业人员的专业素质等。第二，敦促银行机构内部实行有效的内控管理措施。要求金融机构按照最新会计准则的要求设立账目和记账，缩小与国际会计准则之间的差距。采取鼓励披露和强制披露相结合的办法，扩大信息披露范围，提高银行信息披露的充分性。加大外审机构的审查力度，以保证银行数据的真实性。第三，发挥存款保险公司对银行机构进行审慎监管的职能，防止存款保险公司变成对有问题银行提供无穷贷款的保护伞。同时，存款保险公司的运作应该尊重市场选择，以市场手段为主。公司的救助对象应是只陷入暂时性支付困难的，而不是已经被市场淘汰的银行。存款保险制度应有很高的透明度，让各成员机构都了解其运作规则，杜绝寻租行为，这样才能更好地为金融消费者提供稳定的机构保障。

（二）完善中国银行业的监管法律体系

加拿大不但发布和修订了大量的银行监管法律，而且将对法律的尊重体现在金融监管的实践中。立法完善、依法行政和与时俱进是加拿大始终能够维持良好的金融监管法制环境的法宝。在立法方面，加拿大不仅有针对各个金融行业设立的基本法，如《银行法》《保险公司法》《证券法》等，还有规范各个机构行为的法律，如《金融监管局规范》《加拿大存款保险法》《金融消费者管理局法》等，整个金融系统的运作和监管机构的管理都处于一个健全的法律环境中。在执法方面，机构的改革和新建都在立法之后，监管机构对金融机构采取的干预措施都以相关法律为依据，这不仅使监管机构的行政行为更加规范，而且保证监管机构的处理决定具备权威性。另外，加拿大一直保持着对各项金融法律定期修改的传统，以《加拿大银行法》为例，1992年以前，《银行法》规定对该法的修改每10年一次。1992年之后，10年期的修改间隔缩短为每5年一次。但实际上，进入21世纪后，日新月异的金融发展加快了法律体系的调整进程，加拿大国会几乎每年都通过若干对《银行法》具体的内容补充和修改条例。其中对最有影响力的就是《C-8法案》。该法案制定了加拿大现行监管体制的主要内容，对加拿大金融服务部门和机构的所有权机构引入了新的变革，进一步规范了混业经营的监管行为。

近年来，我国对金融监管的法律制度进行了重大的变革和革新，但法制水平仍较低，集中体现在：第一，立法不全，已有的法律不协调。《中国人民银行法》是我国最重要的金融监管基本大法，但该法只是对各监管机构的职能范围和机构间的协调做了原则性的规定。专业法名目繁多，且法律内容之间缺乏联系，这大大影响了法律的执行效果。例如，银行监管具体法规分散在《中华人民共和国商业银行法》《中华人民共和国外资银行管理条例》《中华人民共和国企业破产法》《中华人民共和国合伙企业法》《中华人民共和国票据法》（分别简称为《商业银行法》《外资银行管理条例》《企业破产法》《合伙企业法》《票据法》）等数十部专业法规中，而唯一的银行监管专门法——《银行业监督管理法》在2003年12月通过，2004年2月正式实施，由于实施时间较短，还存在诸多不完善之处。涉及银行监管除有法律法规外，还有人民银行办公室通过的《金融机构大额交易和可疑交易报告管理办法》，银行协会起草的《中国银行业反商业贿赂承诺》和《中国银行业反不正当竞争公约》，这些法律、法规、办法、公约的法律关系混乱，法律范围重复交叉，影响法律的权威性。第二，依法行政意识淡薄。机构更新的速度超越法律完善的进程就是典型表现。以银行监管为例，从2003年3月6日提交的机构改革方案，到同年4月28日，银监会即正式挂牌成立，中间未曾来得及形成相应的法律予以铺垫。第三，我国法律的更新进程较慢。现行法律制度下适用过程中，条款间的矛盾和与现实情况的偏离时有发生。

加拿大完善的银行监管法律体系和依法进行银行监管的经验给我们以启示。针对以上我国存在的不足，我们可从以下方面进行借鉴。

第一，学习和借鉴加拿大先进的银行监管法律，尽快建立符合我国国情的银行监管法律体系。一方面，我们要在学习中不断缩小与国际经典法律的差距，掌握国际上银行监管法律的精华，加快建立结构完整、层次清晰、符合国情的金融监管法律体系。另一方面，也要立足本国实际，创造中国特色的监管法律。Pistor等人（2002）认为，法律的不完备性影响了移植的效果。法律越是不完备，移植效果越差。我国的金融市场仍然脆弱，在与国际接轨的过程中还要求实行过渡性的保护措施，且法律体系与发达国家相比较更加不完备，因此，在学习借鉴的过程中，也要注意结合中国银行业发展的实际。

第二，顺应金融发展的现实，对法律法规进行定期的修改补充。这种定期修改的传统既要在专业法律界中形成共识，也要以制度形式加以确定。在金融产品多样化和金融风险日益提升的今天，监管法律法规的更新和完善几乎是任何国家在金融监管过程中都必须面临的问题。要形成银行监管法律法规更新的长效机制，发挥监管机构、银行自身、银行业协会的联动效应，银行和银行业协会要定期将金融机构可能遇到的风险反映到监管部门，监管部门要将主要问题和经验反映给相关的法律部门，为立法者制定和完善监管法律提供依据，促使法理法规的制度化和常态化。

（三）完善和提高中国银行业的监管技术手段

目前，金融监管手段有两类：规制导向型监管和原则导向型监管。加拿大金融监管采用的是规制导向型监管手段，通过高频率的现场检查和非现场检查获得金融机构运行的全面数据，运用数理和模型工具对金融机构综合风险进行动态量化分析获得风险等级结果，根据《监管框架》要求采取管理措施。这种监管手段能够客观科学的评价风险，提高对风险认识的准确性和风险预警能力，吻合国际银行监管技术的发展趋势。

我国近年来也加快了对国际先进监管技术的引进，在现场检查方面，组织了多次对重要行业的专项检查，查处了一批违法违规行为，取得了一定的成绩。在非现场检查方面，建立了监管报表报送制度、信息披露制度和非现场检查报告制度。现存的主要问题是：现场检查和非现场检查的有机结合不够，检查没有制度化，缺乏计划性、连贯性，对风险辨别的方法单一，风险评级制度和管理制度不完善，对风险的预警和分析功能较弱。

　　面对中国银行业监管中的问题，借鉴加拿大的经验，向标准化、制度化、数量化的规制导向型监管技术学习不失为走出困境的良策。因此，我国应建立以实地检查为主，并与非实地的全面检查、内部审计、外部监督等多种手段相结合的监管方法，且将检查的频率和步骤制度化，使监管机构的介入行为有序可循。建立功能强大、动态交叉式的风险监测和报告系统是当前提高我国风险监测水平的当务之急。迅速将这一系统运用于银行风险管理中的风险识别、风险计量、风险监测和风险控制的四个环节，对提高商业银行风险管理效率和质量具有非常重要的意义。在信用风险、市场风险、操作风险三大金融风险中，信用风险、市场风险的计量模型应当优先开发，推动内部评级体系建设。

　　此外，尽管加拿大并不是采用原则导向型监管的代表，但是原则导向型监管手段具有显著的优势，尤其在金融危机发生后，这一手段越来越被国际金融界重视和采纳。尽管我国的银行监管并未明确提出执行原则导向型监管，但对这一概念早有关注，一些做法也谙合题意，例如：监管理念中强调"管法人、管风险、管内控和提高透明度"，对金融创新业务提出的"风险可控，成本可算，增加透明度"的监管原则，对董事会建设提出的"职责权责清晰、决策程序科学，董事要履行看守职责和托管职责"的要求，等等，实质上都是原则导向监管。原则导向型监管有助于监管者与被监管者保持良好的关系，更符合新时期下和谐社会的题中之义。但是原则导向型监管更多地强调被监管机构主动自觉地进行风险控制，其效力的发挥受市场完善程度和金融从业人员素质的制约。

　　因此，我国要进一步实践原则导向型监管手段，应首先完善金融市场机制，创造市场纪律发挥作用的条件。另外，创造高素质的人力资源环境。因为原则导向型监管意味着监管者和被监管者之间并不是严格明晰的法律条文，而是通过监管人员在实际情况中做出灵活审慎的专业判断，监管者与被监管者之间保持持续充分的沟通来共同进行风险管理。所以，必须打造一支专业素质过硬的监管人员队伍。银监会在2005年工作会议上提出，要打造一支具有积极风貌和勤奋敬业精神的学习型、专家型、务实型、开拓型监管干部队伍，为监管事业储备前瞻性、战略型人才。有这样的队伍为后备才能不断提升履职能力，并在完成一线繁重银监任务的同时应对国内外金融形势发生深刻变化带来的新要求、新课题、新挑战。此外，提高素质并不单只针对监管者，被监管者也应与监管人员保持共同进步才有可能保持两者间的有效沟通，达到预期监管目标。

（四）建立健全银行内部风险管理系统

我国目前已经形成了以国有商业银行为主，多种金融机构并存的金融体系，建立一套健全的银行风险管理系统是不可或缺的。客观来说，在建立银行风险管理系统方面，我国银行业已经付出很大努力，但效果仍不尽如人意。加拿大银行业本身具有良好的风险管理系统，实行效果明显，具有较强的借鉴意义。首先，借鉴加拿大的做法，应积极引进有效的银行监管原则，全面强化风险监管，运用数量模型对经营中信用风险、市场风险、操作风险等进行监控。其次，从可操作层面入手，建立适合我国实际情况的风险管理系统，加强各银行之间的信息共享。再次，顺应金融业混业经营的大趋势，研究在混业经营条件下的银行监管特点，尤其是应注意监管部门与银行之间的监管协调，以及加强银行本身的自我监督。最后，随着我国国内金融市场的开放，越来越多的外资银行进入到我国的银行业，因此应设立独立的监管机构，专门对外资银行实行监管，以避免出现银行监管的真空地带。

（五）完善外资银行的市场准入制度

加拿大外资银行准入制度的特点突出表现在以下几个方面。首先，严格区别对待世贸组织成员方的银行和非成员方所管辖的银行，这是确保国内银行在进入境外银行市场上获得东道国公平和互惠待遇的重要保障。其次，将《银行法》的规则要求与监管当局的政策指引结合起来，促成既具权威性又具可操作性的外国银行分行准入制度。再次，把严格规范（比如审查程序不可更改）与监管当局自由裁量（比如审查时间灵活处理）相结合。最后，充分反映巴塞尔委员会有关跨国银行监管的基本原则。

加拿大外资银行准入制度的上述特点对我国有关监管制度完善有重要的启发意义。我国现行的有关外国银行监管制度主要反映在新近修改的《外资金融机构管理条例》及其实施细则中。从这些法规、规则的有关规定来看，有明显的局限性：首先，在权威性的《商业银行法》中没有就外资银行的准入问题做出规定；其次，《外资金融机构管理条例》及其实施细则的有关规定也极为原则化，尤其是在审查程序和实体标准上的规范方面，可操作性不强。加拿大的做法对我们有启发意义。要完善我国外国银行分行准入制度，一是要健全国家的有关监管法规和规章。二是要关注巴塞尔委员会有关规则的发展情况，尤其是要深入研究涉及市场准入问题上的规则，并努力在我们的监管法制创建中得到体现。三是建立相关准入规则，应该一方面反映世贸组织所构建的基本法制原则，尤其是国民待遇原则，同时也要在遵守国际条约的前提下有效地保护民族的金融业。四是建立银行准入制度在体现立法权威性的同时，也应注意增强规则的可操作性。

第四章　加拿大证券业监管

一、证券业监管概述

（一）证券监管的重要性

一般意义上说，证券市场是以融通长期资本（通常指1年以上）为目的的有价证券发行和交易关系的总和。证券市场是一个国家金融体系中非常重要的组成部分，证券市场的价格波动随时有可能导致金融整体市场的动荡。一个国家如果要保持金融稳定，就必须对证券市场进行监督管理。政府不仅需要制约证券市场上的垄断和不公平竞争行为，而且需要应对由自然垄断和信息不对称所导致的市场失灵问题。不仅需要对金融机构实施微观行业管制，而且需要实施对证券市场的宏观调控和管理。所谓证券监管，就是指以矫正和改善证券市场问题为目的，政府及其监管部门通过法律、经济、行政等手段对参与证券市场各类活动的主体行为进行干预、管制和引导。证券监管的重要性主要表现在，通过加强对证券市场的监管，维护市场良好的秩序，充分保障广大投资者和筹资者的权益，同时也是发展和完善证券市场体系和提高证券市场效率的需要。

（二）证券监管的目标

总体来看，世界各国和地区证券监管的目标基本上是一致的。国际证监会组织（IOSCO）提出的三项监管目标为：保护投资者，保证市场的公平、有效和透明，减少系统性风险。美国《1933年证券法》确立的两个目标为：向投资者提供有关证券发行的实质性（material）的信息，禁止证券售卖过程中的误导、虚假和其他欺诈行为。香港1989年颁布的《证券及期货事务监察委员会条例》订立的目标为：使市场有足够的流通量，并公平、有秩序和有效率地运作；控制和减低交易系统风险，避免市场失灵和适当地管理风险，以确保一个市场的危机不致影响其他的金融范畴；保护投资者，促进一个有利于投资和经济增长的经济环境的设立。中国《证券法》规定："为了规范证券发行和交易行为，保护投资者的合法权益，维护社会经济秩序和社会公共利益，促进社会主义市场经济的发展，制定本法。"中国证券法制定的目的也体现了中国证券监管的基本目标。综上所述，证券监管的目标是为了纠正市场失灵，保护市场参与者（尤其是投资者）的合法权益，保证证券市场公开、公平、公正的运行原则，使证券市场更好地发挥提高资源配置效率、分散投资风险、流通资本资产、建立企业的激励和约束机制、传导宏观经济调控等功能，最终目标是为了保证证券市场的稳定、健全和高效率，促进整个国民经济的稳定和发展。

（三）证券监管的手段

证券监管的手段包括法律、经济、行政和自律手段。法律手段通过立法和执法规范证券市场运行中的各种行为，约束力强，是证券监管的主要手段。经济手段通过货币政策和财政政策对证券市场进行干预，这种手段相对比较灵活，但调节过程存在滞后性，效果可能产生较慢。行政手段具有直接性的特点，但运用不当可能违背市场规律，无法发挥作用。自律手段是由证券市场的参与者进行自我管理、自我约束，它是西方证券市场在政府介入之前的主要管理手段。证券市场的复杂性和高度专业化的特点以及证券市场各方参与者之间的利益相关性决定了自律手段存在的必要和可能，它是其他监管手段的有效补充。在现实的监管行为中，对于证券监管手段的选择，应结合各国证券市场的发展水平和具体的监管环境、监管成本加以考虑，一般来说，在证券市场发展初期，法制不健全、市场机制尚未完全建立时行政手段的使用较为频繁。市场成熟后，行政手段逐步减少，以免形成过度干预、扭曲市场机制。

（三）证券监管的原则

证券监管的原则包括"公开、公平、公正"这一为世界各国公认的基本原则和由此派生的诚实信用、依法管理等其他原则，其中"三公"原则是市场经济的三大原则，也是证券监管最基本、最核心的原则。公开原则要求信息的完全性和对称性，是贯穿证券法律制度的核心思想，更是实现市场公平与公正的必要条件。公平原则是指证券市场的参与者，在市场上拥有平等的机会，不存在任何歧视或特殊待遇。公正原则要求监管者不偏不倚地介入证券市场，是监管者以法律框架实现市场所有参与者之间的平衡和秩序的关键，更是有效监管的生命。

（五）证券监管体制的类型

当今世界各国证券监管体制总体上可以分为三种类型，即集中型监管模式、自律型监管模式和中间型监管模式。

集中型监管模式是指政府通过设立专门的全国性证券监管机构，制定和实施专门的证券市场管理法规来实现对全国证券市场的统一管理。在这种模式下，政府积极参与证券市场的管理，并在证券市场管理中居于主导地位，证券交易所和证券业协会等自律组织只起辅助作用。目前，世界上采用集中型管理模式的国家有美国、日本和韩国等。

与严格的集中型监管模式相比较，自律型监管模式更注重证券行业自律管理，政府除必要的国家立法外，较少干预证券市场，对证券市场的监管主要通过证券交易所和证券业协会等自律机构进行，一般不设专门的证券监管机构，自律组织通常拥有对违法违规行为的处置权，各个自律管理机构的各种规则实际上起到了对法律的增补或替代作用。英国可以作为自律型监管模式的代表。目前，荷兰、爱尔兰、瑞士等欧洲国家实行的也是自律型证券监管模式。

中间型监管模式是介于集中型和自律型模式之间的一种管理模式，它既强调集中统一的立法监管，又强调自律管理，可以说是集中型和自律型两种模式相互协调、渗透的产物。中间型监管模式，有时也被称为分级监管体制，主要包括二级监管和三级监管两种类型。二级监管是指中央政府和自律机构相结合的监管，三级监管是指中央、地方两级政府和自律机构相结合的监管。世界上运用此种监管模式的国家是卢森堡、德国和比利时等国。由于目前世界上大多数国家调节经济的手段都趋向于宏观调控和市场手段相结合，因此，中间型证券监管模式正逐步成为一种发展趋势。

二、加拿大证券业监管体制

证券业在加拿大甚至世界广受投资者的欢迎，这是因为加拿大有着极其稳定成熟的经济体系以及加拿大政府很注重保护投资者的利益。保护投资者的利益就必须保证投资和交易环境能够真正做到公平、公正和公开，为此，加拿大对证券机构以及证券交易有着极其严格的监管和监控。

（一）加拿大证券监管制度的发展

加拿大的政治和法律体制是加拿大证券监管体制产生和发展的基础。加拿大是实行民主议会制的英联邦国家，由行政机构、立法机构和司法机构三部分组成，其宪法确认联邦政府和省政府分享较为广泛的权利，对各省证券市场管理也是如此。加拿大证券市场监管体制发展历程，与国际上金融监管发展趋势和演变轨迹是一致的。

1861年多伦多股票交易所（TSE）成立，但早期交易所对证券交易很少有监管，主要还是依赖于信用水平。而在1916年，投资经纪商协会（IDA）作为加拿大唯一的全国性自律管理组织，应联邦政府战争贷款的要求而成立，对于目前强调自律的监管格局形成具有重要作用。对证券市场的监管也主要通过对市场参与主体——银行和经纪商来实现。不过由于当时加拿大缺少完整的金融市场体系，货币市场还没有产生，证券市场的发展受到限制，有关当局对证券市场的监管较少，尚未形成健全的监管框架，主要集中于对证券交易欺诈行为的监管方面。

1929年开始的世界经济危机使加拿大深受其害，政府开始对规范证券市场行为更加关注。加拿大通过立法和建立各种监管机构，对金融市场进行直接管制，改变了原有的监管方式。1932年，枢密院给予各省制定证券法的权力，基于对管辖权的宪法解释，加拿大各省和地区均制定了各自的证券法规，对本省证券业务和参与机构进行监管，省级主导证券监管的体制正式形成。到了20世纪60年代，加拿大证券市场现代化的法律体系基本健全，对持续信息披露和内部交易等不规范问题的重视提高到了一个新的层次。银行总监局（OIGB）和加拿大存款保险公司（CDIC）由联邦政府于20世纪60年代先后成立，加拿大金融安全网的主体框架已经具备。

进入20世纪80年代以后，金融创新和金融衍生工具大量出现，同时国际证券市场的一体化和开放度不断提高，面对这些压力，证券市场部门不得不对原有的监管模式进行变革，一方面，为了增强本国证券从业机构和证券的竞争力，不断放松管制，在市场机构准入、市场监管方式和手段方面都做了不少变革；另一方面，转变原来的"机构监管"思路，向"功能监管"思路靠近。这一系列改革措施和市场发展推动了现有的金融监管格局的形成。在联邦和省级政府的监管协调方面，形成了目前的分工协作格局。联邦金融监管机构负责所有银行、联邦注册的保险公司、信托和贷款公司、合作社协会以及联邦退休金计划的监管，地方金融监管机构负责证券公司、信用社、地方注册的信托、贷款和保险公司以及信托公司的保险公司的市场行为的监管。进入20世纪90年代以后，金融创新促进了金融自由化的发展，多层次的以自律为主的监管体制更加完善。但由于各省之间的协调不够，也增加了证券交易参与者的交易成本，使得这种监管体制备受争议。2014年，在经过长期努力后，建立全国性的证券监管组织开始实施，但仍然属于部分省级监管机构参与，未来全局性的监管格局还存在许多不确定性。

(二) 加拿大证券业监管机构形式与内容的特殊融合

加拿大长期没有全国性证券监管组织,证券业监管主要由其13个省(地区)的证券委员会和自律组织负责。各省证券委员会(Provincial Securities Commission)又称省证券管理委员会,职责是对省级法律法规的执行情况进行监督管理。由于历史原因,加拿大受英国和美国的影响最大。在证券市场上,受英国文化和法律文件的影响,以自律为主的证券市场监管方式成为加拿大主要的监管方式。同时,加拿大毗邻美国,受美国经济方式的影响,加拿大借鉴和吸收了美国在治理上市公司法案、证券市场信息披露方面监管的做法,使证券市场能够公平、公开、公正地运行。加拿大早期的证券公司绝大多数是在省区内设立的,证券也在省区内发行和销售。早在1932年,枢密院就赋予了各省拥有制定证券法的权力,因此,各省都拥有各自的证券法,负责监管各自的证券业务和证券机构。由此渐渐形成了证券业直接受省级政府监管的体制。

加拿大的证券监管比较复杂。虽然过去全国在形式上没有一个统一的证券机构负责协调各省之间的证券纠纷,也没有一个统一的证券法,但实际上它是由联邦和省政府、财政部和央行、证券市场内部和行业自律机构等共同监管证券行业。为了适应证券市场的发展,减少摩擦和纠纷,20世纪90年代,各省证券委员会自愿联合组成加拿大证券管理联席委员会(Canadian Securities Administrators,CSA),负责协调各省区证券监管规则和程序,确保立法原则及标准统一。

概括来说,加拿大证券市场的监管模式就是联邦和省级政府监管、机构和行业自律组织相结合、分业机构监管与功能监管相协调的多元化、多层次的监管。联邦和省政府是负责人,负责制定相关的政策和法律;财政部和央行是中间人,通过买卖债券参与到证券市场中,针对市场和货币供求的情况及时做出调整,以期实现货币政策,间接参与管理;证券市场内部和行业自律机构是执行者,负责审查上司公司的报表,确保资料的真实性,还要定期审查公司期中和年度报表,对重大事项要及时公布,确保投资者能在第一时间了解情况等,这些都构成了加拿大监管体系的基础部分。由此可见,加拿大证券监管体制虽然是以省证券委员会为主的监管模式,但实际上是体现着层级监管模式的基本特征。这种在监管组织形式上和监管实践上的特殊融合是加拿大与世界上其他经济强国在证券监管中的明显不同之处。

(三) 加拿大证券业的直接监管机构

从直接监管的组织形式来看,主要包括加拿大证券管理联席委员会、证券交易所、省级证券委员会、证券业自律组织以及社会监督机构。

1. 加拿大证券管理联席委员会

加拿大证券管理联席委员会主要以各省之间的协调论坛形式开展工作，是合作性论坛组织，不属于正式的官方机构。证券管理联席委员会协会每年召开4次会议，同时每月召开1次电话会议，对证券市场监管中出现的问题进行协调。加拿大证券管理联席委员会还设立了一个下属的机构——政策协调委员会，它由6个会员机构组成，每2年换一次，负责政策协调和制定职责。除此之外，证券管理联席委员会还设立综合秘书处，直接向证券管理联席委员会主席提交工作汇报。为了能够更好地公开市场资讯，证券管理联席委员会还建立了电子文献分析系统、联邦登记数据库和内部交易者信息披露电子系统，这些系统的广泛应用使交易者能够更加直接、更加方便、更加及时地了解证券市场的信息，从而实现在所有权限内文件审核与管理以及确保法令与强制性规定的执行，保证了证券市场公平、公正、公开的交易环境。

加拿大虽然没有一个全国性的证券监管机构，各省证券管理委员还是努力去追求管理上的统一性和一贯性，13个省区证券监督机构通过管理联席委员会共同工作，调整各省区的证券监管，协调加拿大资本市场的运作。突出的表现就是各省（除了安大略省）共同实施的"引荐制度"（passport system）。这个制度使各省的证券投资者可以在通过自己省份的"引荐"后在除安大略省之外的各省内同样注册为证券投资者进入资本市场并且享受与在自己省份一样的待遇。这使加拿大的证券管理更为有效连贯，也大大方便了全国的证券投资者。除了这个"引荐制度"，加拿大证券管理联席委员会也把工作重点放在了教育培养投资者基础金融知识以及如何做出投资决定上，都是为了提高加拿大人在金融投资方面的了解程度，对培养社会的证券管理"监管员"也起了一定的作用。同时，各省证监会同样积极参与国际联合组织的工作。管理联席委员会的工作也为加拿大在将来建立全国统一性证券监管机构打下了基础。

2. 省级证券委员会

每个省区的监管机构被称为各省的证券委员会，具有其省证券法赋予的各种证券监管方面的行政职权。省级证券委员会主要负责各省的证券和期货监管，委员会是由政府成立，通过财政部长对议会负责。其主要工作原则是保护投资者避免受到不公平和不适当的对待及欺诈行为的侵害并促进资本市场公平和高效运行。地方证券委员会负责具体事项的执行，包括审批注册登记、披露信息、管理和监控证券交易、查出违法证券行为等。也包括监督自律组织行为、审查所有规章和决定、授予规则豁免权、调查省级立法违反行为以及调查违反公众利益的行为、确保自律组织的规章不与证券法规相冲突等等。省级证券市场管理机构负责管理自己省内的证券机构和审查证券交易,根据市场状况和特定需要,制定有别于其他省份的法律和规定,使得各省区之间既有联系又有区别。

省级证券委员会中最主要的有安大略省证券监管委员会、魁北克省证券监管委员会、英属哥伦比亚证券监管委员会、阿尔伯塔证券监管委员会。这4个省已经几乎垄断了所有的证券发行,覆盖了全国市场的85%。

安大略省证券监管委员会(OSC)在加拿大证券市场中占有非常重要的地位。它的主要管理职责是:制定并调整有关证券活动的管理政策,负责制定并解释证券市场的规章制度,并组织贯彻执行;管理全省范围内的一切证券发行和证券交易,确保证券交易在公开、公平的市场环境下进行;组织并监督证券市场收集和输送有关证券发行和证券交易的各种信息。

阿尔伯塔证券监管委员会(ASC)是对阿尔伯塔省证券市场进行监管的行业资金支撑的组织。它负责阿尔伯塔的证券法案的修订、证券的监管以及委员会自身规则的制定。委员会的成立保证了市场参与者公平有效地进行交易,使投资者能够获取真实、有效和及时的信息,同时也促使在阿尔伯塔出售证券的机构遵守法律和相关的职业准则。此外,除了监管阿尔伯塔的证券市场,委员会也监管多伦多风险证券市场和投资经纪商协会的交易活动。

魁北克省证券监管委员会对证券发行和交易、机构准入、交易所开设、交易所管理和结算制度等方面都按照魁北克省法律做了较为详尽的规定。魁北克省规定交易所的设立以及交易规则的修改必须经过委员会的审批,规定交易所必须是自律性组织,同时它对交易产品也有非常严格的限制。此外,它还规定在交易所进行交易的金融产品特别是衍生金融产品必须是在本省证券委员会所允许的产品名单之列。

英属哥伦比亚证券监管委员会主要负责省内证券交易的监管工作,它的职能主要是:制定相关的监管条例、法令,保证省内证券交易市场的公平和效率;培育一个有活力有竞争机制的证券市场,为资金和项目提供良好的平台,并向投资者提供非常充分的投资信息;对于证券从业机构以及雇员的资格建立相应的认定标准和审查制度。其中,证券市场监管部门是委员会的主要职能部门,具体负责市场参与者的资格审定以及交易行为的监管。

3. 证券交易所

加拿大共有多伦多、蒙特利尔、温哥华、阿尔伯塔、温尼伯等5个证券交易所,加拿大证券交易所的职能包括持续披露的审查、股票上市的核准、督察审核及公众报告以及维持二级市场的有效性。

4. 证券业自律组织

在加拿大的证券市场中,行业自律组织主要有证券交易所、加拿大投资证券商协会(Investment Dealers Association of Canada)、加拿大共同基金交易商协会(Mutual Fund Dealers Association of Canada,MFDA)、加拿大投资行业监管组织(Investment Industry Regulatory Organization of Canada,IIROC)、加拿大投资业协会(IIAC)、加拿大投资者保护基金(CIPF)和市场监管服务组织等。

省级证券委员会与自律组织的监管有着一定的分工。证券委员会通常不直接对市场行使监管职权,而是将大部分权限下放到自律组织,由自律组织行使主要的证券监管职能。比如IIROC接受证券委员会的监管,证券委员会在证券法基础上授权IIROC开展自律工作,定期对IIROC进行审查,确保其规范运作。豁免市场由证券委员会监管,证券公司由证券委员会和自律组织双方进行监管,上市公司由证券委员会监管,IIROC负责对市场中的交易活动进行监管,对会员员工工作之外的商业活动进行监管。

5. 社会监管机构

专门的政府监管机构是指各个省份的金融监管机构,自律性监管指的是加拿大许多负责监管证券市场的自律性组织的监管,社会监管是指社会媒体、信用评级机构、投资者、资产评估机构、会计师事务所、律师事务所等多方面的监督。

(四)加拿大证券行业的自律监管

所谓自律管理,就是根据法律规定,证券业市场组织机构实现自我管理、自我约束、自我保护、自我发展的行为。行业自律组织通过制定自身的入门条件,约束会员行为,从各个方面对会员进行监管。加拿大证券业监管过程中,各省证券监督机构下放了证券监管权限给各省的证券业自律组织,行业自律监管体系发挥了十分重要的作用。

股票交易所是行业自律管理组织中重要的组成部分,因为绝大多数的证券交易都在交易所内发生,交易的公平、公正、公开能够减少交易所内"黑幕"的发生,也可以使更多的交易者监督其交易行为。公司要想进入股票市场进行交易,就必须达到交易所所规定的最低要求。这个最低要求包括上市公司必须要有一定数额的自由资本和营运资本,同时还必须向股票交易所上交公司年度报表,接受交易所的严格审查。除了要达到交易所设定的最低要求,交易所还要考察公司的股权持有状况,要求公司要有一定比例的股权提供公开销售。除此之外,交易所还要求上市公司必须定期提交财务报表和重大事项的报告,以及规定对上市公司进行持续性信息披露。其中最重要的当然是对上市公司进行信息持续披露，这样，投资者才能够及时地收取信息，避免欺诈行为，做出正确的投资选择。

加拿大共同基金经纪商协会是证券行业中主要的自律组织。该协会制定的自律标准比股票交易所还要严格。比如要求协会内成员要持续拥有足够的资金来维护自己的运营活动，同时设立投资者保护基金，规定协会内成员必须购买相应的保险，一旦成员公司破产，该保护基金可以对投资该公司的客户进行补偿。

加拿大投资行业监管组织（IIROC）于2008年成立，由投资证券商协会（IDA）和市场监管服务机构（RS）组成，所有运作资金来源于会员每年上交的会费。IIROC设董事会，董事会由行业董事、独立董事、市场成员及IIROC的CEO组成。IIROC是全国性自律机构，监管所有投资交易人员和债务及资产的投资活动，以高标准保护投资者和加强市场整合，同时维护有效竞争的资本市场，通过建立和履行政策来规范市场参与者和其雇员来实施监管责任。主要工作职责包括：①建立高标准的管理原则；②通过教育程序，确保已注册的投资顾问的能力能够适应市场需要；③进行财务规定的检查，确保公司有足够的资金；④通过检查公司的咨询和交易流程确保其商业行为合规；⑤进行监察活动，确保市场的交易履行证券交易规则；⑥处罚违反规则的市场参与者。

加拿大投资行业监管组织是加拿大唯一的全国性证券自律组织机构。作为加拿大证券监管的重要组成部分，它每年要对100多家会员公司进行现场检查，对于高风险的证券公司甚至有高达每年一次的现场检查，检查内容还有资金检查组和运营检查组，每家公司的检查时间为1~3个月；此外，IIROC还专门建立了客户投诉报送系统和市场交易监测系统，及时收集、分析客户投诉和客户交易行为信息，为合规检查提供线索和依据。当发现违规违法行为时，IIROC将对其公司及从业人员进行严厉的惩罚。正式严格的监管措施和违规处罚，为加拿大全行业主动合规营造了良好的外部氛围。

加拿大投资基金协会是还没有被证券业认可的自律组织，可以自愿参加，其主要服务对象是公众。主要职责在于向公众宣传共同基金、提供基金行业的相关信息和资料、向相关人员提供教育培训课程等。

市场监管服务组织是独立的非营利性的行业自律监管组织，它的组成与前两个自律组织不同，是由证券专家组成，包括证券交易商、律师、政府相关部门的官员等，他们通过对交易所实施监管的每一笔证券交易，保证交易的顺利进行。他们也可以对交易规则做出修改，以更能够与各省的法律法规相适应。市场监管服务组织的职责更倾向于事后监管，因为它主要是督促上市公司及时发布相关信息，防范及监督可能发生的违规行为，并对违规行为进行处罚，还有对制定的标准进行及时的修改，以便能及时跟上市场的变化。

（五）加拿大证券监管机构的新发展

在进行了长达8年时间的艰难酝酿并中途遭受重挫的情况下，2014年7月，加拿大联邦政府终于争取到了足够的省级政府的支持，可以建立全国性的证券监管机构。联邦政府赢得了四个关键省份的支持，包括安大略省、不列颠哥伦比亚省、萨斯喀彻温省、新不伦瑞克省，使得赞成建立全国性证券监管机构的省份管辖的人口超过加拿大总人口的一半。但其他一些大省仍有不同意见，以魁北克省和阿尔伯塔省反对声最强。联邦财政部仍继续欢迎这些省份加入，但从获得的支持来说，加拿大已足够开始着手建立一个加拿大证券监管机构。

全国性证券监管机构的建立，将有助于更好保护投资者，提升金融服务水平和管控风险，从而健全加拿大的资本市场。新成立的全国性证券监管机构将更有独立性和专业性，通过委员会进行监管，并将在每一个合作省份设立分支机构。全国性的证券监管机构于2015年秋季全面运作。

加拿大最高法院2011年12月曾经做出裁决，联邦政府设立全国性证券监督管制机构的法案侵犯宪法赋予省级政府的管辖权。但最高法院的裁决又说，联邦政府拥有制定最低证券交易标准的权力。这就为加拿大建立全国性监管机构提供了法律依据。

加拿大全国性证券监管机构的设立初期，只是适用于部分省份，因此，严格意义上说，还不能算是加拿大全国性的监管机构，因此在未来的发展过程中，加拿大的证券业监管还面临许多不确定性的因素。

三、加拿大证券业监管的主要范围

（一）加拿大证券业监管的相关法律法规

加拿大证券业监管的相关法律法规应该从五个层面来把握。

1. 联邦法令

如公司法、合同法、刑法、破产清算法、所得税法、个人信息保护和电子文档法、犯罪收益（洗钱）与恐怖融资法等。这些法律法规有些虽然不是直接针对证券业机构的规则，但对所有公司包括证券公司、机构和个人都是适用的。有些联邦的法律也直接与证券公司有直接联系，证券公司也必须遵守这些联邦法律。

2. 省级证券法规

由于加拿大特殊的历史传统,10省3特区沿袭了不同的法律体系,因此适用法律是不同的,但管理机制却是大体相仿。一般都有对证券交易商和个人注册、资本募集、发行人的信息进行披露、委托书征求、收购出价以及内幕交易等不恰当行为进行监管的条例,并大多数都遵循三条基本原则:及时、准确、有效披露信息;禁止欺诈和不公平的市场行为;确保市场参与者行为诚实负责,维持适当性和商业行为较高标准。

3. 交易所的交易规则

《零售账户的最低标准》《机构账户的最低标准》以及《通用市场完整性规则》(UMIR)等,是加拿大证券公司对交易行为进行监测的主要依据。

4. 行业自律组织的规章

如加拿大投资行业监管组织的规章主要规定了最低资本要求、金融机构保险覆盖范围、加入赔偿基金或应急信托基金、充分的账簿和记录、资金和证券分离等等。任何自律组织都规定了本组织成员应遵守的规章标准。

5. 加拿大证券业国际合作的相关法规

为了方便外国证券发行人进入加拿大的金融市场,加拿大从20世纪90年代开始,便对加拿大证券业的国际合作制定了规则。比如,1991年,加拿大各省的证券监管部门和美国证券交易委员会(United States Securities and Exchange Commission,SEC)合作,推出了一套跨辖区披露制度,或简称MJDS。美国的证券发行人只要符合美国SEC的规则,就可以根据MJDS在加拿大发行其证券。此外,股权出售、并股和发行人合并递价、公司合并、股价已获核准的债权股和优先股的出售、某些大证券商的资产和其他证券的出售等都包括在MJDS的监管范围内。

(二)加拿大证券业监管的主要领域

1. 加拿大对股市的监管

首先,加拿大的交易所是自负其责的组织,其自身就是证券行业的管理者。会员公司拥有交易所,并由会员公司的代表和非证券业务范围内的民间代表组成的董事会管理。交易所一般会设有上市审查、秩序监听、公众投诉、调查研究、审计和市场监督等多个部门,其宗旨是保证上市公司符合基本要求、投资者有公平机会得到关键的信息以及股票市场在正常的条件下有效运行。其中市场监督部门负责监视场内不正常的交易活动,若交易不能在公平市场的前提下或能提供的信息基础上被证明正当,交易所将要求有关公司澄清事实或公布实情，涉及的股票交易将会被暂停，直到问题解决后，交易活动方可恢复。

其次，加拿大没有统辖管理证券业的全国性机构，省证券委员会承担了大部分的管理证券的承购、分配和交易并按省证券法规监督股票交易活动的职能。

最后，加拿大设有投资者保护基金。它由证券行业中主要的自负其责的机构，如多伦多或蒙特利尔交易所以及加拿大投资交易商协会发起和资助，旨在帮助因由于交易所会员公司财力破产而导致投资损失的投资者。

2. 加拿大对基金市场的监管

加拿大的基金由专业基金公司所发行，享有律师、会计师、审计师等专业人士提供的服务，保证基金各项财务指标达到准确、公正、公开。同时，加拿大投资者保护基金（CIPF）为在市面上销售的基金提供有效保护。基金市场参与者包括发行人、销售人、管理人都必须遵守严格行业行规和相关法律，投资人的投资权益受法律与监管条例严密保护。任何投资人因市场参与者的违规操作而遭受了损失，基本上都能要求相关责任人赔偿。

3. 加拿大对债券市场的监管

加拿大政府债券市场中的发行主体是政府，采取的是大量批发证券的形式，所以基本没有信用风险，也几乎没有专门的监管措施。另外，与众多小型投资者参与的零售市场不同，政府债券市场的参与者大多是拥有丰富的专业技能和很强的自律和维权意识的交易商、经纪商和大型机构投资者，资金实力雄厚，专业水平较高，无须严格保护，只需行业监管部门监管。但政府债券市场尤其是二级市场的运行状况要受政府部门的密切监视。政府建立了专职监视工作部门分享信息并交换意见，致力于提高政府债券市场的透明度和运行效率。

除此之外，加拿大财政部还通过在预算盈余时期买回债券的操作方式参与二级市场运作，近几年一方面为增加新发债券发行数量而买回中长期债券，另一方面为了现金管理需要（如熨平年内现金流量）而买回剩余期限较短的债券。买回债券的总体决策由财政部制定并对外发布，中央银行则通过季度筹资计划做出具体决策并全权负责。

4. 加拿大对衍生金融市场的监管

加拿大对衍生金融市场的监管类型属单一机构监管的集中统一监管模式，由隶属政府内阁的金融监管委员会下设的金融监督院负责。在对新合约的交易上市监管方面采用审批制模式，强调行政干预，新品种只有经过主管机关批准才能上市。

5. 加拿大对不同证券业务经营方式的监管

以上四个方面主要是表明对不同市场类型的监管。从对不同证券业务经营方式监管来看，监管内容主要包括批发业务和零售业务。批发业务主要是指加拿大政府通过大量批发的形式在债券市场中发行国债，由于国债的性质与投资者的特殊性，加拿大证券监管机构对此并没有进行重点监管，但同样也建立了监视工作部门，以提高政府债券市场的透明度与运行效率。零售业务是加拿大证券行业的核心业务，它涉及高附加值的顾问服务和账户资产的佣金收费等，因此，IIROC 集中规定了加拿大证券公司零售业务合规管理规则，强制性地要求证券公司建立一整套系统和全面细致的监督机制，从而形成零售业务合规管理的有效制衡体系，其中包括了对监督人任职机制、客户账户最低监督标准、特殊类型客户账户监督机制等。加拿大证券监督机构对零售业务的严密监督机制也是加拿大金融业能够在 2008 年全球金融风暴中成为受损最小的国家之一的重要保障和根本原因。

（三）加拿大证券业监管的重点

随着市场经济的发展，证券市场的持续稳定发展在国民经济发展中扮演着一个非常重要的角色。为了使证券市场能够蓬勃发展，必要的有效监管不可或缺。证券市场监管的主要责任在于通过相应的政策制定和监督执行，加强证券市场金融服务提供机构的资格审查，规范证券市场信息披露机制以及市场交易行为。监管的重点内容主要有三个方面。

1. 对交易行为监管

为维持证券市场的秩序，相关的监管机构制定了相应的法律法规，把监管的范围主要集中在对内幕交易以及股价操纵等违规行为的监督和处罚方面。这种监管行为的主要监管对象为内部人通过其所掌握的不被外界投资者所知道的上市公司的重要内部机密资料，进行谋求个人利益的股票交易行为。而政府监管机构则制定相应的内部人士申报制度来对内幕交易行为进行监管；各证券交易所通过对在市场没有出现重大信息披露的情况下，股票价格指数和成交量出现较大幅度的波动的判断，对具体内幕交易行为进行鉴别和监控。而对于股价操纵，证券交易所则是通过利用高新技术设定相关的正常交易参数指标来判断股票的不正常走势进行监管。

2. 对信息披露制度监管

信息披露制度的监管是整个证券市场监管的重要部分，只有上市公司的相关财务经营信息及时、准确地披露，投资者才能从中获得有价值参考资料，做出相应的投资决策。同时，严格的信息披露机制也能淘汰那些不具备真正上市资格的公司，从而维持证券市场的稳定，降低证券市场的投资风险。信息披露监管的范围主要包括上市公司的初次信息披露，以及上市后的持续性信息发布。此外，为保证信息披露监管的有效进行，证券委员会及其他相关的监管机构对违反信息披露要求的公司及机构的行为制定了相应的处罚措施。

3. 对证券机构及其行为的监管

机构监管对象主要包括上市公司和金融中介机构，对机构的监管自然包括对上市公司以及金融中介机构的交易行为和活动的监管。其监管的范围分别是：加拿大各省证券委员会要求从事证券发行销售、交易以及投资咨询的金融机构定期注册。对从业机构的财务资本状况、专业技术水平以及业务经营情况加以监控。证券从业机构必须接受行业自律组织的定期监管，例如向行业自律组织提交详细财务状况年报、财务状况月报、业务经营报告等。由外部监管者每年对机构进行检查，并由行业自律组织对检查结果进行审查。不定期由投资者保护基金对机构的财务和信用状况进行检查。

加拿大证券监管重点以各省证券委员会和自律性监管组织相结合，监管范围广阔而且深入到市场的每一个细节，并积极与时俱进，利用科学信息技术来完善监管制度，加快了市场的流动性，促进了证券市场的健康发展，这些都对别国的证券市场的监管制度建设、金融创新有很大的启示作用。

四、加拿大证券业监管的特点

加拿大对证券业的监管有着独特的组织结构、方式、理念，以及配套完备的法律和强有力的执法。

（一）监管体制体现多元化的层级监管特征

如前述，加拿大证券监管主要由省级监管委员会承担。但从监管实践看，实际上是形成了联邦和省区两级政府监管、机构监管与行业自律监管相结合、机构监管与功能监管相协调的多元化、多层次的监管模式。由于加拿大证券市场的管理一直被认为是省政府的责任，因此，10个独立省和3个地区根据宪法和各自《证券法》的规定，分别设立了各自的管理机构，发挥具体的监管职能。为了协调各省之间的证券监管，加拿大成立了加拿大证券管理联席委员会（CSA），CSA协调各省监管事务，采取统一的监管行动。加拿大投资交易者协会（IDA）以及加拿大投资行业监管组织（IIROC），在加拿大证券公司监管方面实际承担着国家监管机构的角色。这些机构向全国所有证券公司在资本充足和商业行为管理方面发布行业监管规则，进行监管检查和问责。总体来说，联邦一级的金融监管主要负责政策制定与执行的推动，不涉及具体细节的检查和监督。地方政府一级的证券委员会主要负责制定并调整有关金融市场活动的管理政策、制度和办法，查处各种不法证券发行和交易行为，维持正常的市场秩序。

（二）依法监管与自律监管相协调

加拿大在证券市场监管的法律制度建设方面，无疑是走在前列的。13个省区都制定了《证券法》和相应的监管法规，各省对本省内证券市场的融资工具的发行、交易以及中介机构的进入都有着非常具体的规定。虽然所遵循的原则和目标基本相似，但没有哪两个省区的证券法律法规是完全相同的，各项实施细则差异则更大。加拿大各省区证监会长期依法依规严格独立履行各省区证券监管职责。与此同时，加拿大当局对证券市场的监管，也十分强调自律性行业组织的功能。对证券市场监管充分利用市场机制的调节作用，让机构主体自身和市场组织来完成证券市场监管的主要工作。在加拿大，自律监管组织相当发达，这些以非营利机构身份出现的中介组织被赋予相当大的权力，例如，RS被赋予对违规机构处以100万加元的罚款或取消其证券从业资格的权限。再如加拿大投资交易者协会（IDA）颁布的规则，对首席合规官的定义、职责、注册考试、任职条件、缺位代行等都进行了明确规定。在其他相关行业规则中，也分别对证券公司最低资本、强制保险、充足的账簿和记录系统、资金隔离、证券隔离、商业行为合规、交易合规、"看门人"职责、合规报告等做出了详尽的规定和要求。加拿大证券业监管的法规比较完善，而且以自律组织为主线执行监管，体现了依法监管与自律监管的协调一致。

（三）从规则监管转向原则监管

有一个典型例子可用来区分规则监管和原则监管这两个概念，即"车速每小时不得超过90公里"和"在任何情况下车速不得超出合理且谨慎的范围"，前者的表述是规则监管，后者的表述是原则监管。

所谓规则监管，是基于规则的监督与管理，要求针对各方面问题制定详尽的规则，具体描述允许和禁止的行为细节。在规则监管的方法下，被监管机构必须严格遵守既定规则以达到合规，很少关注机构自身的监管事务。监管机构则专注于被监管者是否遵守规则，而不十分关注监管目标以及目的的实现。所谓原则监管方法，是指通过建立监管的基本原则以及制定监管最终目标而实施的监管。原则监管并不是完全排除规则，而是更强调规则的目的性和结果，是结果导向型的管理方法。原则监管通过给予被监管机构更大的自由，使被监管机构自行开发和管理内部合规系统以实现监管目标。当面临不明确的情况时，被监管机构不再受到严格的规则捆绑，可以积极地发展和安排自己的做法，以符合预期的监管效果。监管机构更多地与被监管机构合作，提供适当的监管实践指导。这种监管方法能通过要求被监管机构对违反规则的行为以及违反公众利益的行为承担责任以促使市场更健康地发展。

加拿大对证券公司的管理已经有上百年的历史。在长期的证券业监管实践中，规则监管是主要的监管方法。从 20 世纪 30 年代大萧条的摸索，到 90 年代的快速发展，加拿大的证券监管业已经趋向成熟。加拿大目前的证券监管趋势是基于原则的监管模式。加拿大采取以风险为核心的监管策略是原则监管的一种体现。原则监管的重点领域包括信息披露、投资者保护、业务行为和"看门人"责任、利益冲突以及监督与合规的结构和程序等。这种监管方式在很大程度上减少了对证券公司具体业务的管制，加强了对公司治理的要求，重点放在公司风险的管理质量上。具体业务则不断放宽，顺应市场化和国际竞争的发展要求，允许银行混业经营信托、证券、保险业务，不断调整相应的监管方式。此外，具体业务的审批过程也在不断简化。这些都使得证券业监管当局对市场条件变化反应及时，能对现状做出有效调整，风险控制的效果明显提升，证券业发展的稳定性得以保障。

（四）完善的信息披露机制

加拿大证券业监管透明度高，信息披露制度较为完善。加拿大信息披露有法可依，使得市场交易公平稳定和健康发展。根据相关信息披露规则，交易所要求上市公司必须全面准确地披露信息给投资者，否则就做摘牌处理。如通过《研究报告披露要求规则》，加拿大证券管理委员会（CSA）发布了一系列披露条款来约束上市公司，要求公司向股东披露更多的信息，甚至包括董事和行政官员曾经的违规行为。政府所属的证券交易委员会专门负责监管上市公司，他们对上市公司的信息披露等有严格的要求，如果违背，将受到法律的惩处。同时，加拿大优化的信息隔离机制也有效地防止了非法利用内幕消息做内幕交易。信息隔离是监管部门要求证券公司自己设立管理机制，加拿大有一系列的相关法律确保信息隔离机制的有效运行，《内幕信息保密指引》明确规定了信息隔离的原则、范围以及相应的工具，严格规范了证券公司隔离上市公司未公开内幕信息的要求，并且通过授权管理，使得责任明确，并配套严格的惩罚制度。证券业自律组织也会定期检测证券公司信息隔离机制的运行状况，着重考察信息隔离机制的有效性。

（五）重视证券市场监管的国际合作

由于加拿大的经济和证券市场开放度较高，加拿大对证券市场的资金流入和流出方面监管较为宽松。鉴于加拿大证券市场的开放性特征，外部资金流入对加拿大证券市场发展起着重要的作用，对国外资本的监管自然就成为证券市场监管的重要内容。以公司在交易所上市为例，加拿大证券交易所创业板无论是对加拿大本国公司还是外国公司，均采取相同的上市标准和监管标准。而加拿大证券交易所主板虽然也采用同一套标准接受境内和境外上市公司，但对于达到较高标准的外国公司则可以直接上市，不必符合主板要求的加拿大证券分销标准，并且可以不受某些证券交易所政策的限制。对于达不到上市标准的外国公司，将按照其他方式上市。对此，加拿大证券交易所主板将要求公司在加拿大分销充足的证券，并提供一个令人满意的拟在 TSX 实施的资金流动市场计划。TSX 将协助公司确定实现这些目标的方式。倘若公司设立的股东保护条例明显弱于在加拿大设立的公司的相关规定，证券交易所主板和创业板可能要求该公司修改公司章程或内部规则。加拿大拥有发达的金融体系和较为规范的证券市场监管制度，注重对市场行为的监管，并且在经济全球化的趋势中，积极主动地开展国际合作，维护市场的流动性和完整性。

（六）重视证券从业人员的职业道德

加拿大证券监管业非常重视从业人员的职业精神和道德素养。职业道德是指导行为的一系列道德信条和价值观。职业道德约束执业行为是证券监管公平高效运行的基础。监管以法律为准则，但法规不可能穷尽所有的可能性，当规章制度不能直接适用时，道德原则可以帮助指导行为。指导决策的道德原则包括勤勉尽责、诚信、诚实与公正、专业化标准、遵守证券法规、保守秘密等。符合职业道德的业务行为可提升公司声誉，有效的职业道德规范有助于创造以价值为核心的牢固的企业文化。与此同时，为了提高加拿大证券监管从业人员的职业素养，加拿大还建立了国家证券执照考试与教育机构，提供金融服务业基础课程及高级进阶课程，加强对从业人员的职业技术教育和培训，这大大提升和确保了证券从业人员对于市场的把握能力、对于法规更全面的认知能力，最终确保监管的高效率。

（七）严格的检查和处罚制度

加拿大证券监管拥有较为严格的检查和处罚制度。IIROC 每年要对 100 多家会员公司进行现场检查，对于高风险的证券公司甚至每年进行一次现场检查，每家公司的检查时间为 1～3 个月。同时，IIROC 还专门建立了客户投诉报送系统和市场交易监测系统，及时收集、分析客户投诉和客户交易行为信息，为合规检查提供线索和依据。IIROC 平均每年要对 20 多家公司和 200 名从业人员进行处罚,有的罚款高达数百万加元。严格的监管措施和违规处罚,为加拿大全行业形成主动合规证券市场营造了良好的外部氛围。

五、加拿大证券业的合规管理

(一) 加拿大证券业合规管理的发展

无论是规则监管还是原则监管都必须合规。加拿大证券业监管的发展过程就是逐步从基于规则的合规监管向基于原则的合规监管方式转变的过程。加拿大独立的合规部门最早出现于20世纪60年代,当时的重要职责是监控内部违反法律和职业道德的行为,地位较低。1980年,加拿大实行金融混业经营,银行大举收购证券公司。到1996年,加拿大近70%的证券行业资产被银行收购。银行业合规管理理念和方法随之渗进证券公司。1983年,加拿大开始放松对交易佣金的管制,佣金自由化带来业务模式的转型以及投诉量的增加,催生了合规管理的内生需求。1987年,股市崩盘导致各种合规风险显现,监管部门、自律组织提出了对证券公司合规管理的要求,加拿大合规管理迈入正式发展的轨道。

加拿大证券公司在发展过程中十分重视合规管理。合规管理就是要求监督和评估公司是否符合法律法规要求,包括是否有适当的制度流程来解决潜在的合规问题,并做出汇报和提出建议。此外,合规管理还要发现并防止内部员工或公司客户出现违反法律法规的行为,以避免公司受到法律法规制裁或遭受财务损失,避免公司的声誉因为违规遭到损害。

(二) 加拿大证券公司合规管理的基本架构

在加拿大,由于长期没有全国统一的监管机构,13个省(区)的监管机构通过IIROC这一自律组织进行合作。监管者充分考虑到每家公司的特点,允许各公司灵活采用最适合自身规模、结构和业务类型的合规架构。在一些大型的综合性公司,由于要通过各种渠道提供多种服务和产品,合规管理环境比较广泛和复杂,一般设有专职的合规部门,在首席合规官(CCO)指导下工作。而一些小公司,合规职责则可能由肩负业务责任的一人或多人承担。

金融机构的合规架构分为三个层级:第一层级为董事会,负责审查合规报告及监督报告所提问题的整改落实。第二层级为高级管理人员中设置最高负责人(UDP)、总合规负责人、首席财务官(CFO)等负有相应合规管理责任的角色,其中,最高负责人还要就公司行为及公司对员工的监管向加拿大证券行业自律监管机构（IIROC）负责，总合规负责人则要向董事会和最高负责人报告。第三层级是在账户、交易、营销等特定领域设置监督人，履行相应领域的合规审查和监督职能，同时还设有专门的合规管理部门及人员，履行相应的合规管理职责。此外，根据各公司具体的业务情况，还可以增设首席隐私官、首席反洗钱官或反恐怖融资官等职位，以加强对特定风险的监管。因此，最有效的合规架构是既符合监管要求，又符合公司的实际情况、经营目标和组织结构，这才是最佳的合规管理架构。

（三）加拿大合规管理部门的主要职能

在加拿大，随着时间的推移，公司的经营理念、监管者及客户的期望都在发生改变，证券公司的合规内容也相应发展。过去的合规部门的职能侧重于通过监控发现违反规章和内部制度的现象，现在除了监控职能外，合规还有其他重要职能。这些职能主要包括：识别风险并坚持以风险管理为核心合规管理；制定和维护合规政策与程序；建立监测与监督系统，持续实施监测及监督；设置早期预警系统，对可能遭受财务损失的会员公司提出警告；开展内部审核与调查，应对违反政策和程序、自律组织规则和监管法规的行为；建立并维护合规治理方案，推动合规文化建设；建立明确的程序，持续分析客户投诉；有效和及时地向上级报告与合规有关的事项，包括定期合规报告与临时专门报告；合规培训和教育；合规咨询和审查；保持与监管部门的良好沟通并配合监管调查；持续为公司提供关于规章制度的建议，建立和更新合规制度流程，跟踪并解释法规的发展。

（四）加拿大合规管理的主要经验

1. 突出公司高层合规管理责任，从责任入手实现合规

证券公司合规的趋势是责任向上延伸。为此，按照监管要求，加拿大专门设立了UDP制度，即加拿大证券公司被要求设立最终责任人（Ultimate Designated Person，UDP），负责确保公司制定和执行的相应政策和程序符合监管要求，并就公司及员工行为的监管向自律组织负责。UDP一般由董事长、首席执行官（CEO）、首席运营官（COO）或首席财务官（CFO）担任。首席合规官（CCO）负责向最高负责人以及董事会报告公司合规情况，负责合规系统和流程的实施，而UDP则最终负责公司的合规状态。最终责任人制定明确了高管个人的合规最终责任，使UDP在合规方面充分发挥领导和支持作用，使合规管理成为一种实实在在的内生性要求。在此种背景下，公司自发地根据自身情况为合规管理提供量身定做的履职条件和资源。最终责任人制度明确和强

化公司合规的高管个人的最终责任是加拿大合规管理的一条成功经验。

2. 从制度建设入手推进公司合规管理

加拿大合规管理的经验表明，进行公司的合规管理就要制定、实施和维护合规政策与程序，也就是依据法规、道德和行为准则，建立公司的一整套规章制度和工作程序。合规部门负责制定一整套明确的政策与程序，并且在整个公司进行有效传达，让公司上下理解这些政策和程序并自觉执行。一是涵盖所有业务、各个环节的制度流程，注重细节，包括员工行为、业务操作、账户管理、签字确认、存档备查等方面；二是关注法规变化，及时修改制度和员工手册。制度制定也包括合规管理自身的一整套规则，以达到全面合规的要求。有效政策和程序的目标在于确立公司的合规与执行标准，为员工培训提供支持，并为公司的各项活动提供参考。政策与程序的缺乏会对公司以及整个行业带来不利影响，并且会给公司带来重大的监管和诉讼风险。政策和程序手册不仅规定了由谁负责特定的活动和监管职能，而且还规定了各职能的要求以及如何履行这些职能。

3. 坚持实施基于风险的合规管理策略

风险评估是加拿大金融监管的核心，也是合规管理的中心。加拿大实施合规管理与全面风险管理相结合的策略，突出体现为坚持基于风险的合规管理策略，收到了很好效果。风险的合规管理策略通常要求对公司的各类风险进行识别，并确定处置风险可用的资源，因此，风险控制策略的核心在于，在对风险进行评估和优先排序后，将风险的重要性和可获得的资源之间进行平衡，对公司资源在系统内进行合理的分配。合规人员的知识和经验将会决定采用何种标准进行风险评估和排序，以及如何进行适当的资源配置。公司的合规体系与风险管理需要根据其业务发展、监管要求及其感知风险的变化进行调整。

4. 把合规管理与业务发展相结合，平衡推进合规管理

证券行业中所有活动在一定程度上都会有风险，因此，要实现公司运行的合规，就需要把业务目标和监管标准与风险水平相互平衡。加拿大提出的"良好的合规意味着良好的业务""不能做赔不起的业务""公司的发展既取决于所做的业务也取决于不做的业务"等合规原则，充分说明了合规与业务发展的关系。建立业务人员与合规管理人员之间相互信赖和尊重的关系，把合规人员定位为"业务保护合作伙伴"，这一点非常重要。合规要随业务一同发展，循序渐进，突出阶段性重点，逐步完善和强化合规管理职责。在不少场合，合规与业务发展存在矛盾，如经纪人制度、投资咨询、理财服务、资产管理、新产品开发等，都可能带来收入，也可能带来风险。解决这对矛盾，首先要靠公司高层领导推动，其次要靠合规部门主动不懈地工作，让合规成为业务成长的

助推器。只有把各项业务合规作为推动合规的起点,才能与业务部门融合在一起,合规工作才能有可靠的抓手,也才会有合规部门的地位。注意把合规管理与业务发展的结合并与风险水平相平衡是加拿大合规管理的成功做法。

5. 重视职业道德、核心价值观、合规文化在合规管理中的作用

加拿大证券公司合规管理对职业道德、职业精神以及合规文化十分重视。合规文化不仅要求遵守法律法规的要求,而且要遵守社会道德规范和职业行为准则。合规文化体现在理念上,就是做正确的事情,要对客户、公司、股东和员工负责。良好的职业道德和正确的价值观是公司合规文化形成的重要思想基础。职业道德是指导员工行为的职业信条和价值观,职业道德在合规管理中尤为重要。在加拿大,职业道德被认为是行业规则的基石。当遵守行业法规成为道德行为的最低标准时,法规及规则即成为道德含义的一部分。通常情况下,当公司无法识别道德困境或不能有效处理道德问题时,合规会失效。加拿大合规管理明确强调从业人员的职业道德和核心价值观。IIROC 将证券从业人员职业行为标准明确为:审慎职责、诚信、诚实、公正、专业化标准、遵守证券法规及自律组织规定、严格保密。在此基础上强化每个从业人员的核心价值观,即审慎义务、公平公正、相互尊重、明确责任和同情心。

从公司员工的职业道德与价值观以及公司合规文化的角度来促进公司的合规监管,就是强调所有雇员的守门人责任。所谓守门人责任,是指证券公司及其员工担负的公共利益看门人的角色和责任。这种公司的合规文化,向客户传递从业人员的能力和可信赖性,是社会信任证券公司职业操守的基础,这是加拿大合规管理的重要经验。

6. 以有效的合规监测技术手段,提升合规管理效率

加拿大是金融业领域使用现代电脑科技最早的国家。证券公司的合规监管离不开运用现代科技对所要监管的领域进行合规监测,而且合规监测是合规部门的核心职责与基础工作之一,也是合规部门履行合规职责、实现工作目标的主要手段。全面而有效的合规监测,一方面提升了合规管理的工作效率,另一方面,也加大了公司、客户及员工对合规各项细节的关注。加拿大是金融业领域使用现代科技手段最早的国家,在运用合规监测技术提升合规管理效率方面积累了丰富的经验。合规监测的内容包括:客户交易行为监测、员工行为监测、员工资格管理监测、信息隔离墙监测、反洗钱监测、自营交易监测等。在加拿大,《零售账户的最低标准》(IIROC Rule 2500)、《机构账户的最低标准》(IIROC Rule 200)以及《通用市场完整性规则》(UMIR)等,是加拿大证券公司对交易行为监测的主要依据,公司应在客户开户、二级市场交易指令、资金和证券变动等方面通过监测预警信号识别相关风险。同时,公司员工

的个人交易与非业务活动、宣传、销售广告与通讯函件、电子邮件、短信、即时网络通信等通常也被列入监测范围。各券商应根据自身的特点，决定适合的监测过程。

（五）加拿大证券业合规管理对中国的启示与借鉴

加拿大证券公司合规管理的实践表明，证券公司的合规管理绝不是自发产生的。外部风险和内部风险对证券公司生存发展的威胁以及监管机构的强大压力，转化为证券公司合规管理的内生动力。我国证券业的发展伴随改革开放的步伐已经走过几十年的历史，法律法规和规章制度不断完善，证券公司已开始走上发展的正轨。在证券业监管以及合规管理方面也奠定了良好的基础。2008年8月，《证券公司合规管理试行规定》的发布，标志中国证券公司合规管理制度进入全面实施阶段。比较中加两国证券公司合规管理制度，应该说，我国虽起步晚一些，但起点较高。我国证券公司合规管理制度的建立，借鉴了大量国际经验和做法，并充分结合了本国实际，从目前运行情况来看，由于我国证券公司合规管理制度拥有较高的法律层级，制度推行的层级也较高，力度也较大，所以，我国的合规管理制度在很短时间内即在全行业得到了全面实施并取得了明显效果，这是一个良好的工作开端。然而，我们的合规环境还有待进一步改善，合规工作的很多方面尚在探索之中，与国外发达国家的证券业合规管理相比，中国证券业的合规管理仅处于起步阶段。随着中国证券业的发展和新产品的推出，合规职能将不断深化，合规业务将不断进步。因此，吸取加拿大合规管理经验，对中国建设完善的合规管理制度将有着积极的意义。

1. 加拿大的 UDP 制度可供借鉴

我国的监督条例和合规办法虽然也规定了董事会、监事会、高级管理人员对于公司合规的不同责任，以及从高层做起的要求，但我国目前的合规责任体系是一种分散式的责任管理制度。现实工作中，由于承担最终责任的对象不甚明晰，容易产生职责推诿、主动合规意愿不足、做表面文章、不能为合规管理提供充足履职保障的情况。借鉴加拿大证券公司合规管理的 UDP 制度，采取有针对性的监管措施，更突出公司主要负责人的合规职责并加强宣导，使其产生主动合规的内生动力。

2. 加拿大合规管理充分发挥自律组织作用的做法值得借鉴

近年来，我国行业自律组织在行业监管方面的地位正在逐步提升，但其作用的发挥仍然有限。就合规管理方面而言，应从机构设置和制度化建设等方面进一步发挥自律组织的监管作用。比如制定合规管理的实务性操作规则或指引，引导全行业合规管理的正确发展路径。通过行业的合规专业评价与检查，形成良好的合规激励与处罚机制。积极开展合规人员培训,满足国内合规管理人员严重不足的需要,提升证券公司高管人员对合规管理的全面认识。

3. 加拿大合规管理中强化"守门人"职责与定位的做法值得借鉴

加拿大"守门人"职责覆盖到客户身份识别、客户交易行为监管、客户信息保密、违规行为报告以及反洗钱、隔离墙等范畴领域,从而将不适宜的投资者、不适宜的行为挡在证券市场大门之外。在我国,券商的守门人职责刚刚起步,可以说如何从合规管理的角度正确理解证券公司作为市场守门人的职责与定位,还是一个新问题,尚未真正完全形成共识。因此,加拿大券商所担负的"看门人"职责及其所覆盖的领域,也值得我们借鉴。

4. 加拿大内部合规与业务发展相结合的做法给我们带来启示

在我国证券公司合规管理工作中,内部合规管理往往容易产生两种倾向性,一是因过度强调监督检查角色带来业务部门的强烈抵触,使合规得不到积极响应;二是因过度迎合业务需要,超越合规底线而导致合规失败。加拿大推崇良好的合规意味着良好的业务监管理念值得我们借鉴。在监管实践中,应综合考虑合规管理人员的素质,不仅应具备合规管理的法律意识,也应具备深厚的专业基础,还必须具备良好的组织管理与沟通协调能力,以刚柔并济的合规管理方式开展工作,实现规则监管与原则监管相统一的预期合规管理目标。

5. 加拿大基于风险管理的合规管理带来的启示

基于风险管理的合规管理策略是应对繁杂的合规管理事务的有效方式之一,也是原则管理的一种体现。我国在证券业合规管理方面已经十分强调风险管理问题,但加拿大基于全面风险管理的合规管理无论在制度安排以及监管实践上都还有不少值得我国借鉴的方面。首先,就是应建立全面风险管理理念,从识别、管理、计量、监察整个流程上统筹考虑各种风险,监管部门在制定或修订相关政策时,应将合规管理、内部控制、风险管理等进行全面统筹考虑。其次,应进一步完善风险评估制度,在风险评估基础上制定基于风险的合规策略,这是合规管理的中心,在这方面加拿大的经验尤其值得借鉴。最后,应建立有效的合规管理运行机制,注意识别风险,保障合规控制与业务发展的平衡,并根据风险状况合理配置自身资源,高效有序地开展合规管理工作。

6. 加拿大重视合规文化建设给我们带来的重要启示

健全的合规管理体系及先进的合规管理方式是以良好的守法意识及深厚的合规文化为基础的。在加拿大,公民普遍具有良好的守法意识和对制度敬畏的观念,从业人员认真遵守勤勉尽责、诚信公正、专业化标准,遵守证券法规、保守秘密等职业道德,认真遵守核心价值观和信托责任及原则监管,这些对提升合规管理的有效性发挥了重要作用。加拿大合规管理的不少经验与做法值得我们借鉴，特别是应从合规文化的角度提升合规管理的层次。从我国的实际出发，建立良好的合规文化可能需要较长时间的积累。

六、加拿大证券业投资者保护制度

（一）证券投资者保护的重要性

在市场经济条件下，和商品市场一样，证券市场也存在着各种各样的市场失灵和不确定性。市场失灵会使市场无法依靠自身调节达到资源的最优配置，这使得证券投资者总是处于弱势地位。因此，加强证券市场监管，有效地保护投资者的权益是十分重要的。

市场失灵首先表现为信息不对称。证券市场上证券的出售方总是能够比证券的购买方（证券投资者）持有更多的公司信息，在没有证券监管和信息不公开的情况下，投资者很难对市场上的证券进行准确定价，不确定性状况和投资风险的存在是客观的。而人们为了规避风险，投资行为也趋向于谨慎，这会减少证券市场上的交易量并削弱证券市场的流动性。因此，必须采取措施来消除证券市场的信息不对称，保护投资者利益。

市场失灵也表现为信息披露的搭便车行为。要消除证券市场的信息不对称，关键在于对上市公司的信息进行全面披露以及对信息诈骗进行惩罚。而私人机构无法完成这样的任务。原因在于私人机构是通过搜集和出售上市公司的信息来实现利润最大化。信息是一种公共物品，一旦有人购买了信息，其他人就会非常方便地免费窃取这些信息。证券是一种由信息决定的特殊商品，而信息的这种性质会为投资者提供一种激励，促进投资者的搭便车行为。所以，信息披露的私人市场是很难建立起来的。公司信息的披露服务只能由政府、证监会等公共部门来提供。

市场失灵还表现为内部人、外部人问题。内部人（控股股东和经理人）可以通过关联交易、转移定价、资产剥夺和股权稀释等各种方式侵蚀外部人（小股东）的权益。内部人还可以通过裙带关系，将不称职的家庭成员安插进公司管理层。经理人有着使自身利益最大化而不是使公司利益最大化的动机，他们关心的是巩固自己的地位和获取更高的报酬。他们往往也有权力为自己设定不切实际的薪酬以及执行有助于提升自己政绩但不利于公司长期发展的短期政策，对公司造成的损害也往往由小股东来买单。因此，小股东在公司内部的竞争中处于绝对的劣势地位。在一个公平社会里，建立一套针对保护小股东合法权益的投资者保护制度十分必要。

国际证监会组织（IOSCO）曾在《证券监管的目标和原则》中指出证券监管的三大目标：一是保持证券市场的透明、公正和效率，二是减少系统性风险，三是保护投资者。从三个目标的关系看，市场监管的核心和最终目标都是保护投资者。只有保证证券市场的透明、公正和效率，才能防止市场被操纵以及防止出现内部人交易等现象，投资者也才能获得应有的信息。只有通过加强内部控制及风险管理，才能降低系统性风险，减少投资者的损失，保护投资者的权益。投资者保护不仅对一个国家的资本市场和金融行业非常重要，而且对国家的经济稳定增长和发展也起着积极的作用。

（二）加拿大证券投资者保护的监管机构

在加拿大，从联邦层面到省区层面的各种金融监管规则对投资者都具有保护功能。但投资者保护规则的制定和制度的执行与维持则主要由投资者协会来操作。投资者协会是全国范围内的投资者交易协会，它是全国性的自律监管组织。投资者协会负责监管其成员的资本充足性及业务运行情况，如果其成员未达到其制定的最低资本充足性及业务运行情况，它有权要求该成员采取改进措施或者延缓其交易特惠权。投资者协会还负责对收到的对其成员的投诉进行调查并有权起诉涉嫌违规操作的人员及征收罚款。除了履行监管职能之外，在影响投资公开性和有关市场效率的重要事项方面，投资者协会也积极协助省政府和加拿大证券管理委员会进行政策的制定。投资者协会的监管行为要受到各省证券委员会的考评。

交易所在投资者保护方面也起到了非常重要的作用。交易所也是由省政府委派的自律监管组织。在对成员的监管方面，交易所对成员的交易行为制定了严格的要求。对于那些希望在交易所上市交易其股票的公司，交易所制定特定的上市及报告要求。交易所要求上市公司必须全面准确地披露信息给投资者，以使所有投资者能在同等的环境中交易。如果证券公司披露的信息存在问题，或者公司财务状况不再符合交易所的持续交易要求等，证券公司即有可能被摘牌。股票交易所成员必须向省监督官和投资者协会办理注册登记。政府所属的证券交易委员会专门负责监管上市公司，他们对上市公司的财务、信息披露等有严格要求，如果违背，违反者将受法律惩处，严重的要送进监狱。

（三）加拿大证券投资者保护基金

加拿大投资者保护基金（Canadian Investor Protection Fund，CIPF）是加拿大保护证券投资者权益的重要组织形式。该机构组建于1969年，起初定名为国家应急基金，1990年改为现名。CIPF发起人由证券业自律组织组成，这些自律组织包括加拿大投资商协会（The Investment Dealers Association of Canada）、多伦多股票交易所（Toronto Stock Exchange）、蒙特利尔股票交易所（The Montreal Exchange）、加拿大风险投资交易所（the Canadian Venture Exchange）和温尼佰股票交易所（Exchange Winnipeg Canada），所以加拿大投资者基金所保护的投资者就是这些成员机构的客户。

加拿大设立保护基金的主要目的：一是增强证券投资者的信心和保障，培育健康和有效的资本市场；二是在一定限度内保护投资者免受相关证券经营机构破产而招致损失；三是在有关自律组织的配合下建立全国性的证券经营机构资产负债标准，监督各成员单位严格执行，防范风险。保护基金由基金管理委员会负责监督基金的运行。管理委员会（董事会）设立主席1名，委员10名，其中4位必须为公众代表，他们来自于各种各样的背景，比如说会计师、律师以及规模较大的上市公司等；其他董事来自于行业内的人员，具有行业的经验。委员会每届任期2年，每季度召开一次会议，研究基金的运作管理和制定保护基金投资政策等。加拿大投资者保护基金作为自律性质的机构，政府没有任何参与，同其他任何自律组织一样接受省级证券委员会的监管。这种体制与高度自律的加拿大证券监管体制是相适应的。

投资者保护基金管理委员会负责基金的日常管理和运作，主要保护证券和期货投资者的权益。它不但可以通过补偿客户资产来化解证券公司破产风险，也可以通过对成员公司财务信息的持续监控来防范和控制证券公司破产风险，从而起到增强投资者信心和保障市场长期投资资金供给的积极作用。

CIPF是一个保护投资客户的信托基金，财务上完全由CIPF的成员机构出资，投资者无须交纳额外费用。投资者一旦成为CIPF成员机构的客户，其账户就会得到基金的保护。被保护的客户包括个人、有限公司、合伙公司、信托人、受托人以及其他机构，但破产公司的合伙人、对破产公司的管理层和公司政策能够实施控制性影响的人、导致公司破产的其他机构的有关人员等不在保护之列。但对投资者的保护仅限于会员单位破产引起的账户损失，而不包括因市场价值变动而带来的客户损失，比如证券价格变动和不当投资等引起的账户资产损失等。保护基金对不属于自律组织会员单位的客户账户资产不提供任何保护。对每个账户损失赔偿总金额最高限为100万加元。超过部分不受保护。但客户如有几个不同账户（general account and separate accounts），则每个账户均受保100万。如果CIPF成员公司破产，这家公司的客户应在破产日后的180天内提出索赔。

受保护的客户账户一般包括普通账户和分离账户。普通账户是指一个客户拥有的一个账户，客户在该账户从事多种金融工具的交易，账户资产包括现金、证券、卖空、期权、期货以及外汇等形式。分离账户是指账户资产归属不同投资者所有的账户，包括注册退休金计划、注册教育储蓄计划、联合投资、遗嘱信托、个人持股公司等账户。账户的融资交易部分不包括在保护范围之内。

加拿大投资者保护基金在成立之初，资产仅有100多万加元。但在其运作的几十年间，产生了很好的效果。保护基金先后对13起成员公司破产引起的投资者账户损失进行了赔偿，赔偿金额总计0.25亿加元。其中，赔偿金额最大的3次分别是1500万加元、400万加元和180万加元。从其运作和赔偿情况看，保护基金确在很大程度上起到了增强投资者信心和促进市场发展的作用。

（四）加拿大证券投资者保护做法对中国的启示及借鉴

中国在2005年7月1日设立证券投资者保护基金公司，公司资金来源于：①交易经手费的20%；②中国境内注册的证券公司营业收入的0.5%～5%；③发行股票、可转让债券时申购冻结资金的利息收入；④依法向有关责任方追偿所得和从证券公司破产清算中的受偿收入。在证券公司被撤销、关闭和破产或被证监会采取行政接管、托管经营等强制性监管措施时，该基金按照有关政策对债权人予以偿付。我国也建立了专项基金，以防范与证券交易所业务活动及证券结算业务有关的重大风险事故，保证证券交易活动的正常进行。中国证监会也设有投资者保护局，专门负责证券投资者的权益保护。应当说，中国经过几十年改革开放的摸索，证券行业积累了一定的经验，在这个过程中，也从发达国家借鉴了不少成功的做法。

2013年12月27日，国务院办公厅发布《国务院办公厅关于进一步加强资本市场中小投资者合法权益保护工作的意见》（以下简称"投资者国九条"）。投资者国九条的出台是中国资本市场发展历程中的一个重要里程碑。该文件构建了中小投资者保护的一个框架性制度体系，是指导投保和资本市场持续健康发展的纲领性文件。投资者国九条确立"以投资者需求和投资者权益导向的资本市场科学发展观和核心价值观"，对资本市场的转型发展和监管转型将起到"正本清源"的长期作用。投资者国九条围绕中小投资者权益保护提出了9个方面80多项政策举措，将投资者保护贯穿于监管过程的始终。

为配合国务院文件的稳健运行，证监会也开始修订涉及投资者保护的规章和准则。主要包括：制定《上市公司监督管理条例》，明确股东大会征集投票权等制度；修订《上市公司治理准则》《上市公司章程指引》《上市公司股东大会规则》等制度，强化上市公司规范治理与内控约束；修订上市公司年报披露格式准则和相关信息披露编报规则，提高信息披露的针对性和有效性，使上市公司披露的信息真正成为投资者需要和可以依赖的信息来源；修订《上市公司重大资产重组管理办法》，制定《上市公司股份回购规则》，对上市公司及其控股股东承诺事项的监管指引，加大对控股股东、实际控制人等失信行为的监管力度，净化市场环境；完善日常监管和稽查执法协作机制，坚决查处损害中小投资者合法权益的违法行为。

可以看出，中国关于投资者保护的监管制度将越来越完善。但由于中国证券业的发展时间不长，与发达国家相比，在证券业监管和对投资者保护方面还具有一定差距。加拿大作为发达国家，证券业投资保护方面的做法很成熟，许多方面给我们以启示，值得我们借鉴。

（1）中国证券交易所和证券业协会作为自律组织，起着辅助政府监管的作用，服从证监会的领导。但实际上中国的行业协会对监管所做的贡献是极其微小的。因此，应借鉴加拿大的经验，鼓励设立证券业的自律组织，并发挥自律组织的监管和对投资者保护的作用。

（2）中国目前对证券业实行的是特许制，由中国证监会对进入证券行业的企业资格进行实质性审查批准，没有得到证监会批准的不能进入证券业。限制市场进入的不仅有经济壁垒还有非经济壁垒。因此，中国对企业进入证券市场严格要求虽然有一定的好处，但却限制了证券市场的自由发展，致使企业的融资渠道被堵住，其生产力也遭到了限制。在全球化、资本高度流动的时代里，中国应该顺应潮流，采取措施刺激资本流动性的增长。借鉴加拿大的经验对证券市场的准入要求应逐渐放宽。

（3）作为典型的发展中国家，中国对企业上市要求的标准非常严格。这可以起到优化市场、降低企业破产风险的作用，但这也同时减少了上市公司的数量。有研究表明，尽管对进入市场的要求非常严格，但在日常监管的具体操作与执行上还很不到位，这跟寻租行为也有一定关系。而加拿大对公司上市要求则比较宽松，但日常监管效率很高。中国的监管机构应借鉴加拿大的经验，把更多的心思放在日常的监管和执法当中。研究表明，当今中国上市公司普遍存在着信息隐瞒甚至诈骗现象，这在加拿大金融监管和投资者保护中一定是被坚决摘牌的。只有加强对证券业的日常监管，才能更有效地保护投资者的权益。

（4）中国发展证券业的经验不足，中国投资者的投资意识仍然处于幼稚阶段。这样的一个市场遭遇市场失灵的风险非常大。因此，应借鉴加拿大的经验，不断加强对公司治理者的法律意识教育和对投资者的维权意识教育。要让上市公司经营者意识到自己不能做违反法规的事情，也要让投资者有自我保护意识和维权意识。同时，还要通过制度的作用，加大对违反监管条例和贪污的惩罚力度,也有助于培养人们的守法意识,最终起到对投资者保护的作用。

七、加拿大证券公司信息隔离制度

信息安全对于证券业务高速发展和安全稳定运行十分重要。为缓解不同业务或部门之间的利益冲突和防止内幕交易的发生,证券行业需要通过实施信息隔离机制保证证券行业的正常运行。信息隔离制度最早出现在美国,随后英国、加拿大、日本、中国香港等先后借鉴引入了信息隔离制度。因此,总体来看,加拿大是证券公司信息隔离机制建设起步较早的国家之一,也经历了探索、全面发展的阶段,并在实践中不断补充、完善。加拿大证券公司信息隔离制度与美国等境外市场的主要做法大体相似,但也具有自己的一些特点。

（一）信息隔离制度的产生

信息隔离制度,也称信息隔离墙制度,又称"中国墙"或者"防火墙",是指防止投资银行部门所掌握的内幕信息向公司其他部门泄露而设置的屏障。但实际上,"防火墙"与"中国墙"概念并不一样,"中国墙"主要是阻止信息的泄露为目的而设立的信息隔离机制,禁止公司内部发生跨部门或跨领域的信息泄露从而导致内部交易的发生,因此,"中国墙"同时也被称为"资讯隔离墙"和"信息长城"。至于国外为什么叫作"中国墙"（Chinese Wall）,一般理解是因为"Chinese Wall"一词作为其形象的称谓,意喻这一隔离要像中国的长城一样坚固。而"防火墙"主要是防止风险的传递,包括金融公司的不同业务的子公司之间的经营风险传递以及业务流程中同一机构的不同部门或同一业务的不同环节之间的风险传递。然而在加拿大,"防火墙"与"中国墙"属于同一概念,都是信息隔离墙,是指证券公司为防止在证券的重组、并购等过程中发生严重的内部信息泄露,而采取的一系列信息隔离的规范措施、政策和程序,目的是防止重大未公开信息的不当流动和使用,避免内幕交易发生和管理利益冲突。

信息隔离机制源起于1968年美国美林证券内幕交易案。当时美林证券（Merrill lynch）作为道格拉斯飞机制造公司（SEC）的主承销商,在得知SEC盈利即将出现大幅度下降后,美林证券的承销部就将此消息泄露给了机构的销售部,而销售部又将该消息泄露给一些客户,这些客户得知此消息后纷纷将手中持有的SEC股票全部抛售。与此同时,美林证券还在继续为客户买入Douglas公司的股票。SEC以美林公司在承做Douglas公司业务的同时违反了证券法10b-5规则为由提出诉讼,结果是双方最终达成和解,美林证券接受了SEC的处罚，并同意制定、实施和保证遵循新的程序规则，为防止内幕交易的发生提供了有效的措施。自此，证券公司的信息隔离机制开始逐步走向制度化和规范化。

信息隔离墙对证券公司未公开信息进行了有效的管控，规范了证券从业人员的基本职业操守，防止了信息跨部门非法传递泄露，保障了广大投资者的利益。总的来说，信息隔离就像一堵墙一样，是不同业务部门之间的屏障，能对重大非公开信息进行有力的管控，防止证券公司重大非公开信息外流。

（二）加拿大信息隔离制度的内容

加拿大证券公司信息隔离制度是在监管机关授意下由证券公司自身设置的自律性机制。基于原则监管的态度，监管部门对于信息隔离制度较少制定明确而具体的操作规则，因此属于一种间接监管，即监管机关对公司业务及内部结构并不直接加以管制，而只要求其设置某种信息隔离机制来实现监管的目的。加拿大的证券监管机构主要是各省证监会和行业自律组织即加拿大投资行业监管组织（IIROC）。信息隔离制度是 IIROC 强制要求证券公司必须设置的自律性机制。

1. 加拿大信息隔离制度中的隔离墙机制

加拿大信息隔离机制所设定的隔离墙分为墙顶、墙内和墙外。公司把各个部门的员工划分在相应的隔离墙位置，员工也必须清楚自己所在的位置，对于难以确定位置的员工，一般被划分到墙外。属于墙顶的人员拥有对公司重大机密信息的知情权，并可以向前台人员直接下令买卖或者推荐某项交易，这一般也是被用来划分是否属于墙顶人员的重要依据。因此，处在墙顶的人员一般都是董事会、高级管理层以及法律合规管理部门的人员。除此之外，各个业务部门的主管和高管也被列入墙顶人员的名单，原因是为避免在调查"撞墙"事件时与具体的业务人员接触而泄露公司机密。墙内一般为机密一侧，包括资本市场与承销、联合组织、商业银行和投行部门、公司等一切可能接触到公司非公开信息的组织或部门。相反，墙外则为公开一侧，包括会计、信息技术与支持、运营、风险控制、为客户提供投资、销售与经纪服务、研究等部门和员工。

信息的隔离方式有物理隔离和电邮控制方式。物理隔离方式有对文件柜上锁、对电脑加密、部门间单独设置复印机和传真机、设置独立的文件服务器、电脑程序隔离等。而电邮控制的范围仅限于对利用公司设备进行电子数据传递的信息。

隔离墙之间不可能永远隔绝的，人员也无可避免地有调动，这就是"跨墙"。证券公司应该尽量避免跨墙行为，如果必须发生跨墙行为，应遵循严格的程序处理。机密侧的员工不允许与公开侧的员工或客户沟通相关公司情况，研究分析人员跨墙后不能提供任何相关发行人证券的研究评述，所能获取的信息主要是将要公开披露的信息，如招股书草案等，但应尽可能少获取信息，以减少分析员可能承担的法律风险。

2. 隔离墙管控信息的范围

隔离墙管控的信息定义为重大非公开信息，也叫内幕信息。非公开就是通过公共的渠道没有办法得到，投行人员因为业务的关系可以通过合法途径取得信息。另外，在加拿大，只要预计信息会对股价的影响超过10%就可划分为重大信息。重大非公开信息一旦被泄露，将会影响到发行人证券的市场价格以及证券公司对其证券价值的预期，从而导致市场的不公平。

3. 中央控制室

证券公司在合规部门内设置中央控制室，其目的在于有效实施对隔离墙的监控。它通过掌握该项目知情人名单，管理灰色清单和限制清单，并对涉及清单的证券交易和研究咨询进行监控，并调查发现的异常情况。合规部门的控制室可以开展晨会，通过每天和投行的交流，及时了解项目的进展，指定投行主管负责与合规部门的对接。所有研究报告都要送交中央控制室审查，中央控制室必须对投行项目的整体过程清晰、准确地把握，只有这样，才能有效实施对灰色清单和限制清单的管理，以及更好地控制出入清单的时点，适时对相关业务进行监控。

4. 加拿大信息隔离制度中两类清单

为了进一步防范证券机构滥用信息优势进行利益输送或内幕交易，一些发达国家要求证券机构采取更为严格的灰色清单和限制清单制度。加拿大也同样使用了这两类清单。

（1）灰色清单（grey list）。灰色清单也被称为观察清单，通常列举公司所有知道内幕信息的发行人名单，是投行部门所掌握的高度机密的清单。知道清单内容的只限于少数管理人员和履行监控职责的人员。灰色清单主要是用来监视灰色清单里面列举人员的相关证券交易活动，也包括监视雇员账户交易、存货账户交易和衍生产品交易。某些证券一旦被列入了灰色名单，合规部门控制室就会密切监控该公司的所有人员对该股票的交易。一旦发现交易涉及灰色清单，合规部门控制室就会对其进行调查是否存在泄密情况。但是，证券即使被列入灰色清单，其公开业务仍可正常进行，证券公司也不得对其公开业务进行过早的限制，因为这么做反而可能引起猜忌，不利于信息的保密。

（2）限制清单（restricted list）。限制清单是指证券机构一旦获得某目标公司的内幕信息，或者建立了与该目标公司有关的某种业务关系（如签订投行业务协议等），就要将目标公司证券列入限制清单。证券机构不得向客户推荐或自己交易列入限制清单的证券，也不得向机构内部任何未经许可的工作人员泄露与该证券有关的各种信息。目的在于对所有可能涉及信息泄露或不当使用的交易活动进行监视和进行限制。而对于更加机密的信息，则要用到"灰色清单"制度。因为限制清单是要公开的，对于更加机密的信息如果列在"限制清单"上更易引起人们的关注，反而更容易泄露了信息。灰色清单上所涉及的重大非公开信息一旦被公开则必须马上列入限制清单。

（三）加拿大信息隔离制度的特点

加拿大信息隔离机制与西方发达国家的做法类似，但也有一些自身的特点。

1. 以隔离墙制度建设为核心

加拿大信息隔离机制要求证券公司强制建立健全的防火墙制度，防止在证券发行、并购重组等业务中可能出现的内幕交易及利益冲突，并从法律层面、监管要求、公司内部政策和流程、员工教育与交易行为监控、检查与处罚等方面进行了较为详细的规定，提出了较为明确的要求。同时，相应也允许证券公司在内幕交易方面使用防火墙规则进行抗辩。所谓允许抗辩，就是允许证券公司为自己辩护。如果没有这种抗辩机制，一旦发生"撞墙"事件，券商就很难在大众面前为自己辩护。有了抗辩机制，券商可以通过向监管机构提供相关监测记录，包括发现问题以及进行处理的相关证据来证明自己的清白或尽责。监管部门审查关注的重点是，哪些是你该做的事情而未做到，只有这些重要事情没有做到才会给券商带来真正的麻烦。

加拿大对隔离墙制度的建设有着明确的要求。如负责设计、实施、维护、检查和更新等的领导者必须是证券公司的高层管理者或是专门机构的负责人。公司员工必须清楚重大非公开信息的定义及相关清单的限制，并承诺能够明确遵守公司的信息隔离机制的程序和规定。规定至少每年对隔离墙进行一次定期检查、评审和更新。公司高层应拥有对重大非公开信息监管的强烈意识，通过设立各种机制和政策，对公司内部员工所有与内幕信息相关的活动进行严格的监管，以防范法人风险和业务风险。

2. 对非证券并购业务信息与业务隔离的要求相对宽松，并不强制对存在利益冲突的情形必须建立防火墙，而是由证券公司自主决定是否设立

业务隔离是指在证券公司不同业务部门之间实行信息隔离，实行业务隔离是因为不同业务部门之间存在利益冲突。业务隔离对于保证证券公司的运作也

是很重要的。但相对于信息隔离墙制度,加拿大对业务隔离比如自营与资产管理间是否要建立隔离制度及隔离措施的宽严程度等则无特别要求,而是要求证券公司对内部不同业务部门之间存在的利益冲突管理融入证券公司一般性的内部管理中。

3. 对员工进行持续培训,提高员工道德素养

由于信息隔离制度是自律性制度,隔离墙从某个方面上看也可以说是道德墙,是否遵循企业的规则和制度,很大程度上在于员工的意识和理念。而员工高尚道德的形成需要良好的企业文化熏陶,也需要公司给予的支持和培育。加拿大在信息隔离机制的相关政策中非常强调对于员工的道德教育,对于员工的持续培训已经制度化,这对于员工道德素养的提高起到积极作用。与此同时,在实施隔离墙制度过程中,也十分重视对员工潜在利益冲突的管理,制定了严格的防范员工利益冲突的规则。比如禁止员工在其他公司开立证券账户,除非得到公司批准并将对账单寄到公司;要求员工披露外部业务和投资利益,并每年填写相应的调查问卷;员工担任上市公司董事职位前必须经过公司的预先批准;部分证券公司甚至规定员工接受礼品的价值不得超过一定数量(比如 50 加元);等等。

4. 相对完善的法律制度支持

信息隔离机制是证券公司的一种自律性制度,很多做法都来源于券商的实践,但这些实践不是随心所欲的,而是都遵循着一定的法律规则。这些法律规则包括安大略省证监会颁布的《证券法》和两个指引。第一个指引是 1998 年 1 月 27 日安大略省证监会颁布的《关于内幕信息的政策与程序指引》,第二个指引是加拿大证券投资行业监管组织(IRROC)的前身投资经纪协会(IDA)于 2005 年 11 月 18 日颁布的《防止机密信息泄露指引》。加拿大信息隔离机制的这些法律规则,对证券公司信息隔离都做出了相关的制约,在立法上确认了其抗辩效力,使监控有法可依,各种信息的保密和传递行为得以规范,保证了信息隔离制度的顺利实施。

(四) 加拿大证券隔离制度对中国的启示

在证券行业,信息隔离制度的建设对中国来说目前正处于初步构建阶段。2010 年 12 月 29 日,中国证券业协会颁布了《证券公司信息隔离墙制度指引》,并于 2011 年 1 月 1 日起开始施行。经过几年的实践,为优化证券公司信息隔离墙制度体系,中国证券业协会又在广泛征求各方意见的基础上,对《证券公司信息隔离墙制度指引》进行了修订,并于 2015 年 3 月 11 日正式发布实施。应当说,我国监管部门和自律组织在对信息隔离制度的建设上还是进

行了积极探索和认真实践。但总体看来,由于普遍缺乏对信息隔离墙的深入了解和认识,无论是在实践层面还是立法层面都碰到许多疑难问题。虽然中国与加拿大的国情不同,但加拿大的做法给我们带来许多启示和思考。

1. 加拿大信息隔离制度注重从业人员的道德基础建设给我们带来的启示

一般情况下,信息是极其容易泄露和传播的,内幕信息也是如此。因此,信息隔离墙成功与否的关键在于企业和从业人员的道德水准。当利用内幕信息确实有利可图时,人们的道德价值开始受到考验,一些挡不住诱惑的掌控内幕信息的人,就会把内幕信息透露给局外人或其他部门。因此,在信息隔离墙中,真正发挥作用的是企业及其员工的道德意识和合规理念,只有凭借高尚的道德信念,才能形成自我约束的力量。从这种意义上说,信息隔离墙是道德墙,是意识和理念墙,是建造在人们心中的墙,而不是简单的物理上和程序上的墙。高尚道德的形成需要经过长期的教化和培育,需要有良好企业文化做土壤。加拿大信息隔离墙建设中非常强调对员工的持续教育,以及非常注重构建信息隔离墙的道德基础,这对我们带来很大启示,也值得我们学习和借鉴。

2. 加拿大注重从公司高层入手进行信息隔离墙建设给我们带来的启示

加拿大信息隔离墙的建设,十分强调董事会和高级管理层的责任,将其纳入公司合规管理与内部控制范畴,在强调相关政策与程序制定的同时必须强调落实与实效,同时还必须重视外部监管的检查。加拿大证券经营机构往往从董事会、高级管理层以及政策和程序的高度,来确保信息隔离墙相关制度的落实和执行。根据加拿大证券监管要求,公司董事会负责监督公司制定、实施、维持、执行内幕信息相关政策与程序。公司高级管理层对相关政策与程序的实施和执行承担责任。合规部门定期检查政策与程序的充分性、有效性,定期向董事会呈报有效性评估的书面报告。同时公司让全体员工掌握公司相关的政策与程序。加拿大信息隔离制度的建设中重视高层的作用,以及严格对政策和程序的制定、实行和检查落实的做法给我们带来启示,值得我们借鉴。

3. 加拿大信息隔离制度建设注重依法办事给我们带来的启示

从法律制度层面来看,我国的信息隔离制度建设仍然缺乏一定的法律基础,从而影响我国信息隔离墙功能的发挥。首先是我国《证券法》和《中华人民共和国刑法》(简称《刑法》)没有像加拿大《证券法》那样针对内幕交易行为规定除外情形,因此导致我国隔离墙的法律抗辩效力难以确定。其次是我国《证券法》绝对禁止证券从业人员交易股票,由此导致在理论上和机制上无法将员工个人交易行为导入信息隔离墙的管控范围。然而,证券从业人员私下交易行为事实上却又大量存在,且失去隔离墙机制的有效监控。从加拿大的经验来看，实现对员工交易行为的监控，是信息隔离墙及相关机制建立的重要目标之一。因此，可以借鉴加拿大的经验，通过法律制度的改革，在立法上确认隔离墙的范围，才能充分发挥隔离墙应有的功能。如果相关法律没有完善，即使制定了信息隔离墙制度指引也很难做到有效实行。

4. 加拿大信息隔离制度注重自律监管的做法给我们带来的启示

在信息隔离制度建设中，法律和监管规则都很少对信息隔离墙提出具体要求，即使监管部门和自律组织制定相关指引，这些指引也只是为券商信息隔离墙建设提供参考，并非强制性规范。隔离墙都是证券公司依据法律和监管的原则要求，根据自身特点建立的。因此，信息隔离墙属于证券公司采取的自律性举措，是自我保护的防御性措施。在这方面，由于加拿大整个金融监管体系中自律监管的成分就比较大，因此在信息隔离制度建设中同样体现了这一特征。目前中国也在逐步加强自律组织在金融监管中的作用，比如《证券公司信息隔离墙制度指引》就是由中国证券业协会颁布的。这在形式上似乎与加拿大没有太大区别，但区别主要在于实施的效果方面。严格管控投资银行所掌握的发行人内幕信息，避免该信息为公司自营投资、员工个人交易以及证券研究所滥用，是加拿大信息隔离墙控制的重点。相比之下，由于我国证券公司的业务结构模式以及内部控制水平等诸多因素决定，国内信息隔离机制所要管控的信息不仅包括内幕信息，也包括研究咨询信息、自营投资信息甚至经纪客户的交易信息等。借鉴加拿大的经验，我国的自律组织在制定信息隔离具体操作规则时，应借鉴加拿大的做法，强调重点，注重实效，在具体操作和效果检查上加强监管；同时也应结合中国国情进行创新性实践。

八、加拿大上市公司信息披露制度

上市公司信息披露制度是对投资者权益的重要保障，同时也对整个市场的健康发展起着重要作用。上市公司是指所发行的股票经过证券管理部门批准在证券交易所上市交易的股份有限公司。作为上市交易的股份有限公司除了经过批准外，还必须符合相关法律如《中华人民共和国公司法》（简称《公司法》)、《证券法》等所要求的一定条件。信息披露制度也称公示制度或公开披露制度，是上市公司为保障投资者利益和接受社会监督而依法律规定将自身财务和经营状况等信息向证券管理部门、证券交易所报告，并向社会公开的制度。负责上市公司信息披露的管理机构主要包括证券主管机关和证券交易所。

（一）上市公司信息披露制度概述

1. 上市公司信息披露的主要内容

上市公司信息披露既包括上市前的信息披露，也包括上市后的持续信息公开。上市前的信息披露主要是公布招股说明书，上市后的持续信息公开主要包括定期报告和临时报告。

（1）招股说明书。公司上市前的信息披露最主要的就是招股说明书和上市公告书。在采取注册制的发行审核制度下，发行和上市是两个独立的过程，即公开发行的股票不一定会在证券交易所上市。从证券市场的实际操作程序来看，如果发行人希望公开发行的股票上市，各交易所一般都要求发行公司在公布招股说明书之前，必须取得证券交易所的同意。该招股说明书由于完备的内容与信息披露，成为公司发行上市过程中的核心。而上市公告书在许多发达的证券市场中并非必然的程序之一。许多市场中的招股说明书实际上就是上市公告书。

网络证券招股说明书除了遵守信息披露的一般原则和必须采用网络为披露媒介外，还必须发出电子招股说明书，它与传统的招股说明书内容大致相同，包括重要资料（即招股说明书的摘要）、释义和序言、风险因素与对策、募集资金的运用、发行人状况介绍、股本、发行人最新财务状况、发行人是否有参加待决诉讼、已签订的合同等。为了使其应用于网络发行上，规定发行人必须在其他媒体披露招股书时也同时在网上公告招股书。

由于网络证券招股说明书是以电子形式存在，因此相关法律在形式上也做出了具体的要求。第一，电子招股说明书的所有资料必须包括在同一网页中，不能把其中任何部分存在不同网页要求投资者依指示到其他网页中寻找。它必须独立存在于网站的某一区域，不得与其他资料混淆。第二，电子招股说明书在发表后需要更改时必须在明显处做出更改通告并指引投资者搜寻所更改的资料。如果所更改的资料与发行章程同时发表，则更改的资料同时发表，须以附件形式夹在发表的章程内。第三，电子招股说明书不能与任何有关网络证券商或网络证券投资顾问的网页链接，须以风险警告形式在网页显眼处警告投资者要小心辨别，谨防上当。第四，电子招股说明书的格式是便于阅读的、可下载的。第五，发行人必须警告投资者在发出购买指示前阅读过有关的电子招股说明书。

（2）定期报告。定期报告主要包括年度报告、半年报告（中期报告）、季度报告和月度报告。其中，年度报告和中期报告的内容最为全面，也是各证券市场上市公司定期报告的主要形式，部分证券市场要求上市公司提供季度报告，但在内容上略少于年度报告和中期报告，而月度报告的披露内容为最少，且只有个别市场要求上市公司披露月度报告。通常，创业板市场定期报告的披露频率要高于主板市场。

（3）临时报告。临时报告是指上市公司按有关法律法规及规则规定，在发生重大事项时须向投资者和社会公众披露的信息，是上市公司持续信息披露义务的重要组成部分。临时报告对投资者和社会监管者都十分重要，是对上市公司的基本要求。

临时报告的披露标准主要有两个：一是重要性标准，二是及时性标准。前者衡量的是上市公司在发生什么样的事项时须进行披露，后者解决的是上市公司在发生重大事项时应在什么时间进行披露。及时性是指上市公司应毫不迟疑地依法披露有关重要信息。从上市公司的角度来看，及时披露重要信息，可使公司发生的重大事项和变化及时通知市场，使公司股价及时依据新的信息做出调整，以保证证券市场的连续和有效。

根据证券交易所的上市规则及有关上市协议，证券交易所必须对上市公司临时报告进行审查，审查程序包括事后审查和事前审查。事后审查是指上市公司在发生重大事项时即时披露信息，同时向证券交易所及主管机关申报。事后审查的好处是效率高、监管成本低、披露及时等，但不容易在事前控制重大信息披露不规范的风险。事前审查是指上市公司在发生重大事项时要在向证券交易所申报经审核后才可公开披露，好处在于证券交易所能较好地判断信息的重大影响程度，从而选择最佳的信息披露时机、方式并采取合理的措施如暂停交易，但存在效率低、监管成本高的弱点，而且信息披露的时滞长。上市公司发生某些重大事项时需向监管机构报告。

2. 上市公司信息披露制度的特征

（1）信息披露制度参与主体的多元性。信息披露制度的主体是以发行人为主线、由多方主体共同参加的制度。从各个主体在信息披露制度中所起的作用和地位看，他们大体分为四类：第一类是证券市场的监管机构和政府有关部门，他们所发布的信息往往是有关证券市场大政方针，这类主体在披露制度中处于极为重要的地位。第二类是证券发行人，他们依法承担披露义务，所披露的主要是关于自己的及与自己有关的信息，是证券市场信息的主要披露人。第三类是证券市场的投资者，一般没有信息披露的义务，是在特定情况下才履行披露义务，属于信息披露的特定主体。第四类是其他机构，如股票交易场所等自律组织、各类证券中介机构，他们制定市场交易规则，有时也发布极为重要的信息，如交易制度的改革等，因此也应按照有关规定履行相应职责。

（2）上市公司信息披露制度的强制性。有关市场主体在一定的条件下披露信息是一项法定义务，披露者没有丝毫变更的余地。法律规定的发行人具有及时披露重要信息的强制义务。即使在颇具契约特征的证券发行阶段，法律对发行人的披露义务也做出了详尽的规定，具体表现在发行人须严格按照法律规定的格式和内容编制招募说明书。在此基础上，发行人的自主权是极为有限的，它在提供所有法律要求披露的信息之后，才有少许自由发挥的余地。这些信息不是发行人与投资者协商的结果，而是法律在征得各方同意的基础上，从切实保护投资者权益的基础上所做的强制性规定。并且，它必须对其中的所有信息的真实性、准确性和完整性承担责任。

（3）信息披露制度权利义务的非对称性。信息披露制度在法律上的另一个特点是权利义务的非对称性，即信息披露人只承担信息披露的义务和责任，投资者只享有获得信息的权利。无论在证券发行阶段还是在交易阶段，发行人或特定条件下的其他披露主体均只承担披露义务，而不得要求对价。而无论是现实投资者或是潜在投资者均可依法要求有关披露主体提供必须披露的信息材料。

3. 常见信息披露手段

信息披露手段是指上市公司进行信息披露的方式和渠道。传统上，上市公司主要通过报刊来进行信息披露。随着信息技术的发展，一些市场建立了专门的上市公司信息披露系统，并利用互联网来披露信息。目前证券市场上市公司信息披露的手段主要有三种：一是通过报刊披露，二是使用专门的上市公司信息披露系统，三是通过基于互联网的电子化信息披露系统。这三种方式并不是互相排斥的，而是共同使用的，其中通过互联网进行信息披露是证券市场上市公司信息披露的发展趋势。

4. 上市公司信息披露法律责任

法律责任是上市公司信息披露制度体系的有机组成部分，不同性质的信息披露，上市公司担负着不同的法律责任。上市公司信息披露的法律责任包括行政责任、刑事责任和民事责任。除法律法规和行政规章外，证券交易所的市场规则以及上市公司的上市协议都规定了上市公司违反信息披露规定应负的责任，以及证券交易所可采取的处罚措施。证券交易所作为处罚主体，对于上市公司信息披露违规的行为，根据情节不同采取不同的处罚措施。处罚措施有警告、罚款、行业内通报批评、变更证券交易方式、认定上市公司有关责任人不具备某些执业资格、停市、取消上市资格、报送上级主管机关处理等多种处罚手段，这些处罚措施对上市公司有着相当大的威慑力和约束力。当然各国证券市场对于上市公司信息披露法律责任的规定也是有区别的。比如，具有普通法传统的国家如英国、美国和加拿大等对于上市公司招股说明书及持续信息披露下的法律责任仍采用不同的标准和救济措施。

（二）加拿大上市公司信息披露制度

1. 建立完善的信息披露网络平台

伴随着互联网信息技术的发展，上市公司主要是通过互联网平台披露相关信息。通过互联网平台披露信息具备许多优势和灵活性，它使公司的经营者与投资者之间有更加直接、动态的互动关系。公司可以减少信息不对称带来的潜在损失，也可以满足各个群体的信息需求，提高信息的流动性。在加拿大，SEDAR 是加拿大的证券管理系统及其电子文档分析和检索系统，其网站的信息资源也是应有尽有。公司信息披露在网页上统一归档整理。这些网站里面包含了各种各样的文件：财务报表、年报、代表权申明书、管理层讨论与分析、新闻发布稿等，这些都是公司资源公开的信息文件。加拿大这些网站除了提供已经公开的信息，还提供在其他地方找不到的信息。两国的证券监管委员会对公司的信息公开活动负责。

根据已有的经验，可以对互联网上一家公司的财务和非财务表现来评估其价值。财务表现是重要的评估标准，非财务类表现也是衡量公司未来盈利以及市值的重要标准，如顾客满意度、顾客忠诚度等。

2002 年，加拿大金融机构观察和研究了 189 家公司的网络信息披露平台与其财务运营能力（这 189 个样本公司涉及行业有：金属与矿产、黄金与贵金属、原油与天然气、造纸与林产品、消费品、工业制造、房地产、公共事业、传媒与通信、销售），基于数据统计，给出了具体的"基于网络平台的公司信息披露"计算模型。进一步地，又根据这些公司通过网络平台进行信息披露的程度，得出对公司盈利能力以及市值影响的模型。通过模型分析可以明确知道，经过系数的协同作用，可以通过增加网络信息披露，来减少公司的资本成本。

总而言之，由于信息技术在加拿大金融领域应用比较早，所以加拿大也较早地进入上市公司信息披露网络平台这一细分领域，积累了丰富的经验。通过各种资料搜集，数据分析处理，不断进行技术创新与不断地改进制度，因此，加拿大在网络平台功能的研究和应用方面，有详尽的数据性描述、成熟的模型、良好的网络平台运作方式。这为加拿大上市公司的信息披露提供了良好的途径，使整个信息披露制度更为可靠有效。

2. 加拿大会计信息披露制度

一个证券市场的成功与高水平的会计信息披露制度密不可分，高质量的会计信息披露制度是上市公司高质量会计信息披露的基础。在欧美国家证券法实践中，存在着完全信息披露制度和实质性审核制度两种做法。从本质上讲，完全信息披露制度属于完全的市场行为，上市公司只要完全、真实、及时、充分披露信息，证券市场自身会让投资者做出理性抉择。实质性审核制度也叫核准制，在很大程度上具有国家干预的特征。

在加拿大，证券监管机构保留了证券发行否决权，但同时把信息披露制度作为调控证券发行的主要监管技术。加拿大强调完全披露制度与实质性审核制度的融合，认为两者都是强制性会计信息披露管制的体现，只是二者对企业上市的影响方式不同。采用实质性审核理论，一方面可以使投资人受到双重保护，而采用完全披露仅受到单层保护；但是，政府干预市场一方面导致市场失灵减少，而另一方面则导致直接管制成本增加，以及因管制失灵而引起的市场失灵增加。所以，将两者结合起来，互为补充，则可以更充分地体现完全披露制度与实质性审核制度的融合优势。二者的融合具体表现为间接性管制对直接性管制的有效替代，即充分发挥证券交易所、财务会计准则委员会（Financial Accounting Standards Board，FASB）等机构的披露管制权威和他们在管制效率和激励方面的优势，避免代价高昂的直接管制方式。具体披露方式有：

（1）盈利预测信息披露。在加拿大，因其较宽松的法律环境，无论是盈利预测的好消息还是坏消息，管理层都愿意披露，预测信息的准确性较高，预测期的时间跨度较长。但相对于好消息的披露而言，加拿大公司却较少披露盈利预测的坏消息。

（2）会计信息分层披露。利用上市与非上市的差异来分层披露会计信息。

（3）会计信息分部披露。加拿大会计准则委员会先后发布了关于分部财务报告的会计准则。加拿大在分部信息披露的规范方面已经取得了相当高的成就。分部信息披露是在确定各经营分部的基础上，将企业的内部管理报告与对外披露的经营分部报告有机结合起来，既在最大限度上降低了分部信息的披露成本，又使外部信息使用者能够站在企业管理者的角度来评价企业，从而更深入地理解企业的经营情况。

综上所述，加拿大的会计信息披露制度为其资本市场在市场规模、透明度、效率和监管方面奠定了基础，其会计制度与信息披露等相关机制被广泛借鉴。灵活的反应机制以及强大的自我纠错能力，充分体现了加拿大资本市场的高效与先进。

3. 加拿大上市公司信息披露制度发展趋势

（1）信息披露力度不断加强。

早在 2003 年，加拿大证券管理联席委员会（CSA）发布了一系列新的信息披露条款来约束上市公司。这些新的披露条款涉及公司应该定期归档的所有文件，包括财务报表、年度信息表和股东代理书等。CAS 的新规则囊括的范围十分广泛，比如要求公司披露的年度信息表内容应包括财务数据、评级机构的任何评级、公司向股票推销机构的付款、法律诉讼以及公司的社会和环境、有关产品和服务、租赁或抵押、特殊技能和知识的具体情况等；同时也要求公司披露年度会议的任何选举结果，公司董事或行政官员不能因犯错而接受惩罚前辞职而免除披露这一事实的义务等。此外，新规则要求公司在季度财务报告里陈述审计人员是否已经检查了这些文件，是否发表了合格的或相反的意见，或否认了公司的某些确认。还要求披露董事会允许和批准审计委员会检查所有的季度财务报告和管理讨论、分析文件。公司每年还应当询问股东是否希望收到年度财务报告和管理讨论、分析文件的拷贝。但这些新的披露条款不会一视同仁地应用于所有的上市公司，那些没有在多伦多证券交易所或美国高级证券交易所上市的小型风险投资公司，不适用这些条款。总之，加拿大的信息披露制度不断地完善，信息披露力度不断得到加强。

（2）社会责任信息披露将受到关注。

社会责任会计在加拿大得到了理论界、会计职业团体和政府的高度重视。早在1973年，加拿大注册会计师协会的"财务报表目的"研究小组在其报告中就提出：财务报表的目的之一，就是报道那些影响社会而又能够被认定、描述、衡量，并对企业在其社会环境中所扮演的角色至关重要的企业活动。然而，加拿大仍有某些企业长期以来只追求利润最大化，忽视社会责任目标，而有关法律尚不健全或没有得到有效执行，对企业的社会责任缺乏约束，因而企业披露的社会责任信息甚少。这种现象将随着社会经济的发展受到进一步关注。

（3）电子化的会计信息披露将进一步完善。

从传统信息披露方式来看，会计信息披露内容的不断扩大和信息结构的日益复杂化，会给使用者带来使用上的不便。然而，现代信息技术（包括数据库技术、计算机网络技术及远程通信技术、多媒体技术以及光盘存储技术等）使以上矛盾迎刃而解。通过建立一个或若干个全国性计算机化的会计数据中心，要求公司将通用会计报告采用联机或脱机的方式报送到该中心，以便信息使用者利用计算机网络和远程通信技术查找和提取数据，使跨公司、跨行业的分析与比较更为便利，加速信息的流通，从而促进资本市场效率的提高。目前加拿大的信息披露网络平台已经相当发达，未来将进一步得到完善和提高，这也是信息披露在技术和手段上的发展方向。

(三) 加拿大上市公司的信息披露制度对我国的启示

加拿大现行资本市场的监管及会计信息披露制度的改革及发展经验对完善中国上市公司信息披露制度具有重要的借鉴意义。

1. 借鉴加拿大经验，广泛披露非财务信息

加拿大上市公司的信息披露制度要求上市公司必须披露公司的非财务信息，相关监管机构与金融机构也要进行调查与评估。上市公司也会主动披露非财务类的信息，在信息披露网络平台上，也有各种各样丰富的非财务类信息资料，这是加拿大信息披露的优势所在。而在中国的信息披露过程中，企业信息披露报告大多局限于财务数据及其相关的说明，较少考虑报表使用者全面了解企业整体现状和发展前景的需要，因此，应积极借鉴加拿大披露非财务信息的经验，可以重点从以下方面进行信息披露：①企业经营业绩信息。如销售产品的价格和数量、市场份额、用户满意程度、退货及积压情况、雇员的数量及平均工资、新产品开发和服务等。②当局对财务和非财务信息的分析，主要说明财务状况、经营业绩变化的原因和发展趋势等。③前瞻性信息。包括企业面临的机会、风险和企业管理部门的计划。④有关股东和管理人员的信息。主要就大股东、董事、管理人员、酬金等情况以及关联方交易进行说明。⑤背景信息。包括企业经营业务、企业资产的范围和内容、企业的竞争对手、企业的发展目标等。

2. 借鉴加拿大经验，加强网络信息披露平台建设

加拿大在信息披露网络平台建设方面积累了丰富经验，也是未来信息披露的主要手段。在信息化时代的推动下，我国的上市公司在运用电子技术和网络技术进行信息披露方面已经有了良好的基础，但由于起步晚，技术水平也有待进一步完善和提高，因此可以借鉴加拿大的经验，推动我国信息披露网络平台的建设。比如借鉴加拿大全国的证券管理系统及其电子文档分析和检索系统的做法，构建数据库，不断进行技术创新，推进我国相应的做法，对完善和提高我国的网络信息披露制度有积极的促进作用。

3. 借鉴加拿大经验，重视和加强对预测信息的披露

披露预测信息能够克服历史信息的不足，极大地增强投资者和其他报表使用者对决策与评价的有效性。对决策者来说，有关企业未来发展情况的信息比历史信息更为重要，因此，预测信息将备受报表使用者的关注。例如，一个准备在证券市场购买股票的投资者，更关注盈利预测及提高盈利水平的措施等信息，而不是企业过去已取得的利润。因此，应借鉴加拿大的做法，改革我国企业现行的只关注过去财务报告状况，建立能更好地预测未来的财务报告模式是

十分必要的。

4. 借鉴加拿大经验,加强对分部信息的披露

分部信息是确认和分析企业所面临的机会和风险的一个有力的工具,尤其是在分析赢利能力和现金流量时,分部信息更为有效。对于大型集团化企业而言,分部信息具备与现行基本报表信息平等的地位。我国企业的分地区、分行业信息目前主要是通过附注予以披露的,有关制度和已制定的具体会计准则暂时还没有对分部信息的披露做出详细规范。因此,借鉴加拿大的做法,应进一步规范我国上市公司特别是对大型集团化企业的分部信息披露。

5. 借鉴加拿大经验,加强对社会责任信息的披露

我国财政部于 1995 年公布了企业经济效益评价指标体系,其中第九项"社会贡献率"和第十项"社会积累率"是评价企业社会效益的指标。然而,我国的企业长期以来追求的主要是利润最大化,忽视社会责任目标,而有关法律尚不健全或没有得到有效执行,对企业的社会责任缺乏约束,因而企业披露的社会责任信息甚少。对此应特别注意研究与借鉴加拿大关于公司社会责任信息的披露经验,完善和强化我国上市公司信息披露制度。

6. 借鉴加拿大经验,严格和完善对信息披露制度的监管

加拿大信息披露制度完善,监管手段多样化,公司自觉主动依法披露相关运营信息。同时,相关证券机关、证券交易所对上市信息披露也起到重要的监管作用。中国证券行业应借鉴加拿大的做法,依法对信息披露行为进行严格监管,使信息披露违规者承担法律责任,力求使违规者受罚、利益受损者得到补偿,以维护市场的公平与公正。通过强化监管,保证证券市场的诚信,促进资本形成和有效配置,使投资者权益能够得到有效保护以及证券市场的稳定发展。

九、加拿大上市公司的定价制度

上市公司股票价格是证券市场的核心,建立合理科学的新股发行定价制度,对稳定市场运行保护投资者权益有重要意义。加拿大的做法与国际上通行做法有一致的地方,也有其自身的特点。

(一) 加拿大新股估值定价方法

新股定价一般是根据投资的需求,由主承销商和发行人协商确定发行价格。主承销商是指在股票发行中独家承销或牵头组织承销团经销的证券经营机构。主承销商是股票发行人聘请的最重要的中介机构它既是股票发行的主承销商，又是发行人的财务顾问，且往往还是发行人上市的推荐人。当一家企业决定发行股票后，往往会有几家、十几家甚至几十家证券经营机构去争取担任主承销商，竞争十分激烈。

新股定价包括估值定价和发行定价两个阶段。估值定价是在发行价格确定之前，主承销商必须要在发行人的配合下，估计和反映发行人公司市场价值的参考价格，作为投资者做出认购决策的依据。目前国际上对上市公司的估值定价方法主要有三种：现金流量贴现法、可比公司法和经济附加值法（EVA）。和大多数欧美国家一样，加拿大采用EVA来进行估值。经济附加法表示的是一个公司扣除资本成本后的资本收益，也就是说，一个公司的经济附加值是这个公司的资本收益减去资本成本的差。这种方法起源于20世纪20年代，与传统的价值评估方法相比，它强调保证投资者的利益，一个公司只有在其资本收益超过为获取该收益所投入资本的全部成本时才能为公司的股东带来价值。因此，经济附加值越高，说明公司的价值越高。

（二）加拿大新股发行定价方式

国际上通行的新股发行定价方式有三种，包括累计询价定价机制、固定价格定价机制和拍卖定价机制，加拿大采用的是累计询价定价机制。累计询价定价机制是一种承销商先向潜在的购买者推介股票，然后据此制定发行价格的定价机制。这个机制的最主要特点是承销商拥有完全的股票分配权，它的运作过程是：第一，发行人与主承销商根据公司的价值、股票市场走势、同行业上市公司的股票市场表现等因素估计新股发行的价格区间；第二，公司管理层和承销商收集有关公司需求订单及价格水平的信息。这样，承销商可以掌握股票的销售情况和前景，使其能够根据新股的具体情况及时采取有效措施，对新股发行价格进行调整。

累计询价机制通过询价的方式可以比较准确掌握股票发售价格的信息，但是承销商为了鼓励投资者能够报出真实价格而以抑价销售股票并且保证这些投资者的股票需求，所以承销商必须拥有自由分配股份的权利。而且，这种方式对投资者素质方面的要求比较高，投资者要熟悉市场规范的操作，所以这种方式一般在机构投资者占投资者比重较高的国家流行。

机构投资者主要是指一些金融机构，包括银行、保险公司、投资信托公司、信用合作社、国家或团体设立的退休基金等组织。加拿大机构投资者的资产总值占GDP的比重超过了100%，因此，机构投资者在申购时会得到一定的倾斜照顾。

固定价格定价机制是由发行人及承销商在公开发行之前协商的一个固定价

格，然后根据这个价格公开发售股票。这个定价机制的主要特点是，承销商不需买入证券，只是作为代理商，按照协定的价格出售股票，并从卖出的股票中收取佣金，这样成本较低，操作简单，但是这种机制抑价现象比较严重。

拍卖定价机制则是由承销商或投资者以竞标方式确定股票发行价格。具体有两种方式：统一竞价和差别竞价。在拍卖定价机制下，由于股票发行价格是由竞争结果决定的，这个价格实际上是市场出清价格，因为在该价位水平几乎不存在任何超额需求问题，股票会分配给所有成功的竞标者。一般认为，该定价机制能够降低新股发行的抑价程度。

从全球的发展趋势来看，累计询价定价机制已逐渐成了广泛采用的股票发行定价机制。加拿大采取累计订单询价机制，是因为这个机制有它自身的优点。累计订单询价机制，在平衡投资者权利与义务方面确实有着其独到的优势。在国际主要资本市场上，机构投资者往往占据了主导地位。研究发现，投资银行在对新股进行定价时在很大程度上依赖于新股申购报价中所包含的信息，特别是由那些经常参与申购的大机构投资者所报出的报价对发行价格的确定有着较大的影响，而对发行价格最有影响力的报价正是在新股分配中受到优待的报价。累计订单询价机制能够很好平衡机构投资者权利与义务的关键之一，在于承销商拥有股票的分配权，以自由分配股票作保证，鼓励投资者提供更多真实的定价信息和真实需求，以求更准确地确定新股价格。

（三）加拿大创业板 CPC 上市模式

加拿大的创业板市场是全球创业板市场中比较成功的市场。加拿大实行一种创业板 CPC 上市模式，其全称是资本库公司（Capital Pool Company Program，CPC）上市模式，这是加拿大多伦多证券交易所创业板（TSX-V）市场中风险投资和中小型新兴企业的一种独特的上市模式。

CPC 上市模式一般通过两个步骤完成上市过程：第一步是设立无实质经营活动的上市公司，募集种子资金用于在承诺时间内（最长两年）寻找合适的收购对象，实际上是人工制造出一个干净的"壳公司"，使得这些中小公司能够以相对较低的成本进入资本市场。第二步是利用"壳公司"通过合格交易完成对目标公司的并购，成为有实质经营活动的创业板上市公司。CPC 模式是加拿大创业板块中最活跃的上市办法之一。自 1987 年以来，多伦多交易所共创建了 1650 家资本库公司，其中 85% 的公司经过合格交易成为实体公司，并且在 2002—2006 年这几年间，成功毕业进入多伦多交易所主板的公司平均占所有资本库公司的 9.64%。较其他的上市方式包括 IPO、买壳上市以及反向收购等，CPC 上市成为加拿大创业板块中使用最为广泛的上市方法之一。

CPC 上市模式表现出较好的盈利能力。许多 CPC 创始人以及股票持有者都得到了正的投资回报率，从 1987—2006 年平均投资回报率高达 183.6%。总体上可以说通过 CPC 上市的公司拥有良好的盈利能力。

（四）对我国的若干启示

新股定价机制是指获准公开发行股票的公司与承销商确定股票发行价格，并出售给投资者的制度安排。我国的新股定价先后经历多轮改革，逐渐演进至累计投标询价制。

中国从 2005 年 1 月 1 日开始，我国开始实行 IPO 询价制度。按照证监会发布的《关于首次公开发行股票试行询价制度若干问题的通知》规定，询价分为初步询价和累计询价两个阶段。初步询价阶段，发行人和承销商选择符合询价对象条件的机构投资者［至少 20 家，公开发行股数在 4 亿股（含 4 亿股）以上的，参与初步询价的询价对象应不少于 50 家］进行初步询价；经过初步询价确定发行价格区间后，询价对象进行累计投标询价，公开发行数量在 4 亿股以下的，询价配售数量应不超过本次发行总量的 20%；公开发行数量在 4 亿股以上（含 4 亿股）的，配售数量应不超过本次发行总量的 50%；最后，根据机构累积投标确定的新股价格，向一级市场的所有投资者发售。其实，目前我们实行的新股发行询价制本质上是一种混合发售机制，兼有累计询价定价机制和固定价格机制的特点。

询价制度改革和完善了目前的股票发行机制，使以基金为代表的机构投资者拥有了股票发行定价的话语权，将推动机构投资者队伍进一步发展壮大。另外，询价制度通过吸引信托投资公司、财务公司，以及保险、年金等增量资金进入证券市场，扩大了市场资金来源，为中国资本市场的长远健康发展增加了新的动力。询价制度将促使保荐机构完善内部管理，加大研究投入，建立客户队伍，拓展销售渠道，提高股票定价和销售能力，为提高保荐机构的整体竞争力打下坚实基础。

然而中国的新股询价定价制度从实践的效果看还存在明显不足，主要表现在询价制度下机构投资者非理性定价，违背了市场化定价原则。一些机构投资者为了获取网下申购新股的机会，根据自身利益给出非理性定价，导致 IPO 抑价程度较高，同时制度本身又缺乏对询价效果的评价机制，无法判断其定价是否合理，不利于实现价格的充分发现。新股发行高抑价提供了市场无风险套利机会，造成大量的申购资金汇集到一级市场，资金的抽逃导致了市场供求机制的失衡；一级市场超额收益率刺激了市场投机心理，导致二级市场股价畸高，不利于市场的稳定发展。由于机构投资者定价没有评判标准和评判机制，因此机构投资者可以利用内幕消息和其所占份额操纵价格。承销商缺乏足够的新股分配自主权，对价格发现缺乏激励和约束机制。加拿大的询价定价制度也是向机构投资者倾斜，由其机构投资者的主导地位所决定的，但机构投资者的投资行为相对理性，累计投标的结果比较贴近市场价格，机制运行效果很好。研究结果显示，中国证券市场新股超额收益水平高达 256.9%，而加拿大的抑价水平不到 10%，这给我们带来了很大启发。

中国的新股发行定价机制可以借鉴加拿大的做法，但借鉴的可能不是制度的表面形式，而主要是要借鉴他们在制度实施过程中所体现出来的理念、法治和道德规范，因此我国的新股定价制度还要从多方面加强完善。第一，完善我国新股发行定价制度，力求股票发行价格的合理性。应制定科学的定价方法，完善市场机制，询价环节引入竞争，让更多的市场主体参与市场化定价。健全的市场机制是资本市场健康发展的关键，对健全市场机制的意义尤为重大。第二，有效监管询价机构，大力培育和提升机构投资者的质量和水平。改革机构投资者的交易行为，比如只参加网下配售，而不再参与网上认购，其网下机构认购的比例可适当提高，中小投资者则进行网上申购，这样可以一定程度上防止机构投资者的垄断与操纵，保护中小投资者的利益。大力培育机构投资者，优化投资者结构。加强对机构投资者投资理念、法律意识和道德规范的教育和宣传。第三，发挥承销商的主动权，建立差别配售机制，促使询价对象报价的准确性。第四，建立对询价效果的评价机制以及机构投资者定价的评判标准和评判机制，做到有法可依，优化股票市场投资环境。第五，CPC 上市模式中将融资与私募同时解决的理念对于国内创业投资、中小企业上市融资有着现实的借鉴作用。

第五章 加拿大保险业监管

保险业在加拿大金融行业中占有重要地位，不仅拥有悠久的发展历史，而且发展相对规范，居民对购买保险产品比较放心。这是由于在加拿大保险业发展中，客户的利益得到充分保障，从业机构和经纪公司的经营要求较其他国家更为严格，人们选择的产品具有多样性，服务的诚信度比较高，以及监管制度比较完善，等等。认真研究加拿大的保险业监管的做法和经验对我国保险业监管实践有借鉴意义。

一、保险业监管的必要性

保险业作为金融业的重要领域，对其进行监管有着客观必然性。

（一）保险监管是国家整体经济平稳发展的需要

保险业的发展对社会资源分配和国家整体经济稳定发展起着重要的作用。保险公司是负债经营，具有强大的集资能力和投资能力，是金融市场的主体力量之一，也是主要的机构投资者。对保险公司及其资金进行监管，有利于金融市场的平稳运行。同时保险业与国民经济的各行各业联系紧密，对保险业进行监管，保证其合法经营，减少欺诈行为，有利于社会的稳定和整个国民经济的发展。

（二）保险业自身的特殊性决定了对该行业进行监管的必然性

保险产品具有无形性特征，保险人出售的是对被保险人遭受损害的赔偿责任或保证，也是一种承诺。保险人实现对被保险人的承诺主要依靠足够的偿付能力。保险作为一种社会共济机制，是根据大数法则进行经营，集众多风险单位于一身，一旦保险人陷于困境，失去偿付能力，不能按合同规定偿付损失，对被保险人以至于对社会经济的稳定都将带来极大损害，所以被保险人希望政府能够有效地监督保险人在未来的某一时期向其支付保险金。同时，保险人的承诺都具有长期性，被保险人无力对自己购买的产品质量进行有效评估，希望政府对保险业进行监管。另外，保险产品的技术含量比较高，合同内容复杂，涉及大量的计算元素，也不是被保险人个体能够完全认识的，需要专门的人员进行监管。凡此种种，为了保护公众利益，政府对保险业的监管显得十分必要。

（三）维护保险市场秩序的需要

在市场经济条件下，需要有一个稳定安全和有秩序的保险市场。但保险市场运行可能出现"市场失灵"，包括市场功能缺陷、市场竞争失灵、市场调节盲目性、市场信息的不对称性等。在这一过程中，由于任何利益主体都希望利益最大化，势必展开激烈竞争。最可能会出现两种倾向，一种是带来过度竞争或者恶性竞争，一种是导致行业垄断。这两种倾向对被保险人以及整个社会经济都是不利的。从过度竞争看，如果保险公司成本过高，因竞争需要人为压低费率，将会削弱甚至丧失偿付能力，最终损害被保险人的利益。因此，加强保险监管，防止保险市场上出现过度竞争是非常重要的。从行业垄断看，垄断是市场失灵的重要表现，反垄断是保险市场需要监管的重要原因。保险市场的垄断表现为，实力较强的保险公司在竞争过程中首先以具有竞争力的保险品价格排挤其他保险公司，获取垄断地位，然后再抬高保险品价格获取垄断利润，最终损害被保险人利益。因此，有必要通过保险监管，消除或防止保险市场垄断，保证被保险人的利益。

二、加拿大保险业监管体制

研究加拿大的保险监管脱离不了其金融监管体系，因为保险监管是包含在完整的金融监管体系中，加拿大的保险业监管的发展历程与加拿大的金融监管发展历程是一致的，然而加拿大金融监管是从保险业监管开始的。加拿大的金融监管发端于保险业监管，19世纪末，加拿大成立了保险监管办公室，后发展为内阁的保险部。该部负责监管在联邦注册的人寿保险公司、财险公司、信托和贷款公司以及养老金计划，并向政府提供保险精算服务。1967年，加拿大设立了加拿大存款保险公司，目的在于确保小额存款的安全性。1987年7月，加拿大通过《金融机构监管局法案》，将保险部和银行总监督官办公室合二为一，成立了金融机构监管局统揽加拿大金融监管。与加拿大整个金融监管体制相一致，目前加拿大的保险监管体制采取的也是两级监管的模式，即联邦级监管和省级监管，两级监管之间不存在隶属关系。

（一）联邦级保险业监管

联邦政府对保险业的监管由财政部和金融机构监管局联合执行，具体运作由金融机构监管局负责。联邦金融机构监管局设有首席监理官负责领导和部署整个监管工作，并对在联邦注册的所有保险公司的市场行为进行具体监管。金融机构监管局对保险公司的监管包括现场检查和非现场检查两种方式，一般情况下，监理官是通过保险公司的年度总结报告和公司财务报表来掌控保险公司的财务状况，这属于常规性检查。此外，监理官也可以对保险公司进行临时性检查，必要时还要就相关事务直接询问公司主要负责人。监理官有权查看公司的商业记录，并有权直接介入公司的日常经营，包括修改公司的经营策略和指导公司的商业行为等。如果发现保险公司的实际运作不符合监管要求，并且有可能造成实质性损害时，监理官有权对该公司进行为期7天的临时接管，保险公司需要对此予以说明或进行补救。

联邦金融机构监管局以保险法和保险公司法为依据展开对外国保险公司及在联邦注册的加拿大保险公司进行监管，并对这些保险公司的最低资本金、存款保证金、偿付能力、保险准备金以及保险公司的投资等做出强制性规定，任何公司都必须遵守。若有违背，相关负责人就有可能遭到重罚甚至坐牢，公司也会遭到重罚。在联邦注册的保险公司，监管核心是保险公司的资产负债比例和偿付能力。

（二）省级保险业监管

加拿大省级监管机构是金融服务委员会，负责监管在当地注册和从事业务的保险公司以及需要在本省开业的联邦注册的保险公司。各省均有自己的保险法，对保险代理人、保险经纪人、损失理算师营业许可证的批准以及保险合同条款做出具体规定。省级监管机构的监管重点是保险公司的市场行为。哥伦比亚省的法律规定有一定特殊性，在此稍做说明。与联邦监管相似，哥伦比亚省对保险业的监管也分现场检查和非现场检查两种方式。一般情况下，监管机构会对保险公司提交的年度财务报告进行审查监督，与年度报告配套的文件还包括由审计师出具的财务审计报告作为公司财务状况的佐证。如果有需要，监理部门也可以要求保险公司提交其他文件资料。如果发现保险公司经营活动不正常并且有可能对被保险人利益带来损害时，监理部门将责令保险公司立即采取补救措施或改变经营策略。如果有必要，监管部门可以直接宣布冻结有问题的保险公司财产，严重时直接撤销保险公司的经营许可，并由专门机构接管。

以上加拿大保险业中两级监管的重心虽然有所不同，但是随着金融业混业发展趋势越来越强，在实操过程中，加拿大保险业中的两级监管也在不断地协调与合作中。因此，无论是联邦还是各省的立法，在加拿大要设立一个保险公司，必须要遵循保险监管的各种要求，特别是和资本监管相关的各项要求。

(三) 保险行业自律管理

加拿大的保险行业协会职能较为广泛，主要有利益倡导、重大问题研究、行业数据统计、消费者教育、专业组织和自律等，但其核心职能是代言行业利益。保险行业协会经常会代表行业利益，就监管条例或立法建议与监管机构、立法机构和政策制定者进行沟通，而在政策制定过程中，监管机构和立法机构也会相应地征询行业协会的意见。国际上十分重视行业自律在金融监管中的作用。加拿大保险行业协会是加拿大保险监管的重要辅助力量，发挥着重要的维持市场秩序的作用。

三、加拿大保险监管的特点

在加拿大整体金融监管框架下，加拿大保险监管也表现出一些特点。

(一) 加拿大保险监管以偿付能力监管为主

传统的保险监管主要是市场行为监管，也就是对市场行为的合规性监管，重点是对市场行为准入、业务行为、保单设计等经营实务的监管。随着加拿大保险业的发展，传统的以市场行为准则作为监管主要对象的监管模式已经不能够适应保险业的快速发展。而与之相符的则是对保险公司偿债能力的监管。自20世纪80年代以来，加拿大开始从市场行为监管转向偿付能力监管，以保护被保险人的利益为监管的目的。加拿大将偿付能力作为保险监管的主要内容，通过综合性评估，判断保险机构实际偿付债务的能力，从根本上保护被保险人的利益。

(二) 加拿大重视保险监管的信息化建设

加拿大的保险监管机构拥有十分先进和发达的保险信息系统和庞大的数据库。保险信息化系统主要由市场信息系统和监管信息系统两个部分组成。市场信息系统侧重于对保险公司数据的收集、传送和处理，以及保险市场监测，为保险监管提供必要的信息。监管信息系统通过财务数据的收集和分析，为保险监管提供有关保险机构偿付能力等方面的依据。

(三) 加拿大保险业注重依法监管

加拿大对保险业的监管十分注重依法监管。加拿大政府先后颁布了《保险法》《保险公司法》《外国保险公司法》《出口信用保险法》等，设立保部管理保险公司的保证金，并负责监管各种条例法规的实施。加拿大各省也都设有保险部，负责监管保险公司的财务状况以及审核保险条款和费率。

（四）保险人的市场行为被列为监管的重点

加拿大保险监管是在金融监管局统一对金融混合经营的监管框架下进行监管。在金融混业经营的情境下，保险业具有了更加广阔的投资方向和赢利空间。因此，保险人的市场行为被列为监管的重点，这在激烈的保险业市场竞争环境下有利于保护被保险人的利益安全和社会的稳定。

（五）保险组织形式的多样化以及保险监管模式的多元化是加拿大保险监管的重要特点

加拿大保险监管体系除了上面提到的由三个层次的监管组成以外，针对不同的保险业组织形式也体现着不同的保险监管特征。从政府保险来看，不同经济部门的保险监管体现出不同的监管特征。比如农业保险制度就属于比较健全的保险制度。1959年加拿大联邦政府制定了《农场收入保护法》和《联邦农作物保险法》，规定联邦政府可与每个实施农业保险计划的省签订协议，承诺对省级农业保险计划给予财政补贴。通过政府的政策扶持，农作物的总投保面积占全加拿大耕地面积的65%，有力地促进了加拿大农业的发展。

四、加拿大保险业非现场监管

非现场监管是按照以风险管理为核心的监管理念，全面、持续地收集、监测和分析被监管机构的风险信息，针对被监管机构的主要风险隐患制订监管计划，并结合被监管机构风险水平的高低和对金融体系稳定的影响程度，合理配置监管资源，实施一系列分类监管措施的周而复始的过程。加拿大保险业非现场监管以风险管理理论作为依据，以公司管理风险的重要活动作为监管主要内容的监管体系。

（一）保险业非现场监管的作用

根据国际经验，保险非现场监管与现场监管相辅相成、互为补充，在保险监管中发挥着重要作用。非现场监管是偿付能力监管的主要手段，也是偿付能力监管的内在要求。加强非现场监管，完善风险预警和评价体系，建立持续跟踪制度，并根据非现场监管发现的问题，实施有针对性的现场监管，能够实现对风险早发现、早防范、早化解的目的。保险业非现场监管的作用主要表现在以下几个方面：①通过每年对保险公司的风险状况、风险管理能力进行综合分析评价，能够全面反映每家保险公司的整体风险状况。②通过对保险公司的业务风险进行季度监测，能够提早预防保险公司可能存在的风险。③在采集保险公司相关信息的基础上，非现场监管可以借助信息技术对风险进行监测、评价，并根据评价结果实施分类监管，基本在非现场实施，能够最大限度地节省成本。

（二）加拿大保险业非现场监管的内容

加拿大保险业非现场监管的基本依据是金融监管局的《监管框架》和《风险评估评级准则》，并依据《联邦金融机构干预指引》对保险机构进行适度干预。其运作程序大致包括风险评估和风险分析、制订监管计划和现场监管、确定干预级别、形成监管报告等环节。

1. 风险评估和风险分析

保险业非现场监管从对保险公司的风险评估开始。风险评估首先是针对保险公司重要活动的潜在风险及风险管理质量进行评估，进而评估重要事项的净风险及净风险趋势。接着对净风险评估和净风险趋势评估进行综合分析，就可以知道保险公司的总净风险评估和总净风险趋势。最后，还要考虑保险公司资本和收益状况，得出保险公司的综合风险评级和综合风险趋势评级，并形成风险评估摘要。

监管部门通常要根据综合风险评级和综合风险趋势评级对保险公司进行风险分析，特别是对监管干预级别较高的保险公司需要进一步收集公司的信息，其中也包括与保险公司关键人士讨论已经出现的相关风险情况和发展趋势，从而获得更详尽的信息。并根据对新的信息整理分析，更新风险矩阵和风险评估摘要。

2. 制订监管计划和现场监管

加拿大金融监管局在每个会计年度初期，都会根据风险评估摘要，关注重点风险区域，决定当年的重点监管对象和对保险公司的监管计划。对于综合风险评级和综合风险趋势评级高的保险公司需要进行现场监管，以便进一步确认其实际风险状况。金融管理局经常与保险公司的核心部门和管理层保持着不断沟通和联系，包括定期拜访等，目的在于从保险公司获得更多的信息，以利于必要的监管行动。

3. 确定监管干预级别，实施监管干预措施

金融监管局根据综合风险评级及通过现场监管的修正确定相应的监管干预层级，并按照其监管指引，针对不同的干预层级采取相应的措施。监管干预总共分为5个层级："0"级属于正常经营状态，"1"级属于早期预警阶段，"2"

级说明财务安全或偿付能力出现风险,"3"级属于未来财务安全可能产生严重问题,"4"级属于保险公司出现安全或偿付能力危机。

4. 形成监管报告并公开透明

金融监管局对于发生的监管行为,都会以书面的形式将监管工作结果概要送交保险公司。如果对保险公司进行了现场监管,还要分别把相关报告送给金融管理局管理层、保险公司管理层和广大股民,此举对保险公司的安全经营起到全方位监督作用。

(三)非现场监管体制下保险公司内部的风险管理

加拿大保险业的非现场监管制度要求本土保险公司必须在公司内部按照一定程序实施风险管理政策。根据中国保监会 2005 年对加拿大最大的金融集团——宏利金融的考察调研成果,可以清楚地知道,宏利金融属下的宏利人寿保险公司根据监管要求对经营活动中的各类风险进行全面管理,通过建立相关内部管理机构和实施相关管理措施,形成有效的内部控制,实现对公司整体风险的治理。宏利人寿保险公司的经验显示,保险公司内部实行的风险管理措施主要包括:建立内审制度、设置风险管理部门、成立合规部门等。

内审制度主要包括建立独立的内审和风险管理委员会,对于公司内部的业务、产品和组织,根据潜在风险状况分为不同的审计类型,对保险公司内部的高风险单位要运用综合措施进行重点审计和检查,审计结果和审计评级向董事会、内审和风险管理委员会及行政总裁报告,同时委员会也评估合规性和风险管理政策和程序的有效性。风险管理部门主要负责计划、指挥和控制经营风险对公司的影响,负责对公司风险进行全面的管理,并且向高级管理层和董事会报告风险管理结果。比如宏利人寿保险公司的风险管理部门的主要工作是建立风险管理的全球标准和工作指引,以及矫正风险的衡量标准等。合规部门主要负责遵循监管要求制定政策和程序,并指导机构遵守这些政策和程序,同时把合规事项向高级管理层和董事会报告。总之,在金融监管局的监管框架下,通过发挥保险公司内部控制体系的作用,可以实现在非现场监管体系下保险公司的可持续发展。

五、加拿大保险公司偿付能力监管模式

(一)保险业偿付能力监管的重要性

保险公司的偿付能力是指保险人对被保险人履行合同规定的赔偿或给付责

任的能力,简单来说,偿付能力是指保险公司赔付的能力,即保险公司的资产规模和负债规模的比较。数值上相当于实际资产减去实际负债后的实有资本与金融监管部门规定的最低资本数额的比率。保险公司的偿付能力是决定被保险人的利益是否能得到保障的关键,因此,保险公司必须具备足够的偿付能力,才能保障被保险人的利益。由于保险产品的特殊性,保险双方在信息上不可避免地存在非对称性,若由于种种原因导致保险人的偿付能力不足,将对被保险人的利益产生威胁。一旦保险公司出现负面的偿付能力信息得到传播,有可能导致被保险人对保险公司的"挤兑"现象,导致金融保险市场的不稳定。所以金融监管部门有责任对保险公司的偿付能力进行有效的监管,这也是目前世界各国的普遍做法。

(二) 加拿大对保险业偿付能力的监管模式

世界上对保险公司偿付能力的监管有多重模式,有代表性的有欧盟模式、澳大利亚模式和北美模式,加拿大属于北美模式。

欧盟模式实行的是法定偿付能力额度监管法,即在规定固定比率的基础上,确定法定的最低偿付能力标准,保险公司的实际偿付能力或偿付能力保证基金不得低于法定最低偿付能力标准。如果偿付能力和偿付能力保证金等于或者大于法定标准,保险公司就被认为具有足够的偿付能力,如果低于法定标准,监管机构就会要求保险公司进行与其偿付能力相适应的经营活动。欧盟模式是一种较为直观、操作较为简单的偿付能力监管方法,被欧洲各国普遍应用。

澳大利亚模式采用的是双重标准监管法,即偿付能力标准和资本充足标准,监管行动根据法定基金满足这双重标准的不同情况而有所不同。偿付能力标准针对现有业务,属于静态评估。而资本充足性标准对未来业务予以假设,属于动态评估。这一方法本质上体现的是风险资本的思想,即考虑影响偿付能力的资产与负债等多方面的风险,并量化为各风险准备金进行线性加总得到最低的资本要求。

北美模式采用的是风险资本监管法(Risk-Based Capital,RBC),即以保险公司的实际资本与风险资本的比率作为指标,通过指标值的变动,决定应采取的监管措施。加拿大保险公司偿付能力监管模式属于北美监管模式,主要采用风险资本方法(RBC)。风险资本的衡量需要考虑各类风险的大小,并通过一定的组合方式,计算出风险组合最小的方案,以此计算出需要最小的实际资本,而不是单单地限制保险公司的资本金与盈余的大小。一方面有利于保险公司进一步对自身的财务进行风险分散等风险管理,另一方面有助于保险公司了解各种风险将对其带来怎样的后果并做好防范措施。这是一种比较灵活及科学的监管模式。

近年来,以风险资本思想为基础的监管体系已经成为国际偿付能力监管的一个主要趋势,包括许多新兴亚洲地区和国际监管机构都已经实行 RBC 方法或开展相关研究。

(三) 加拿大对保险业偿付能力的量化监管

1. 加拿大保险公司偿付能力静态测试

偿付能力监管的核心工作是对保险公司的未来赔付能力进行量化,具体为资产相对于负债的储备程度,用以满足保险公司未来面临的赔付。因此,保险公司的资本量决定了保险公司的偿付能力。加拿大同世界各国一样,采取了双重标准,即最低资本要求(minimum capital requirement,MCR)和偿付能力资本要求(solvency capital requirement,SCR)。《加拿大联邦保险公司法》明确规定,在保险公司设立时,必须实缴资本最低 1000 万美元。同时设立了对最小持续资本与盈余要求(minimum continuing capital and surplus requirements,MCCSR)的测试。对于寿险公司,金融监管局要求其最低资本能够反映公司的潜在风险,并且寿险资本测试要求达到总计最小持续资本与盈余要求(MCCSR)比率的 120%。同时将资本分为两个等级,第一级别和第二级别,其总和是允许用于比率测试的实际资本数。

$$总 MCCSR 比率 = \frac{(第一级别资本 + 第二级别资本)}{要求资本}$$

$$\frac{MCCSR}{TAAM} \geqslant 120\%$$

同时还应满足:

$$\frac{第一级别资本}{要求资本} > 60\%$$

对于财产保险,金融监管局建议财险测试最小持续资本测试要求(minimum capital testing,MCT)比率不得低于 150%。与 MCCSR 类似,MCT 的比率为第一级别资本与第二级别资本之和与要求资本之比。

根据加拿大金融机构监督的规定,所有获得联邦执照的寿险公司都必须满足 MCCSR 要求。MCCSR 要求考虑四类风险,即资产风险、利率风险、定价风险和利率边际定价风险。如果一家寿险公司的 MCCSR 比率低于 120%,监管机构对保险公司将做进一步的监管审查。

偿付能力静态测试注意到了多种风险对寿险公司资本充足性的影响,比较确切地反映了寿险公司资本的充足性,但是由于它测算的时间是短期的(通常为一年),没有考虑公司长期的经营问题(寿险公司的经营时间一般要考虑30多年时间),另外也没有考虑保险公司经营环境、保险技术、管理水平、业务发展等因素,因此静态测试还不能真正反映不同寿险公司的实际偿付能力。因此,还需要在偿付能力静态测试的基础上,实行偿付能力动态测试。

2. 加拿大保险公司偿付能力动态测试

加拿大金融管理局规定的最低持续资本和盈余要求(MCCSR)强调的是财务测试和对偿付能力的静态监管。另外,加拿大还强调了偿付能力的动态监管,相应地设立了一个偿付能力管理动态测试(dynamic capital adequacy testing,DCAT),又称资本充足性动态测试,是测试在未来一段时间内,可能发生不利因素情况下保险公司资本金和盈余的充足性。

偿付能力动态测试即资本充足性动态测试,是加拿大金融管理局要求精算师每年必须进行对保险公司未来一段时间的动态资本充足性测试(dynamic capital adequacy testing,DCAT)。该测试是在不同的假设环境下对保险公司未来几年资本和盈余情况的测试,其主要目的在于通过测试分析,提供有关可能导致保险人资产损耗的不利事件的信息,预测采取相应纠正措施所产生的影响,以帮助保险公司防范偿付能力不足事件的发生。包括测试资本的敏感性,预测公司未来几年的资本水平和资本要求,判断保险公司的资本是否充足,确认公司在何种假设情况下能满足最低偿付能力要求和保证客户的利益。动态偿付能力测试是一种对将来有可能发生不利因素情况下的测试,是一个风险管理的过程。测试结果既可作为监管机构实施偿付能力动态监管的依据,也可以作为保险公司自身加强偿付能力管理的依据。

动态偿付能力测试的实施过程包括如下几个步骤:第一步,建立对未来基本情景的假设;第二步,识别与公司财务状况相关的风险因素并进行风险分类;第三步,确定几种不利假设环境;第四步,预测和分析保险公司的偿付能力情况,即资本充足率情况;第五步,就测试结果形成报告并提交保险监督机构。

偿付能力动态测试作为预警工具,无论对监管机构或者保险公司都具有积极意义。对于保险公司来说,通过偿付能力动态测试,可以及时发现危及公司正常运作的各种因素,从而适时提出各种整改对策,确保公司保持持续的偿付能力。对保险监管机构来说,可以根据偿付能力动态测试报告,了解保险公司的财务状况、偿付能力、产品盈利能力等方面的重要信息,从而采取相应的措施,增强保险监管的精确度和有效性,提高监管效率。因而,偿付能力动态测试成为偿付能力动态监管的重要方式。

（四）保险偿付能力监管的报告制度和现场检查制度

加拿大金融机构监管局的监管方式分为现场监管和非现场监管两部分。在偿付能力监管中，为了确保对风险以及对偿付能力资本进行正确的评估，加拿大建立了严格的报告制度来保证信息的准确与完备。报告制度又称为非现场检查制度，是非现场监管的主要方式，包括"入"和"出"两个部分。"入"是指金融监管局要求在联邦注册的保险公司必须按季度提交财务状况报告，同时保险公司还需要报告公司治理、风险管理、内部审计和监督委员会的相关情况。而"出"是指金融监管局根据提供的报告、材料等，定期给每一个金融机构评级，并及时通知保险公司。

加拿大保险偿付能力监管的报告制度在信息披露方面做了详细的规定，包括报告频率、报告内容、报告对象和报告形式等方面，其出发点是为了保障所有被保险人的利益。要求保险公司披露相关信息，一方面是为了监管者更好地履行职责；另一方面也让所有被保险人更充分地理解和监督保险公司，将保险公司置于公众的监督之下，从而迫使保险公司采取稳健的经营策略，保证拥有充足的偿付能力。现场检查即现场监管，是指保险监督管理机构及其分支机构派出监督管理小组对各保险机构进行实地调查。现场检查有定期检查和临时检查两种，临时检查一般是对被检查机构的某些专项进行检查，定期检查是对被检查机构的综合评价。现场检查的重点是被检查保险机构内部控制制度和治理结构是否完善，财务统计信息是否真实准确，保险投诉是否确实合理，等等。定期和不定期的现场检查对保险公司的合法与稳健经营起到重要的且有效的监督作用。

六、加拿大保险业市场准入监管

在加拿大保险监管体系下，保险业的市场准入实行审慎原则。与两级金融监管体制相一致，加拿大保险市场准入管理模式采取的仍然是联邦与各省相结合的两级监管模式，即联邦许可系统和省级许可系统。两级监管协调合作构成完整的市场准入监管体系。除哥伦比亚省的许可系统具有一定特殊性之外，无论是联邦级还是省级市场准入体系，保险公司都必须取得专利许可证和经营许可证，才能够正式从事并经营保险业务。

在联邦级方面，许可系统由财政部和联邦金融机构监管局共同管理。保险机构获得市场准入资格必须经过两个步骤。第一步，申请人通过提交各种材料向财政部长提出专利许可证申请，经过财政部长审核并符合条件后，取得财政部长颁发的专利特许证。第二步,在申请人获得专利特许证以后的 1 年内,向联邦金融机构监管局提出保险业务经营许可的申请,获得批准后便可进入保险领域从事相关保险业务。保险公司经营的保险业务的种类要受到经营许可执照上标明的业务范围的限制。一般在加拿大,人寿保险公司除承保意外事故险和疾病险之外,不能经营其他种类的保险业务。

在省级方面,加拿大各省都有自己独立的保险监管局,根据各省的实际情况,保险监管局会制定本省的保险法规、监管要求和市场准入规则。除了哥伦比亚省之外,其他省的保险市场准入原则跟联邦级并无太大差别。而哥伦比亚省许可系统的特殊性表现在,申请主体必须按照法律规定,首先在哥伦比亚地区设立公司;然后再向当地保险监管局提出保险经营许可的申请,获批后,才能正式开始经营保险业务。

加拿大对外资进入保险业设置一定程度的限制。外资保险公司在加拿大境内开设分公司必须获得经营特许证和从业授权令,经营特许证的申请费为 3.2 万加元。联邦级保险公司(国内或国外)的最低资本要求为 500 万加元。任何个人不论国籍,在收购加拿大联邦控制的保险公司超过 10% 的股份时必须获得财政部的批准。同外资银行类似,外资保险分公司至少一半的董事必须是加拿大居民,加拿大国内保险公司必须至少 2/3 的董事为加拿大居民。保险公司在跨省经营业务时,需获得各省的许可证。外国保险公司必须指定一名加拿大居民作为其总代理;指定一名保险精算师和审计员,而且指定金额授权信托资产。

七、加拿大对保险代理人的管理

保险代理人是根据保险公司委托,向保险代理人收取代理手续费,并在保险公司授权范围内代为办理保险业务的单位和个人。一般来说,保险代理人可以分为:专业代理人、兼业代理人和个人代理人三种。对保险代理人和保险中介机构的监管是加拿大保险业监管的重要内容。加拿大的保险中介机构和个人代理人由各省负责监管。各省均有自己的保险法,对保险代理人、保险经纪人、损失理算师营业许可证的批准以及保险合同条款做出具体规定。以安大略省为例,保险个人代理人必须取得监管机关核发的从业资格证方可从业。个人代理人从业资格分为两种:寿险代理资格和非寿险代理资格。个人代理人在申请从业资格和取得资格展业时,还必须有一家保险公司为其做担保,保证申请人具有良好的品质,接受过相关的教育,有能力从事保险代理工作。申请从业资格时,申请人应如实填写申请表中的所有内容,通过相应的资格考试或取得免试许可。申请人取得资格后，保险监管机关将其资格证书寄至担保的保险公司。资格证书有效期为 2 年，期满后可以进行重新注册。保险代理人更换担保公司，应通知监管机关。严格审慎的保险代理机制有利于提高加拿大保险代理人、经纪人的平均素质。

八、金融危机中加拿大保险业及其监管的应对措施

2008 年金融危机爆发后，同其他国家一样，加拿大的保险公司也受到了全球金融风暴的影响。但总的来说，无论是加拿大的保险业监管部门还是加拿大保险公司在应对金融危机时所采取的措施都是比较妥当的。加拿大宏观的审慎监管制度发挥了重要的积极作用。在宏观审慎监管方面，加拿大的中央银行、银行业监管机构、财政部、存款保险局在危机前就一直紧密合作以维持系统稳定。加拿大政府对金融服务界采取特定的政策手段以及加拿大金融监管局的金融监管框架，特别是对保险业以偿付能力为核心的监管规则对在金融危机下保险业安全稳定的运行起到决定性的作用。同时，加拿大的保险公司也采取主动积极的应对措施。一般来说，在遇到金融危机时，国际上一些金融机构通常会选择通过变卖资产的办法来偿还他们的到期债务。保险公司虽然也会受到金融危机不同程度的影响，但保险公司则没有必要选择被迫变卖资产的路子。在金融危机中，加拿大的保险公司在资产运营方面做出了灵活的应对措施，采取主动积极收购和扩展业务的对策来摆脱危机的影响，产生明显的效果。下面以加拿大宏利金融和永明金融两家公司的应对措施加以说明。

宏利金融股份有限公司是一家在加拿大注册设立、在香港交易所上市的保险公司，1887 年由约翰·麦克唐纳爵士创立。主要业务是提供范围广泛的金融产品和服务，包括：个人人寿保险、团体人寿及医疗保险、团体退休金计划、再保险服务以及投资管理服务。在金融危机过程中，宏利金融股份有限公司积极采取应对措施，从容应对。

2008 年 10 月，宏利金融收购了中国台湾复华证券投资信托有限公司，这是确保宏利在中国台湾地区的资产管理公司稳健运营和强化公司实力的重要举措。

2009 年，宏利金融收购泰达荷银基金管理公司 49% 的股份，价值 1.58 亿美元。这些股份原本由法国巴黎银行持有。通过此次收购，宏利金融股份有限公司在亚洲 10 个地区的 9 个地区中拥有了资产管理公司，大大强化了宏利金融在亚洲的地位。

2010 年 8 月，宏利金融与科塔克公司（英国）就亚洲的投资管理基金和

分配销售机会进行合作。此次合作,进一步强化了宏利在亚洲资本市场中的地位。2010年9月,宏利金融股份有限公司完成美国高级债券的公开发售,成功兑现先前所宣布的发行11亿美元总额高级债券的承诺,其中2015年到期的高级债券额为6亿美元、2020年到期的高级债券额为5亿美元。

由上可以看出,宏利金融在危机爆发后,并不是实行保守的防范策略,而是在资金运行上采取积极稳健、主动有力的收购和业务扩展的措施,成功渡过危机。

加拿大永明金融于1865年注册成立。永明金融集团人寿保险公司,是当今世界最大的保险和资产管理公司之一。加拿大永明在世界各地为个人和公司客户提供广泛的储蓄、退休、养老金、人寿和健康等保险产品和服务,主要业务遍及加拿大、美国、英国和亚太地区,在世界20多个重要市场设有办事机构,全面开展业务。在2008年发生的国际金融危机中,永明金融采取积极主动的应对措施,并取得了成功。

2009年10月,永明金融完成了对美国林肯国民公司在英国业务(总价值达3.87亿加元)的全面收购。此项收购使永明金融在英国所管理的资产总额提高近60%,有效保单数量增长一倍,这提高了永明金融在英国的影响力。

2009年7月,永明金融与马来西亚国际商业银行集团签订协议,合资组建永明保险公司。其中永明金融对新公司持有49%的股份,马来西亚国际商业银行集团持有51%的股份。合资公司在印度尼西亚展开业务,对当地的银行客户寿险、意外险、健康险产品及服务等占据市场主导优势,从而扩大了永明金融保险的业务空间。

2009年7月,永明金融与中国光大集团达成协议,对中国合资公司光大永明人寿进行战略重组。重组后的光大永明注册资金由12亿元人民币增至30亿元人民币。根据协议,在扩大及重新定位后的光大永明人寿公司,永明金融所占股份将由原合资公司中的50%降至20%,同时永明金融享有在光大永明增资的权利,可将其在光大永明的持股比例提升至法律及监管允许的中资保险机构外资持股最高比例。通过重组后股东方不同比例增资和引进新的战略投资者,使得光大永明人寿未来能够以中资身份,通过更强大的资金和客户资源获取更大的市场份额并实现长足发展。

上述2家加拿大保险公司在金融危机到来的时候,都是采用了收购、扩展业务以及发行债券的策略,从而有效地防止了金融危机波及自身。这一应对策略的实施,直接扩充了保险公司的资产,提高了保险公司自身的偿债能力,增强了克服金融危机的能力。同时也增加了民众对保险公司的信赖,促进了保险公司资金运行的良性循环,避免了像美国友邦2008年出现的退保潮现象。

由于加拿大保险业的正确应对,保持了经营业绩持续赢利,成功规避了金融危机的冲击，国际评级机构也给出了较高的评级级别。

在金融危机中，宏利金融以其稳健的财务和强有力的管理团队，获得了业界的高度评价。2008年末，宏利金融总裁兼首席执行官邓立忠表示，在当时金融危机和市况不好的情况下，公司销售成绩及新造业务内涵价值的增幅均令人满意。2006年，标准普尔将宏利金融的财政实力评级由"AA+"调升至"AAA"，反映了宏利金融财政实力雄厚。2008年10月，标准普尔决定维持宏利金融的"AAA"最高财务实力评级。标准普尔的报告指出，深信宏利金融将继续以其超卓实力、出色的风险管理能力和资金运作能力，成功抵御市场风浪，有效地度过当时全球金融危机的困难时期。2009年标准普尔的报告进一步给予了宏利金融"稳定"展望的评价。

永明金融的业绩从2007年到2009年，总收入分别是211.8亿加元（2007年）、155.6亿加元（2008年）、275.7亿加元（2009年）。净利润分别是22.8亿加元（2007年）、8.5亿加元（2008年）、6.1亿加元（2009年）。虽然危机时期净利润有所下降，但仍然保持持续赢利格局。国际评级机构标准普尔（Standard & Poor's）给出极佳（AA）的评级。穆迪（Moody's）给出了最高投资级别（AAA）的评级。

九、加拿大保险公司的组织形式

（一）加拿大保险公司组织形式的类型

在长期的历史发展过程中，加拿大保险公司出现了多种多样的组织形式，其中主要形式是股份制保险公司和互惠型保险公司，还有例如兄弟社、互利社、交互保险社，以及有着长久历史的劳合社和辛迪加等多种形式。

1. 加拿大保险公司的股份制形式

按照加拿大《保险法》，保险企业的设立可采取股份制或者互惠制。根据相关统计数据，在加拿大超过一半以上的寿险公司采取的都是股份制形式进行经营管理，非寿险业务的经营也是通过股份制进行的。由此可见，股份制公司的组织形式在加拿大保险市场上所占比重很大。设立股份制保险公司必须要符合以下几项条件：一是要有符合加拿大保险法和公司法规定的公司章程。二是要符合保险法规定的资本要求，这其中包括注册资本最低限额和公司资本构成方面的规定。例如，联邦保险公司法规定保险公司的设立，实缴资本的最低限额为1000万美元。三是要有健全的组织机构和管理制度，包括董事会的职责、股东大会的权力以及股东的选举权等。

股份制保险公司从20世纪50年代前后出现一个朝向互惠型保险公司的转变趋势，大多数加拿大大型人寿保险公司转型为互惠型保险公司，主要原因是为了避免被竞争对手、外资或大股东收购。但是，由于互惠型保险公司不能接受储蓄存款，也不能像股份制公司那样通过发行股票获取资本，市场竞争劣势非常明显，所以从20世纪90年代起，几乎所有加拿大大型互惠型保险公司已经转型为在二级市场可以公开交易的股份制公司。

2. 加拿大保险公司的互惠型形式

互惠型保险公司是指由所有参加保险的人自己设立的保险法人组织，其经营目的是为各保单持有人提供低成本的保险产品，而不是追逐利润。互惠型保险公司没有股东，保单持有人的地位与股份公司的股东地位相类似，公司为保单持有人所拥有。互惠型保险公司没有资本金，不发行股票，其运营资金来源于保费，公司设立的前期所需资金一般是通过借贷等方式由外部筹措。各成员以其缴纳的保费为依据，参与公司的盈余分配和承担公司发生亏损的责任。出于权力制衡和公司治理的考虑，互惠型保险公司设置了体现不同群体意志的组织框架，如股东大会、董事会、监事会等，董事会由保单持有人即投保人选举产生。这种组织架构与股份制保险公司非常相似，只是将股东大会改称为社员大会。与股东大会按股份数表决不同的是，互惠型保险公司的社员大会一般实行一人一票制的表决方式，所有社员平等地参与公司管理。

加拿大互惠型保险公司的主要特点是：公司赋予投保人从事该公司民主管理的权利；公司成员的责、权、利清楚明了，成员之间自然形成监督机制，不容易产生欺诈公司、骗取赔款的情况；相互保险公司能够大大降低业务成本；公司经营稳定，不易破产；公司可以有效避免敌意收购，互惠型保险公司不发行股票，其竞争对手无法通过资本市场运作来进行恶意收购。

3. 政府保险公司

政府保险公司的特征主要表现：第一是资本国有。政府保险公司的基本特征就是保险机构的资本属于政府所有，并且是独资所有。第二是形式多样。政府保险公司均有独立的法人地位，但具体组织形式却大有差异，如有的是从内容到形式均独立，并自负盈亏；有的虽然业务独立，却依附于政府职能部门；还有的是与其他非保险业务混合经营的机构；另外的则是纯粹的政府职能部门。第三是业务范围以政策性业务为主。总体看来，政府保险公司经营政策性保险业务决定了政府保险公司的经营目的明确，并可以在政策规定的业务范围内根据需要采取强制保险的手段。第四是业务经营的垄断性。由于多数政府保险公司经营的业务均有专门的法律、政策规范，加之许多政策性业务风险巨大，虽然不排斥私营保险公司介入，但是私营保险公司客观上一般较少介入，从而显现出垄断性特点。第五是分散管理。分散管理可以视为政府保险公司与其他保险公司的最大区别之一。一般的保险公司都是统一由各国的保险业监管部门管理，但是政府保险公司往往由政府各职能部门管理，比如农业保险公司属于农业部门管理，外贸保险公司属于外贸部门管理，等等。因此，政府保险公司所从事的业务既是一个国家或地区保险业的重要组成部分，也往往被纳入与其业务有直接关联的行业。

4. 其他形式

加拿大保险公司的其他形式主要有兄弟社、互利社、交互保险社、劳合社和辛迪加等，事实上这些保险公司在广义上都可以看成互惠型的保险公司。兄弟社主要是通过与其社员或社员之家庭订立寿险合同、意外事故保险合同和疾病险合同、伤残保险合同或丧葬保险合同进行经营。在社员人数上，加拿大规定最低不得少于75位。

互利社只为其内部成员提供一些有限的疾病和丧葬利益，仅在加拿大存在。交互保险公司与之有些类似，通常涉及更少的参与者。加拿大保险的部分业务，尤其是海上保险业务，很多都是通过在英国伦敦的劳合社进行经营的。在劳合社同意的情况下，辛迪加可经许可在加拿大境内从事保险业务，加拿大的保险经纪人也可以把国内的保险业务带到英国，由英国的承保商进行承保。这样，保险经纪人就是直接和承保商签订保险合同，而非与劳合社。这种方式有助于风险的分散，维持稳定的经营，已是一种较为成熟的运作模式。

（二）加拿大保险公司的分公司制和代理制

加拿大保险公司企业在其经营过程中，广泛采用分公司制和代理制。对于加拿大中小型保险公司来说，其设立的职能部门、管理理念和管理手段都是比较传统的。典型的总公司内部一般包括7个职能部门，包括按区域划分的销售部，负责人员培训、市场促销及代理商管理；负责记录和控制资金调配的财务部；负责数据统计处理、新险种设计及市场预测的统计部；负责家庭病房服务和医疗报告检验的医疗部；负责健康险和年金保险的设计分析的团体人寿保险部；负责基金运营的投资部；负责处理日常性事物的文秘部。这些传统的职能部门在20世纪70年代通胀加剧和保险买方市场形成时遇到了挑战。与此相对应涌现出机构改组和金融创新的热潮，保险公司内部的直线型管理方式迅速向矩阵型转化。加拿大传统的保险市场细分方法是采取分公司制、代理制和经纪制。新形势下的保险产品销售仍然要依靠这些传统的制度。

在总公司-分公司制度下，地区销售经理即分公司负责人，是总公司的雇员，他必须不断雇佣、发展和鼓励职业代理商进行展业。分公司中真正属于总公司的雇员很少，通常是独立核算。分公司收入来源主要包括：与保险销售收入、代理商人数及其业绩挂钩的分公司薪额，第一年总公司拨给的优惠代理佣金，长期保单的年度代理佣金，对业绩突出的代理商以及仅为公司服务了两三年的代理商的奖励或补贴，销售出去的有效保单份额，分公司管理费用及奖励等。总公司不鼓励分公司经理直接销售保险，而要求其扩大当地代理商数目及运作效率，并对分公司经理定期按代理商队伍的水平进行补贴。若分公司较大，则可能设置经理助理一职。由于分公司开设成本小，仅在销售业务上与总公司存在联系，故分公司只具备销售功能，并不进行也无力进行融资活动，这也是加拿大保险企业最流行的组织制度。

在总公司－代理制度下，总公司将某一地区的保险代理权授予一个总代理商，由后者负责按代理合同行事，故代理处经理与总公司之间并非雇佣关系。加拿大保险代理制度的特色主要表现在科学而严密的代理补偿规定上，而红利、额外费用、保单贷款控制等手段都次要得多。地区代理与总公司关系比较松散，人员流动性大且难以控制，道德风险巨大。总体而言，被授权成为地区总代理意味着自己是业主而非总公司的雇员，从文化底蕴看比较符合加拿大管理者的心理习惯，总公司也不必为代理进行直接投资，代理资格授权年限较短，因此这种模式也有其生存空间。

（三）加拿大保险公司组织形态的变革

随着经济环境与市场竞争环境的不断变化，加拿大保险公司组织形态也在不断发生变革，主要表现在不同模式之间平衡的选择与切换。概括地说，自20世纪50年代以后，加拿大保险行业的组织形态变革主要体现在三个方面：一是在20世纪50年代以后，加拿大政府为了防止保险公司被外资所控制，大力鼓励股份制保险公司的互助化，在20世纪70年代中期达到高峰。二是为了减轻企业资本金不足的压力，加拿大保险行业总公司制度管理中，出现逐渐向总公司－代理制的转变。作为总公司－分公司制度的补充，总公司－代理制属于逐渐兴起的一种模式。两种制度现今在加拿大都占据一定的比率。三是自20世纪90年代中期以后，由于不同金融机构之间的业务相互融合和新法律的出台，互惠型保险公司踏上了向股份制保险公司转型的大趋势。

十、加拿大保险业监管对中国的启示

从加拿大保险业的发展可以看到，市场经济条件下保险业对社会经济发展的作用是不可或缺的。改革开放以来，随着中国社会主义市场经济的发展和完善，保险业也得到了稳步发展，但现阶段中国的保险业还处在初级阶段，整体规模小，发展水平不高，保险业发展不平衡，保险业综合竞争力不强，管理水平也有待提升。我国保险业正处于一个快速成长的时期，保险市场蕴涵着巨大的发展空间，有着良好的发育环境。因此，应从中国的国情出发，吸收和借鉴发达国家保险业发展的经验，加快发展的步伐。

从保险业监管来看，1998年11月18日，中国保险监督管理委员会（以下简称"保监会"）成立，在国务院的直接领导下，依法对全国保险市场实行统一监督管理。2000年4月25日起，中国保监会又先后在上海、广州、北京三大城市设立了保监局。2003年，中国保监会由国务院直属副部级事业单位改为国务院直属正部级事业单位，并相应增加职能部门、派出机构和人员编制，可以看出我国保险监管的水平和范围都不断得到提升和扩大。我国保险监管体系坚持依法监管原则，以维护本国保险市场稳定为基础，充分尊重保险机构的经营自主权，保护被保险人的利益，不断促进改革与创新，总体上是适应中国目前发展阶段的实际。但中国保险监管也存在透明度不足、法律制度建设滞后、混业经营条件下保险监管困难等问题，因此可以借鉴加拿大的成熟做法，不断加强中国保险业的监管。

（一）加强与完善我国保险监管法律法规体系的建设

加拿大在20世纪90年代开始着手研究以风险为基础的金融监管法律法规并付诸具体运用，并于1999年颁布了新的金融监管框架。同时，为了保证新的监管框架的有力实施，C-8法案在对《金融机构监管局法案》的修改中，明确地赋予了金融机构监管局更多的权力，包括在必要情况下有权撤销董事会成员和高级管理人员，对金融机构的违规行为实施不同程度的行政惩罚，对金融机构的违规行为诉诸法律，等等。加拿大的法律法规具有定期的动态修改机制，根据市场情况的变化，不断完善监管法律法规。

随着中国保险业的快速发展和对外开放的进一步扩大，我国的保险法律法规在许多方面已经明显滞后。自1995年中国颁布《保险法》以来，先后已修订两次，但仍不能适应我国经济发展和保险业发展的需要，由于保险业在我国还属于初步发展的行业，发展过程中必然会出现各种新情况和新变化，需要相应的法律法规与保险业的发展相适应。没有相应的保险法律法规的支持，保险业的监管便难以有效实施。为此，我们可以借鉴加拿大经验，建立动态修改和完善法律法规的制度安排，及时修改和完善我国的保险法律法规，为保险公司依法经营和保险业监管部门依法监管创造条件。应根据我国保险市场开放的进程、外资保险机构的准入和经营，适时修订《保险法》，并修改和制定相应的法律和规章。同时，法规的修订和建立还要考虑国际保险监管的发展趋势，因为金融市场的开放，意味着中国保险业相关的法律法规体系应该与国际惯例接轨，使中国保险市场向规范化和国际化方向发展。同时还要加大保险执法监督力度，努力提高保险执法水平，创造公平的保险业竞争发展环境。

（二）建立有效的风险评估评级体系，切实防范保险业风险

借鉴加拿大风险评估评级体系的做法，我国金融领域各个行业都应制定完善的风险评估指标体系。在保险业领域，以"风险"为基础的监管机制可以结合我国保险市场和保险公司的具体情况，设计出能够客观反映保险公司风险状况的风险管理指标体系。借鉴加拿大的经验，这种指标体系还是一个动态循环模式，是一个有效的和可持续的风险评估评价监管体系，指标体系的内容应是十分广泛的，比如应确定风险监管原则并设计风险执行框架，执行框架内容包括风险识别、风险分析、风险评价、风险处理与监督复核等。同时确定专人专组对保险公司的风险状况进行持续的跟进与报告，切实防范保险业的风险。

（三）建立中国以偿付能力为核心的监管体系

我国的保险监管机构对保险公司偿付能力的监管经过了一个发展过程。1995年《保险法》实施以前，以市场行为监管为主，没有涉及对偿付能力的监管。1995年《保险法》实施以后到2003年新的《保险法》实施之前，市场行为监管和偿付能力监管并重。2003年以后，我国保险业的监管是以偿付能力监管为核心。目前我国的偿付能力监管主要借鉴了欧盟模式的法定偿付能力额度监管法，即通过制定保险公司偿付能力的法定最低标准，对保险公司实行监管。这种方法的特点是偿付能力额度的计算相对简便易行，监管成本低，是一种较为宽松的监管方式，也符合目前我国保险业经营管理的状况。不足之处在于过于简单，没有考虑保险公司的资产状况以及各种风险对保险公司偿付能力的影响，从而影响监管效率。加拿大的做法对我国的保险公司偿付能力监管制度的改革有重要的启示。

1. 我国应逐步建立以风险资本方法为核心的偿付能力监管体系

以风险资本方法为核心对保险公司进行监管已经是世界的大趋势，世界上一些国家已经实行（如北美地区），一些国家正在研究（如欧盟地区），许多与我国保险市场较为类似的新兴市场国家和地区（如新加坡）也已经实行了风险资本方法的监管体系。我国保险市场的未来发展是开放的市场，对我国保险公司的偿付能力监管需要与国际上的惯例做法保持一致。无论从国际化要求还是从国内保险市场的安全运行来看，我国都需要构建适合我国国情的风险资

本监管体系。

2. 引入偿付能力动态测试制度，建立保险偿付能力监管预警制度

预警制度是指根据相关法令和保险经营原则，通过对关键业绩指标体系的评审，对可能出现问题的公司在早期发出警告，并敦促其及早进行防范。偿付能力动态测试制度具有预警制度特征，所测试的指标是风险监管的核心指标，未来我国也需要从国内保险公司的风险入手，引入动态资本充足率测试，即偿付能力动态测试制度，从动态的角度考察保险公司的偿付能力变化状况，以有效地跟踪保险业所面临风险的发展，起到风险预警的作用。

3. 完善信息披露机制，建立风险报告制度

加拿大的经验表明，严格的报告制度是准确、有效地评估偿付能力的重要保证。准确合理的信息披露不仅有助于提高偿付能力评估的效率，还能有助于监管机构更好地履行监管职能。借鉴加拿大的经验，我国可以根据《保险法》要求，督促保险公司向公众发布财务状况，披露相关资信，增加透明度，形成公众的社会监督。同时，根据风险识别的分类及偿付能力评估要求，建立以风险为基础的报告制度，报告完整、准确和充分的相关风险信息。

（四）建立有效风险评估体系，切实防范监管风险

建立有效、系统、可持续的风险评估体系是我国现在保险监管的重中之重。

通过借鉴加拿大已有的风险评估体系，我国可以在科学发展观的基础上，制定完善的风险评估模型和风险评估指标体系。以"风险"为基础的监管机制需要结合我国保险市场的实际情况以及针对保险公司的具体经营管理状况。保险监管机构需要在现代风险管理理论与保险监管理论下设计出能够更好地反映保险公司风险状况的风险管理体系。此外，我国保险监管应该确定一个有效循环的模型，结合国际风险管理标准框架，内容包括风险识别、风险分析、风险评价、风险处理与监督复核。确定风险监管原则并设计风险执行框架，建立风险监管专组对其进行持续的跟进与报告，切实防范监管风险。

（五）建立适度宽松的保险业监管模式

加拿大在以偿付能力监管为核心的监管体系下，政府对保险公司的市场运作、市场准入以及投资行为等方面的监管相对比较宽松。而从我国的实际来看，目前阶段我国的保险监管仍然比较严格。比如保险企业的市场准入要求比较严格。我国《保险法》规定内资保险企业开业资本最低限额为 2 亿人民币，而在加拿大只需要 1000 万加元（按照 2013 年 6 月 7 日的汇率，1 加元 = 5.94

人民币，只相当于不到 6000 万人民币），其他发达国家如英国为 10 万英镑，日本为 3000 万日元，法国为 500 万法郎，均低于我国内资保险企业的开业最低资本限额。从保险企业的组织形式来看，加拿大的保险企业的组织形式呈现多样性，包括股份制保险公司、互惠保险公司、互利社、兄弟社、辛迪加等。而我国保险企业的组织形式仅限于股份有限公司和国有独资公司。从保险企业的经营活动来看，我国《保险法》规定保险人不能兼业兼营，主要商业保险险种的基本保险条款和保险费率由保监会制定，其他险种的保险条款和保险费率需要报监管机构备案。《保险法》对我国保险企业资金的运用也做了严格的限制。

严格的保险业监管有利于保护被保险人的利益，但也会影响保险业快速发展。因此可以借鉴加拿大的经验，通过修订《保险法》等相关法律，设计合理的既有利于保护被保险人的利益又能促进保险业发展的法律法规是非常必要的。适度宽松的保险业监管目标应当是，经营主体为多种形式的保险人经营，内资保险企业的准入标准逐步与发达国家的做法趋于一致，建立基于金融混业经营的保险业监管模式。

（六）加强对保险代理人的管理

保险行业不仅涉及公共利益，而且是一个具有很强技术性的行业，一般来说，保险合同的设计比较复杂，往往不易被投保人所理解，即使费神理解了合同，但也由于信息的不对称等原因，使投保人极易处于不利的地位。因此，保险代理人在保险业发展中发挥着重要作用。保险代理人制度可以弥补保险公司一线展业力量的不足，有利于推动保险公司经营机制的转换和制度的完善，提升保险产品质量，有利于保险活动实现社会效益。同时，保险代理人还可以直接有效地宣传和普及保险知识，对提高和增强整个社会的保险意识起到推动作用。在现代保险市场上，保险代理人已成为世界各国保险企业开发保险业务的主要形式和途径之一。

在我国保险业发展的实际中，应当说保险代理人做出了巨大且重要的贡献。中国保监会发布的《2010 年保险中介市场发展报告》显示：截至 2010 年年底，全国共有保险专业中介机构 2550 家，我国保险业代理人总数超过 256 万人。但由于保险代理人发展的时间较短以及区域间的不平衡，我国保险代理工作中不可避免地存在这样或那样的问题，主要表现在保险代理人制度与法律法规不完善、行业组织管理不严、缺乏制约力、代理行为不规范。总之，在保险代理人的素质、职业道德水平、诚信程度、专业技能以及法律法规建设等许多方面与发达国家相比都还有不小的差距。

因此，可以借鉴加拿大的成熟经验，加强对保险代理人的监管，以更好地保护被保险人的利益。第一，健全法律法规，依法规范保险代理人的行为。配合保险法的实施，还应制定具体的规定或实施细则。第二，应提高我国保险代理人的准入门槛，提高专业素质。目前我国的规定是只要具有初中学历就可报考保险代理资格，这样的准入门槛不利于保险代理人素质的提高。第三，为了提高专业化水平、培养高层次人才以及提高社会的认同感，可以把财险代理人考试和寿险代理人考试分开进行，并增加考试等级。第四，在代理人资格考试和代理人管理方面，我国可以借鉴加拿大的做法；增设代理人担保和备案制度。每个代理人在参加资格考试时，必须有一家保险公司担保其具有良好的品德记录和相应的专业知识。第五，把保险代理人放到与保险人同等重要的金融法律地位进行监管，建立起政府监管、保险公司内部管理以及行业自律制约的立体监管模式。第六，加强对保险代理人的区域性监管，以减轻监管工作的压力，提高对保险代理人的监管水平。

（七）采取灵活、多样化的保险公司组织形式，增强保险行业的自律作用

加拿大保险公司灵活、多样化的组织形式值得我国借鉴，这样既可以促进市场经济的发育和完善，增强竞争和发展活力。与此相适应，在对经济组织的市场行为监管中，除了政府监管机构的监管和企业组织内部的管理之外，也离不开行业组织的自律配合，行业协会较政府监管部门具有独特的优势，行业组织的自律担负着监管的重要辅助功能。从我国保险业发展的实际来看，行业协会成立时间短，社会地位和权威性都不高，在保险监管中发挥的作用不明显。因此，应借鉴加拿大以及发达国家的经验和做法，充分发挥保险行业协会对保险业监管的特殊作用，将行业自律纳入到保险监管的体系中来。基于此，国家应该首先在理念上重视保险业自律组织在保险业监管中的作用。其次是通过法律法规形式赋予行业组织一定的监管权力，提高行业组织的社会地位、公信度和权威性。最后是监管部门应加强对行业组织的专业指导并建立良好的互动机制，确保工作的延续性，提高自律监管的质量和水平。

第六章　加拿大房地产金融监管

房地产金融是房地产资金的融通。广义的房地产金融，是房地产业与金融业密切结合的一切金融活动。狭义的房地产金融表现为一些具体的金融形式，如房地产融资、房地产保险、房地产抵押贷款、房地产抵押贷款证券化、房地产投资信托基金、房地产担保机制、房地产金融税制等。本章侧重从几个方面介绍加拿大房地产金融的运作和监管情况。

一、房地产金融的特点和作用

房地产金融包括房产金融和地产金融。房产金融指房屋或建筑物在生产、流通、消费过程中的各种资金融通活动。地产金融指围绕土地的有偿使用而产生的融资活动。

（一）房地产金融的特点

1. 房地产金融的资金规模巨大且集中性强

房地产是大宗商品，相对于其他绝大多数商品而言房地产的单件价值都比较大，这不仅表现在它的面积和体积上，而且表现在它所包含的价值上。一幢房屋一般来讲少则十几万、几十万，多则数千万，甚至上亿元。因此，无论是在房地产商品的生产环节，还是流通环节，都必须有巨额的资金投入。开发企业从事房地产开发活动需要大量资金投入，这就要金融机构提供巨额信贷资金。同时，住房对在所有消费品中，也是价值量最大的消费品，对大多数居民来说，由于购房的支出都比较高，一次性支付也是难以承受的，因此住房消费信贷额也很大。所以，同一般企业的信贷额相比，住房金融融通的资金量要大得多。通常情况下，房地产资金的融通和管理都由专门金融机构来进行。

2. 房地产金融的资金周转时间长

这与房地产开发建设周期长密切相关。在生产领域，开发企业从取得土地到最后商品投入使用要经过一个包括建筑施工、装修、竣工验收等一系列复杂且耗时长的过程。在流通领域，建成后的房屋因其价值大，购买者往往无力一次性付清房款，而常采用分期付款方式购房。如果采用房屋租赁方式收回投入资金，则资金回收周期更长。因此，房地产的资金运用从投入到产出，快则几年，慢则十几年，甚至几十年才能全部收回。房地产开发建设周期长，必然带来资金周转慢、回收期长的情况。所以，房地产信贷具有偿还期长的明显特点。

3. 房地产金融资金运动的固定性

房和地在物质形态上是连为一体和不可分割的，土地不能移动，因而房地产必然固定在某一场所不能移动，因此被称为不动产。在交换上，它既不能发生空间位置的移动，也不存在物流，它的流转只是权属关系的变更。因此，房地产商品的生产、流通、消费都是在同一地域位置上依次完成的。这就决定了房地产资金的投入、形态的转换以及补偿，都是在同一固定的位置上按顺序进行的。房地产金融的资金运动具有明显的固定性。

4. 房地产金融债权的可靠性

房地产信贷是以房地产作为抵押担保品的贷款，即借款人将土地以及土地上的建筑物抵押给贷款者，以确保履行贷款合同的各项条款。如果借款人违反了还款约定，贷款者有权没收抵押的财产并将其出售（拍卖）以弥补贷款损失。由于房地产是不动产，其本身具有较强的抵御通货膨胀和保值增值的特点，由此使信用贷款的可靠性和安全性大大增强，特别是个人住房抵押贷款安全性更强。

（二）房地产金融的作用

房地产金融运用多种融资方式和金融工具筹集和融通资金，支持房地产开发、流通和消费，促进房地产再生产过程中的资金良性循环，保障房地产再生产过程的顺利进行。

1. 为房地产开发经营提供资金保障

由于房地产开发经营过程大致要经过土地购买、房地产开发建设、房产销售、房地产经营等多个阶段，资金成为衔接各个环节的关键因素。另外，房地产的生产周期长、资金需求密集、资金供需存在时间差，这就需要金融支持。金融机构一方面通过吸引储蓄筹集社会资金，同时还通过发展房地产专项筹资方式，如房地产金融债券、股份制企业房地产股票、个人住房专项存贷款制度、住房公积金制度、住宅合作社以及抵押贷款证券化等方式筹集资金，以满足房地产业发展的需要。房地产金融的健康稳定对房地产系统的健康稳定至关重要。

2. 支持居民住房消费能力的提高，拉动经济增长

金融机构筹集的房地产资金，要得到合理的分配，必须优化配置到房地产的开发、流通和消费各环节，以提高资金使用效率。筹集的房地产资金除了用

于房地产的开发建设，还要通过消费信贷，提高居民购房支付能力，扩大住宅市场有效需求，带动住宅建设，进一步促进房地产业发展，拉动经济增长。

3. 通过货币金融政策调控房地产市场

当房地产需求过旺，投资过热时，收紧房地产贷款。而当房地产需求不足，市场疲软时，则扩大房地产信贷，引导和促进房地产业的健康发展。

4. 支持和促进金融业的整体发展

房地产对于金融业的运作，包括业务拓展和利润生成均具有十分重要的意义。房地产作为一种不动产，具有保值和增值的特点，这就使得房地产成为金融行业的理想抵押品。房地产业发展的每个阶段也都是金融业发展的重要平台。房地产金融成为一个国家整体金融业发展的重要组成部分。

二、加拿大土地管理制度

土地资源是人类赖以生存与发展的基础，关系到国计民生，在国家经济发展中起着重要的综合调控作用。以土地资源为基础产生的房地产业与金融业联系尤为紧密，是资金密集型、投资巨大的行业。因此，了解一国的房地产业金融的发展，首先需要了解该国的土地管理制度。加拿大是一个地广人稀、经济发达的国家，在长期的发展中，逐步建立了完善合理的土地管理制度，对房地产金融业的发展以及经济社会的稳定起到了积极作用。

1. 加拿大的土地所有制

加拿大作为英联邦成员国之一，在法律上加拿大的全部土地最终所有权属于英国女王所有。但从现实的土地所有来看，加拿大的土地有三种所有制形式：一是联邦公有，二是各省公有，三是私人所有。私有土地比重最低，占总面积的11%；89%以上是公有土地，其中联邦政府所有占41%，各省政府所有占48%。联邦所有的土地主要是国家公园、印第安人保留区、河流湖泊以及气候恶劣、人烟稀少的育空地区、西北地区等，其他土地则属于各省公有和私人所有。

2. 加拿大的土地法律法规

加拿大关于土地管理的法制健全，拥有一套比较完善的有约束力的土地管理法律法规体系。在不动产方面，有《转让与优先权法》《边界法》《所有权法》《建筑留置权法》《转让与财产法》《开发收费法》等，在土地开发利用规划方面有《区划法》《化整为零开发法》《地块规划法》《建筑许可证法》等。

由于加拿大各省具有对各自所有土地管理的职权，因此各省在土地管理上也有制定土地规划、管理等相关政策的权力，土地管理的法律大都由省议会制定。各省根据宪法制定各自的土地管理法律法规。例如，安大略省1947年根据宪法颁布的《规划法》，以及以该法为依据制定的《政策宣言》；阿尔伯塔省制定有《阿尔伯塔土地征用法》；等等。各省土地管理法律法规比较完善，土地管理严格、有序。

3. 加拿大的土地管理方式

加拿大实行土地所有权、处理权和管理权基本一致的土地管理体制。加拿大联邦与各省（区）之间的关系以契约的形式维持，双方在契约的约束下享有各自的自主权，联邦和省都有各自的宪法。加拿大宪法赋予各省管理土地资源的职责，联邦政府与省政府按各自管辖的领域管理土地。按宪法规定，联邦只管理联邦政府所有的土地，无权直接管理各省公有和私有土地。各省拥有其省内土地资源的所有权和管理权。联邦与各省政府形成了权责分明的土地管理体制，联邦把更多的权力交给各省，具有很大的灵活性。

4. 加拿大土地管理的政府调控

在成熟市场经济的国家中，90%以上的国家都会在中央设立专门负责国有土地管理的机构，对国家土地实行纵横两个方向的管理体制。横向管理体制是普遍采取在一个主导的国有土地管理机构下设立多个相关法定管理机构（即1+N模式）。纵向管理体制多为垂直模式。从加拿大联邦对整个国家土地的管理和调控来看，代表联邦政府管理联邦公有土地的是加拿大环境部下设的土地局，该局又下设负责各种职责的科室，如土地利用分析、土地政策分析、土地监测和土地信息系统等科室。除了环境部之外还有国家公园和野生动植物服务公司、抵押与住房公司、内陆水域资源公司等与土地利用、土地保护有关的机构。

联邦政府管理联邦公有土地，对于机场、口岸、军事等重大基础设施等项目用地也具有管理权限。加拿大联邦政府机构、联邦议会和最高法院的房地产统一由联邦政府公共建设和政府服务部管理，其中也包括提供总督总理议长、反对党领袖、国宾馆等官方住宅，以及北极工作站和军队的住房。建设部主要是通过出租的方式向联邦政府各部门提供房地产服务，并具有法定的垄断性质。

同时，联邦政府可以通过政府的政策和投资等来间接地对各省的土地利用施以影响。由于土地资源管理涉及联邦和地方政府以及政府内的多个部门，为协调中央与地方政府间的关系和部门间的关系，加拿大组建了许多政府协调机构，包括专门的政府协调机构（如加拿大土地利用委员会、联邦政府土地利用委员会、加拿大海洋事务机构委员会等）、主管部门兼作协调机构（如加拿大渔业和海洋部)、产业部门与政府部门间的协调机构。通过这些机构的协调合作,加拿大土地管理部门能够有效率地进行沟通,提高对土地管理的效率。

三、加拿大房地产的类型及管理

房地产的类型根据划分依据的不同有多种分类方式,按用途来分,加拿大房地产分为如下主要类型:①住宅房地产,包括普通住宅、公寓、别墅等;②商业房地产,如商务办公楼、宾馆、餐厅、商店、影剧院等;③工业房地产,包括工厂、仓库、码头等;④农业房地产,包括农场、林场、牧场、果园等;⑤投资性房地产,包括为赚取租金或资本增值,或两者兼有而持有的房地产。加拿大的公共建筑由政府建设并管理。联邦政府主要负责军用建筑、海港、公路等。各省政府负责学校、医院、桥梁、贫民住宅和政府办公用房。宪法规定土地所有权归国家所有,使用权有两种形式,一种是绝对所有权,即一次性买下土地使用权;另一种是有限性使用权,如50年、20年、99年等。房地产开发周期为1～3年,投资回报率为15%～20%,由于人口分布和经济发展不平衡,加拿大各地房地产发展极不平衡。南部沿加美地区房地产发展繁荣,北部地区大部分还没有得到开发。

加拿大是个房地产业较为发达的国家,虽然其土地使用制度是私有制,但国家对房地产业还是实行统一管理。在联邦政府一级,统一由联邦政府财政管理委员会和房地产局制定房地产业政策,由联邦公共工程部代政府管理房地产业;在省政府一级,由住房部行使政府职能,制定各项具体政策管理房地产业,并由省议会进行房地产税立法;市政府则统一征收房地产税。加拿大政府的住房管理机构是国营的联邦、省和市三级住房抵押公司。联邦住房抵押公司的主要管理职责是制定住房政策、协调解决各级之间存在的住房问题、向公众提供住房的供求、投资、成本、房租等统计分析和预测资料等住房信息,以及单独或与省、市共同开发一些房地产项目。

四、加拿大房地产金融运行特征

(一)私人金融机构在房地产金融中的主导作用

房地产与金融紧密相连,房地产的发展过程也伴随着房地产金融的运行过程。加拿大房地产金融运行的一个明显特点,就是私人金融机构发挥了重要作用。加拿大有数量众多的私人金融机构,如银行、信托公司、人寿保险公司、抵押贷款公司等。这些金融机构通过向社会发行股票、债券等向社会公众募集资金，然后将这些资金以发放贷款的形式提供给需要购买房屋的目标消费者。这些机构自主经营、自负盈亏、平等并存、相互竞争，使得加拿大房地产金融市场得到了持续的发展，从而在加拿大房地产金融中发挥着主导性的作用。

（二）房地产融资以住房抵押贷款为主

住房抵押贷款是加拿大房地产金融市场的主体，它让房地产业更加快速地发展，并且提高了人们的生活水平。加拿大无论是政府机构还是房地产金融机构，向居民发放的房地产贷款基本上都是住房购买贷款，所设的门槛相对较低，政策较为宽松，条件优惠，形式多样。由于向公众发放购房贷款存在很大的风险，金融机构一般会以住房抵押的形式对外发放贷款。这在很大程度上保证了金融机构能够收回发放出去的贷款；而且由于房屋的价值比较大，使用期限也比较长久，这种以房屋为抵押的贷款形式对于申请住房购房贷款的人来说也是一个很好的选择，这能够使他们在适度超前消费的情况下，有利于提高自己的生活水平，实现促进国民经济持续发展，稳定社会的作用。

此外，加拿大金融机构向居民发放贷款的条件都比较优惠，这主要表现在：贷款偿还期较长。一般来说，住房贷款偿还期可达30年之久，甚至是35年；偿还方式灵活，既可以连本带息一次性偿还，也可以先偿还本金之后偿还利息，或者是先偿还一部分本金，剩余的之后再偿还。只要是在期限内，居民可任意选择偿还方式。金融机构向加拿大居民发放房屋贷款的利率较低，也为居民日后的偿还减轻了负担。

（三）加拿大房地产融资的证券化趋势明显

作为西方金融市场成熟完善的国家，加拿大在房地产融资方面融资证券化十分突出。融资证券化是指融资由银行贷款转向具有流动性的债务工具，筹资者除向银行贷款外，更多的是通过发行各种有价证券、股票及其他商业票据等方式在证券市场上直接向国际社会筹集资金；资金供应者在购进债券、票据后也可以随时把拥有的债权售出，转换为资金或其他资产。在住房融资方面，加拿大成立了加拿大房屋抵押贷款与住房公司（Canada Mortgage and Housing Corporation，CMHC）。CMHC是加拿大国家住房建设机构，是政府拥有的国有公司。加拿大联邦政府通过CMHC，为加拿大人提供社会福利性住房，维持健全的房屋抵押筹资环境，提供住房协助性服务。

加拿大房地产证券化融资渠道主要是住房抵押贷款的证券化融资和房地产投资权益的证券化融资。按揭抵押证券是房地产抵押贷款证券化融资的主要形式，也是当今金融市场上最先进的融资工具和手段。按揭抵押证券是一种独特的金融票据，它有类似政府债券的安全性，其偿付给投资者的现金流来自于由住房抵押贷款组成的资产池产生的本金和利息。房屋抵押证券意在为房屋抵押贷款创造一个新的资金来源，同时为不同收入的加拿大人提供一个稳定的投资机会。按揭抵押证券其实在许多方面都带来了益处，对贷款机构与发行机构来说，它是一种相对低成本的融资方式；对借款人和买房者而言，按揭贷款增加了选择性，降低了利息率；对政府和纳税人而言，按揭贷款使福利住房融资的利息率降低了近百分之一，节约了福利住房的开支。

（四）加拿大政府对房地产金融的支持作用突出

加拿大政府对房地产市场提供严格的法律规章制度保障，促进房地产抵押贷款的流动性，活跃房地产二级市场，有效地保证房地产市场的运作，促进房地产市场向良好的态势发展。政府对居民在私人金融机构的存贷款以提供保险的方式保障居民的财产安全，尤其是国家实行的房屋抵押贷款保险制度对房地产金融的稳定起到了巨大的作用。

房屋抵押贷款保险制度有效解决了购房者资金短缺问题。所谓抵押贷款保险是为贷款人提供担保，使贷款人避免因借款人违约拖欠还款而蒙受经济损失，从而使贷款人放心大胆地向借款人提供贷款。CMHC 以联邦政府做坚强后盾，与私人银行和贷款机构合作，为资金短缺的购房者提供资金担保，使得加拿大人在购房时，首期只要房屋价格 25% 的款项就可以到 CMHC 注册，通过它提供的担保，以拟购买的住宅为抵押，在银行得到另外 75% 的贷款。如果是第一次购买新房，只需房屋价格 5% 的资金，另外 95% 可以到银行申请贷款。CMHC 提供担保的保险费金额相当于全部贷款的 0.5%～3%。具体额度要根据借款金额与房地产价值的比率而定，比率越高，保险费就越高。

全部还清贷款通常是 25 年，还款金额与家庭收入的比例不超过 32%，还款期限分为一周、两周、半月和一个月一次都可以，还款额分普通和加快两种形式，还款期越频繁，摊还年期则越短，利息支出也就越少。加拿大联邦政府和各省只向低收入家庭提供福利住房，这类住房在全国占 6% 左右。大多数加拿大人包括政府部门中下层的公务员，都是通过银行贷款在市场上购买住房。加拿大房地产的按揭保险制度已有 50 多年的历史，它要求任何一个政府监督的银行在卖按揭的时候，如果客户的首付低于 20%，必须购买按揭保险。房屋抵押贷款保险制度为加拿大人拥有自己的住房做出了巨大贡献。另外，加拿大的合作住房是对政府为低收入者盖房的补充形式。除了向存贷款居民提供法律保障，加拿大政府也向提供发放住房购房贷款的金融机构给予相应的法律保障。若借款人在规定的时间权限内不能偿还贷款,加拿大则有专门的机构会弥补损失。这在很大程度上刺激了金融机构发放贷款的积极性。在政府的支持和推动下,加拿大形成了公平、发达、开放的住房信贷市场,完善的房地产融资体系以及多种多样的融资方式,这些都成为加拿大房地产融资的明显特点。

五、加拿大房地产税收政策

房地产税在加拿大是一个古老税种,至今已有100多年的历史。加拿大房地产税经过长期的实践,积累了丰富的经验,受到了世人的关注。加拿大房地产税收政策主要由联邦政府制定,各省(区)及地方政府都可以征收房地产税,房地产税是地方政府财政收入的重要来源。

(一)加拿大房地产税征收对象和税率

1. 征收对象

加拿大土地、房屋、建筑物的所有者和国有土地的占有者都有义务依据《估价法》和《房地产税法》的要求接受评估机构对应税不动产的评估并据以缴纳房地产税。由于加拿大不同地区之间经济发展不平衡,各省和地方财政对房地产税的依赖程度也不一样,因此各地对房地产税征税对象的含义也不尽相同。一般来说,房地产税征税的主要对象是土地、地上建筑物及永久建筑物。在大部分省区,房地产税除了对营业性房地产征收外,对市政区居民、农村居民住宅也同样征收;有的省对农业用途和森林土地也征税,房地产税的征税对象几乎涵盖了所有类型的房产和地产,甚至设备和设施。

2. 税率

加拿大全国范围内并没有统一的房地产税税率,这是因为房地产税是地方税种,税率由省或地方政府根据本地区财政需要而定。房地产税税率的确定方法与其他税种完全不同,由于房地产税属于从价征收的税种,因而,税负的高低与业主的支付能力和业主的收益情况没有直接关系。税率的确定一般是省或地方财政管理部门根据其年度预算情况确定征税数额和相应征收比率,并据以征收房地产税。加拿大的房地产税税率包含密尔税率(mill rate)和百分比税率两种。密尔税率通常以财政收入中应纳房地产税总额与应税不动产评估价值总额的比值乘以1000来表示。在实践中,各省和地区可以根据自身需要和便利情况,确定采用密尔税率还是百分比税率。

(二) 免税与优惠措施

1. 免税

各省对房地产税采取的多种免税措施，使加拿大各地之间的房地产税制有很大差异。大多数房地产税免税规定都是通过省级立法强制实行的，地方政府（市政区）也有权力批准对特定财产给予免税。尽管各省的免税规定有区别，但下列种类的房地产在多数省都获得了免税：联邦、省（地区）和市政区三级政府自用的房地产，学校、公立医院、墓地、教堂、宗教团体等拥有的房地产。不列颠哥伦比亚省除了对上述房地产免税外，还对慈善组织、公共图书馆等给予了免税待遇，并且对价值为30万加元以上的旅馆财产、价值为1万加元以上的商业和工业财产、价值为5万加元以上的农场改良设施以及其他居所等，免征其50%的税款。

2. 优惠措施

除了直接实施免税之外，加拿大房地产税的优惠政策还表现在对不同类别的房地产设定不同的税率、延期缴纳税款、补助或退税以及通过所得税制度实行抵扣等措施。在加拿大的大多数省，住宅性房地产一般比非住宅性房地产的税率要低，并且采用了较低的估价标准。而直接减免也主要用于住宅性房地产，通过所得税制度实行补助或抵免。

（三）加拿大房地产税收的用途

房产税的首要作用是为地方政府提供财政收入。加拿大房地产税收，至今仍然是地方财政收入的一个重要来源，政府通过房地产税收将这一社会财富集中起来进行重新分配，推行各项社会福利计划，为社会公众服务。这主要体现在：①用于改善城乡基础设施。如公路建设与维护、街道照明、消防设施、垃圾收集管理以及警察保安等。②用于支持教育事业。如补贴校舍改扩建以及学校教育经费等。③兴建廉租住房，补助生活困难户解决住房问题。④发放家庭补贴，支持养老保险、医疗保险等社保福利事业。

（四）加拿大房地产税收管理的特色

1. 加拿大房地产税收的优点

加拿大房地产税收具有税基不易隐藏、税负不易转嫁、税收收入稳定和可对纳税人收入进行二次分配等优点。房地产本身具有不可移动性，使房产税征收时不易发生税基隐藏问题。课税时纳税人的房地产通常不直接参与市场交易，因此不易发生税负转嫁。房产税属于从价税，税收收入相对稳定。房地产税根据有财产者的财产多少征税,因此房产税在一定程度上具有对社会财富进行二次分配的功能。

2. 加拿大房地产实行宽税基与低税率的政策,体现税收的公平合理原则

鉴于房地产税应税范围较大,税基宽广,单个纳税人的税收负担相对减轻,从而使税收的公平性和合理性得到了体现。宽税基的结果是依据市场价值评估之后的应税房地产价值总额增大,在房地产税收入总额既定的情况下,房地产税的税率就相应降低。加拿大各地方议会一般是参照通货膨胀率和不同用途把房地产税分为多种类别,按年确定房地产税率,并规定居民房地产税适用低税率,而经营性房地产税适用税率相对较高。

3. 法制化的征税体系和良好的征税服务相结合

加拿大地方政府在房地产税的设置、税基税率的确定以及税款的收缴和分配等方面,都体现了征税与服务相结合的特征。各省(区)都制定了相应法律法规,从不同方面保障了房地产税征管工作的依法进行。任何地区、部门和个人都不能违规减免税收,偷逃税收的行为要追究法律责任。加拿大对税务人员的受贿行为处罚相当严厉,如开除公职和取消退休金等,有效防止了腐败现象的发生。加拿大十分注重房地产税征收过程中的服务工作,比如通过不同媒体渠道宣传税收法律法规,经常征询公众意见,从而使公众对税法具有知情权,有利于其增强纳税意识,做到依法纳税。

4. 房地产税基评估与争端解决机制

加拿大通过房地产评估方法对房地产税税基进行估算。在大多数省区,大都选择以房地产的市场现值作为评估值来征税。负责房地产税评估的机构是地方政府财产评估公司(Munieipal Property Assessment Corporation,MPAC)。它是省和地方政府资助的非营利性的公司,其职责就是为省和地方政府、房地产税纳税人提供及时、有效、客观、准确的房地产估价及相关资料。

MPAC 根据房地产市场现值进行评估,影响评估的因素十分全面,比如居住用途的房地产,影响评估价值的因素多达 20 个,其中最主要的因素有区位、占地面积、建筑面积、施工质量、建造年代和是否进行过大修等六大因素,这些主要因素通常占房地产价值的 85% 以上,是评估时考虑的主要因素。另外,他们还考虑居住房内的设施以及与同一区域内其他房地产的比较等,最终确定房地产的市场现值。MPAC 组织整个评估过程,所需的评估费用全部由政府负担。

如果房地产纳税人对自己房地产的评估价值或分类状况提出怀疑,可以通过三种途径进行解决:一是联系 MPAC,向他们咨询并确认信息;二是要求地方政府房地产评估公司对评估结果重新进行评估,如果确实有误,MPAC 会做出适当调整；三是如果房地产纳税人仍不满意，可以向评估审查委员会（Assesssment Review Board）投诉。该评审委员会是由财政部门建立的独立法庭，它将通知房地产纳税人及 MPAC 同时出庭参加听证会。双方阐述各自的论点和论据后，评估值和分类最后由评审委员会确定。

（五）加拿大房地产税制对中国房地产市场监管的启示

房地产税制在整个房地产市场中占有很重要的位置，房地产税率的制定与相关税收的政策制定，影响着住房买卖、转让以及房地产开发等多方面。从最近几年看，在中国房地产市场上，有关房地产税制的改革一直受到广大人民群众的高度关注。对中国来说，可以通过征收房地产税等税收，使那些想更多占有房地产这种社会资源的人付出一定的代价，也迫使他们很难做到买了闲置不用，或通过房地产投机赚钱。同时也可以学习加拿大"征税与服务社会公众相结合"的理念，并将税种的设立、税率的确定，以及税款的收缴和分配等过程高度法制化，通过法律进行约束。加拿大的做法给了我们许多启示。

1. 借鉴加拿大的经验，推进以房地产的市场价值作为房地产计税的依据

把房地产的市场价值作为计税依据，既适应了社会主义市场经济发展的趋势，同时这样的计税方法更符合市场经济的发展规律，能够在政府的宏观调控监管下，充分利用市场调节的作用，推动房地产税收向符合市场发展要求的方向发展。

2. 借鉴加拿大做法，实行多样的房地产税税基评估主体

在加拿大，房地产税税基的评估主体主要分为两类，即政府机构（除税务部门外）和社会中介机构。这里的政府机构不包括税务部门，而社会中介机构则指社会上专门从事房地产估价行业的中介机构。两个评估主体是相互独立而存在的，之间没有勾连关系。这样的评估主体避免了在评估过程中可能出现的利益勾搭或者利益冲突，保持了评估的公正客观。因此，中国应建立具备丰富专业知识的房地产税基评估机构，这样不仅可以避免政府由于机构臃肿带来的资源浪费和就业负担等问题，同时，社会上也需要非政府组织机构，向居民提供专业性的行业知识，提升居民对房地产市场的了解。

3. 借鉴加拿大的做法，结合房地产市场情况，确定房地产评估周期并定时修正

这不仅可以及时分析房地产税收税基的变化情况，也能够在实践中发现问题，并以此提出相应的修改措施，以达到评估制度的不断完善。在早期，加拿大对房地产的评估周期是3～5年，随着计量经济技术的不断发展和实践的不断反馈，评估周期已经缩短到每年一次。这样高频率地对房地产中的不动产进行估价，能够及时地了解市场上房地产的价格走势，方便政府及时调整房地产调控政策和使居民了解市场上房屋的最新动态。

4. 借鉴加拿大的做法，建立专门的房地产税税基评估信息数据库和争议处理机制

不断完善的房地产税税基评估信息数据库有利于保障房地产税税收的顺利进行。此外，将房地产税税基建立数据库，记录纳税人的姓名等资料，有利于政府对房地产市场的监控。同时，建立纳税人争议制度，有利于信息的公开透明化，消除民众心里的疑惑。

六、加拿大房地产估价制度

房地产是产权和资产的总称，是指土地、建筑物及固着在土地、建筑物上不可分离的部分及其附带的各种权益。房地产由于其自己的特点即位置的固定性和不可移动性，在经济学上又被称为不动产，可以有三种存在形态，即土地、建筑物、房地合一。

房地产估价制度是对从事房地产估价的人员和估价机构的设置状况，以及在此基础上形成的估价行为的规范准则。建立房地产估价制度的目的是维护房地产价格的正常秩序和相关者的权益。在这方面，加拿大的估价制度历史较久，其制度完善、实施过程系统完整、采用的评估方法科学且权威。

（一）加拿大房地产估价制度的总体情况

加拿大的房地产业包括加拿大土地划分、房屋建筑业、房产等。从房地产估价来看，由于估价目的的不同，对房地产业的数据要求也不相同。估价目的主要有政府征税、市场买卖以及个人财产评估等。以政府征税为目的的估价，需要了解购房的次数和国民情况。以个人财产评估为目的的估价，则是在加拿大评估协会专员定期评估的基础上，对结果不满意的进行复议，复议经过机构审核后再做处理。以市场买卖为目的的估价，则需要了解加拿大被规划为房产建设的土地售价、建筑物建设成本等。市场买卖中的房地产估价需要考虑新建商品房销售价格、存量房交易价格、房屋租赁价格、抵押价格、拆迁补偿价格等数据以及其他特殊影响因素。批量评估方法重点考虑的是房地产的市场价格，同时市场价格也是房地产估价中重要的参考指标。

(二）加拿大房地产估价制度的法律法规

1. 加拿大房地产评估统一标准缘起于美国

加拿大较早地拥有了规范法制的观念，估价制度已经十分完善成熟。早在20世纪初期，加拿大就建立了不动产评估协会，负责加拿大的房地产评估业务。而加拿大职业评估统一操作标准起源于美国房地产估价行业的统一操作标准（Uniform Standards of Professional Appraisal Practice，USPAP），该标准是美国在1989年经国会通过的财政协会改革法案中强制规定执行的。加拿大评估协会于1994年1月1日正式采纳了这一评估操作标准。评估协会和房地产估价师都需严格遵守。该标准包括定义、序言、职业道德规定、执业资格规定、有关评估准则、合法原则、标准附加守则、分类标准及标准条文、标准的说明、附件等，该标准根据情况定期进行修订，并由评估协会发布。

2. 美国和加拿大联合制定的《专业评估执业统一标准》

1986年美国8个评估专业协会和加拿大评估协会联合制定了《专业评估执业统一标准》，主要估价方法是进行批量评估。《专业评估执业统一标准》（2010—2011）规定了批量评估需遵循的7个基本程序：①明确评估对象；②确定适用于所评估财产稳定交易运转的市场区域；③确定影响市场价值形成的特征；④建立能够反映影响特征间的关系模型；⑤校准模型，确定各影响特征的影响程度；⑥将模型结论应用于被评估对象的特征中；⑦检验批量评估结果。

3. 《国际评估准则2007》适用于加拿大各省份

在加拿大进行房地产评估必须遵循加拿大职业评估统一操作标准。加拿大政府有一系列规定的章程协助房地产拥有者进行估价，如果对评估结果不满意，拥有者可以提出复议并根据章程进行其他处理。

（三）加拿大房地产评估制度：局部案例

加拿大不列颠哥伦比亚省和安大略省是加拿大房地产评估制度落实得较为完善的省份，以下作简单介绍：

1. 数据管理。为提高评估效率、降低评估成本，加拿大广泛研究采用现代计算机技术收集信息、建立数据库并且及时更新，以实现批量评估，由此建立了科学的房地产价值批量评估系统。如大不列颠哥伦比亚省在数据收集方面采用了传统数据收集方式之余，还使用带有地球信息系统（GIS）组件的移动手持数据收集器软件、街道景观照片、正向投影卫星图像、三维立体图像等其他方式。

2. 统计方法。加拿大各地存在将房地产予以分类评估的做法，对不同种类的房地产采用不同的评估办法和标准，以提高准确度。

3. 成果报告和管理。

（四）加拿大评估机构

加拿大的评估机构处于官方评估机构和非官方评估机构并存的状态。各省设有评估委员会，成员由总督和评估委员组成。而在统一层面，加拿大评估协会是一个代表房地产评估师的全国性专业组织，可以从事全国性的评估咨询服务，该协会负责绝大部分地区房地产专业性的评估，同时该协会还培养房地产估价师并向其提供就职信息。加拿大评估协会成立于1938年，在加拿大是首屈一指的不动产估价协会。加拿大评估协会在全国及世界各地约有4800名会员，他们为客户的各类型产权提供多元化的评估服务。主要负责和管理体制各省的分部是加拿大评估协会在地方上的合作伙伴，同时也支持并执行评估协会的政策和活动。分部负责执行各种计划和服务，除非在当地无法操作或当地的经济规模要求由评估协会或是其他的合作伙伴来操作。

（五）加拿大房地产估价制度对中国的启示

1. 在估价方法上，可借鉴加拿大的一些做法

这些做法包括以下三个方面：

（1）健全数据库。在加拿大房地产市场的信息公开化程度非常高，地理信息系统的应用普遍，因而房地产评估工作能通过自动化得到简化，同时准确度高。中国目前房地产信息现状复杂，信息分布面广而零碎，信息孤岛化以及数据失真现象比较严重。由于批量评估依托于强大的基础数据库，所以完善估价制度必须从健全数据库开始。首先需要打破政府各部门之间的数据信息垄断，进行信息的有效整合，在信息持有者与评估机构之间建立一个完整的信息系统平台，为房地产评估构建基石。

（2）培养专业化水平高的房地产估价师。未来的批量评估实践需要更多地应用计算机、地理信息系统和其他新技术，对评估专业人才的要求越来越高，因此，培养高水准的房地产估价师的人才和信息管理方面的人才是必需的。

（3）完善相关制度。包括完善土地登记、产籍登记制度；成立全国范围认证的估价委员会；建立估价人员资格认证和估价机构资格评级制度等。目前中国的房地产评估师只要通过考试后，其资格书没有任何区别，对委托评估的人来说，很难判断其评估能力，建立资格评级制度对提高评估师的地位和信誉起到了促进作用，同时也可以更加规范地管理房地产评估师。

七、加拿大房地产金融的监管及特点

从宏观管理的视角看，加拿大金融监管局、财政部以及加拿大中央银行、加拿大房地产行业协会以及各省的相关部门都担负着对加拿大房地产金融的管理职责。政府对房地产的管理或者监管，从法律的角度看，主要包括对房屋建设项目贷款的监管，对资产担保债券的监管，对租赁房地产市场的监管，对土地投资的监管，对房屋建设的监管，等等。

政府的宏观调控以及住房二级市场的健全和完善是加拿大住房金融市场成功的关键。从加拿大住宅抵押金融的发展过程可以清楚地看到，加拿大住宅金融每一阶段的发展都是在政府的宏观调控和指导下完成的。加拿大抵押和住宅组织（CMHC）对全国的抵押金融市场进行规范和管理，为加拿大住宅抵押金融的成功发展起到了关键性的作用。

加拿大房地产业的监管措施主要体现在依法监管上。涉及加拿大房地产的法律法规比较多，除了加拿大联邦颁布相关法律法规之外，各省区也都依据联邦法规制定本省区的相关法规。以下主要结合加拿大《国家住房建筑法》的相关规定，探讨加拿大房地产的监管措施。

加拿大《国家住房建筑法》是一部推动新房的建设、现房的维修和现代化以及住房改善和生活条件提高的法律。它致力于让更多的人买得起房子，同时加强房地产市场融资的竞争和效率，尽可能降低房屋建设的融资成本，从而促进加拿大国民经济与房地产市场平稳健康地发展。

该法律很好地平衡了加拿大房地产市场利益相关者（购房者、租房者和投资者、地方政府和中央政府）的利益关系，强调住房的公益性，降低住房的投资性。该法律还详细地规定了土地的买卖、租赁、开发与改良。特别需要注意的是，该法律不仅通过引导各种住房项目的建设，很好地照顾到社会弱势群体，努力实现"居者有其屋"，而且也很注重房屋的质量改善和现代化问题，致力于实现"居者乐其住"。《国家住房建筑法》对推动加拿大住房平民化和质量化的发展，以及加拿大房地产市场的健康发展，起到了很好的依法监管和引导作用。

下面着重从房屋建设项目贷款的监管、租赁房地产项目的监管、土地投资的监管以及其他各种与房地产市场的利益相关者相关的房屋建设项目等方面，介绍加拿大《国家住房建筑法》对其房地产市场发展的监管与引导。

（一） 对房屋建设项目贷款的监管

1. 特定的房屋建设项目放贷单位

加拿大房屋建设项目的贷款，需要在内阁院督的规定下，由 CMHC 指定符合放贷条件的单位，包括自然人团体、机构、市政府部门、加拿大联邦政府或省政府的代理机构。这些为房屋建设项目提供贷款的单位统称为核准贷款人。借款人向核准贷款人申请贷款时需提供房屋项目的相关证券或与房屋项目所有权、使用权、处置权相关的协议作为抵押。

2. 房屋建设项目贷款的风险管理内容

（1）保证证券运作、发放贷款和提供保险。财政部负责房屋贷款标准和分类的监管，但同时要征询其他金融监管部门的意见，包括中央银行和金融机构监管局等。内阁院督负责房屋证券的监管。CMHC 为房屋项目的贷款提供保险服务，也要为房屋证券做保证，所保证的证券本金金额不得超过 1500 亿和国会额外批准额度的总和。同时要出台更多的保护措施，避免房屋贷款的利率风险。

（2）确保房屋建设项目的完工。若 CMHC 为房屋项目贷款提供了保险，在必要时需要为该房屋项目提供资金或贷款，以确保顺利完工。

（3）防止信用违约，保障核准贷款人利益。CMHC 会为其提供的保险、从而降低公司的风险。在投保的借款人资金紧张时，CMHC 可能会给借款人或借款人的代理人给予资金或者贷款的帮助。在投保的借款人资不抵债时，CMHC 会对核准贷款人和投保贷款所有人进行赔付。核准贷款人以要求 CMHC 提供担保义务。除此以外，核准贷款人可以通过抵押受保的贷款给 CMHC 或其他核准贷款人进行融资。

3. 房屋建设项目贷款风险管理具体措施

（1）实时记录和监管，公开透明。CMHC 有义务记录、保留以及提供其经营业务信息，并上交财政部审核。财政部则有权把收到的信息向金融监管部门负责人公开，包括金融机构监管局局长、央行行长、加拿大存款保险公司董事长和加拿大金融消费者管理局局长。同时，按照相关规定，把部分信息向社会公开。

（2）内部的监督管理和资金储备。根据住房贷款保险、担保以及保护的相关规定，CMHC 会设定其行使权力的条款规定，例如任何保险、担保和保护措施的索赔支付条款，同时确立在行权过程中保险费和其他费用及收费，还要设立并保持一定的储备金去支付经营当中出现的索赔、损失和费用成本。

（3）外部的审核与监督。金融机构监管局会不定时但每年至少一次审查

CMHC 是否在安全稳健地经营，例如是否在经营业务时考虑到遭受损失的风险。内阁院督会根据财政部长的建议，对房屋抵押贷款与住房公司住房贷款保险、担保以及其他任何保护业务进行规定，其中包括业务经营的条件和限制以及公司行使权力的方式。

（二）对资产担保债券的监管

房屋项目建设的融资渠道还可以是资产担保债券。然而，资产担保债券仅限于联邦金融机构可以发行。对于资产担保债券的发行，《国家住房建筑法》也进行了相关的规管，特别是风险管理措施的规管。

1. 资产担保债券发行的登记规定

CMHC 必须建立和保存资产担保债券的登记资料、注册项目相关信息、保证人单位、注册发行人以及其他公司认为重要的信息，并向社会公开。

2. 资产担保债券保证人管理

保证人的性质、保证人的服务提供商、与保证人相关的衍生品交易、保证人与发行人的关系等与保证人利害相关者都要受到监管。资产担保债券保证人需说明：单位的名称以及单位的类型和性质，保证人的服务提供商的名字和所提供的服务，与保证人单位相关的衍生品协议，保证人单位与注册发行人的合同关系等。

3. 资产担保债券抵押品管理

抵押品的种类和价值是监管的主要对象，其中对抵押品种类的规定包括加拿大政府发行的证券。对价值的规定是资产担保债券与抵押品的最大价值比（最大的价值比不超过10%）。以加拿大住宅房地产抵押的贷款，其住宅面积不能超过4个居住单元，也可以包括其他规定的资产。同时不能使用受到其他机构保护的抵押品以及不超过住宅价值的80%的贷款额度等。

4. 资产担保债券注册发行人管理

注册发行人或其隶属机构或任何规定的机构合法转移保证人单位的抵押物，该转移行为对所有人有效，注册登记人的债权人无权对该转移行为进行干预。当注册发行人破产而资不抵债时，加拿大或其省份的法律中任何与破产相关的条款和与重组、破产管理相关的法院命令都不能妨碍资产担保债券抵押物的出售、赎回权的取消、对抵押物收益或价值的申请占有，以及对合同的申请终止。

5. 财政部对资产担保债券的监管

财政部就资产担保债券抵押品的定义、申请程序、保证人单位付于注册发行人的相关款项，制定规则进行严格管理。

（三）对租赁房地产市场的监管

依据加拿大《国家住房建筑法》，应通过建筑商与 CMHC 的合作以及加拿大人寿保险公司的投资这两种渠道为房地产租赁市场的发展注入资金。投资资金准入的同时，也给房地产租赁市场的运作制定了相关规则，实施有效监管。这不仅保证了租赁房地产建筑商实现稳定收益，而且也使租赁房地产市场得以平稳发展，同时也为保险机构实现保值增值提供了投资平台。

1. 建筑商与 CMHC 的合作

在租赁房产项目的建设上，CMHC 必须与建筑商签订合同，保证建筑商在项目完工后不超过 30 年内的回报收益率。建筑商在合同中有较大的附和性。根据合同的规定，建筑商需要说明与合同的执行相关的费用。对于房产项目的经营、占用、完工后的处置、租赁对象以及销售定价都有严格的规定。合同须明确规定建筑商的回报收益率，若建筑商的收益率超过规定的回报收益，超过部分由 CMHC 进行管理。租赁房产的建筑商转移房产项目，必须经过 CMHC 的同意，新的合同内容遵循原始合同的规定。

对于合作资金的来源以及贷款条件有明确的要求。若租赁房产项目得到 CMHC 的批准，或者其回报收益得到 CMHC 的保证，被授权投资租赁房产项目的核准贷款人可以为项目提供贷款。核准贷款人的权限受到 CMHC 的限制，对租赁房产项目的贷款需要经过 CMHC 的批准，并遵循 CMHC 规定的条款。当 CMHC 认为租赁房产项目未能从核准贷款人处获得贷款时，CMHC 会根据其制定的条款，给予这些租赁房产项目提供贷款。

2. 人寿保险公司的投资

保险公司可以把其在加拿大全部资产中的不高于 5% 的资金投入收费低廉的租赁房产项目上。投资的范围包括零售商店、商铺、写字楼、社区服务等租赁住宅的基本配套设施，但并不包括酒店的投资。然而，人寿保险公司投资的租赁房产项目需要与政府的社区建设计划相协调，并为中低收入家庭提供住房，其最高定价也受到了限制。同样的，保险公司的投资收益率也受到了 CMHC 的保证。

从人寿保险公司投资准入条件来看。投资项目必须得到 CMHC 的批准；投资项目需与官方的社区建设计划协调一致；投资项目必须为中低收入家庭提供住房，而且 CMHC 会规定每套住房或每个家庭住房单位的最高定价；投资的保险公司需向 CMHC 递交申请表，内容包括建设蓝图、项目建筑成本估算、对家庭住房单元以及其他配套设施的租金收入的定价评估等，目的是为了确保保险公司在扣除所有成本后能有最低 6% 的年收益率。

从 CMHC 和人寿保险公司的权限看。为了规范租赁房产项目的建设成本和项目的利润，租赁房产项目成本和利润计算方法都由 CMHC 规定。目的是较为确切地了解项目的收益率，从而得知是否需要补偿保险公司。同时，保险公司也无法通过财务报表的处理来骗取 CMHC 的补偿。另外在土地使用上，在租赁房产投资项目得到 CMHC 的批准后，就需要为项目的投资购买土地。按照规定的条款，CMHC 对土地进行控制和管理。人寿保险公司的投资金额受到了其在加拿大的资产比例限制，但是两个或者更多的人寿保险公司可以共同合作，参与租赁房产项目的开发、拥有和管理。这样一来，人寿保险公司的准入门槛又进一步得到降低。

从人寿保险公司与 CMHC 的义务看。人寿保险公司需要按照 CMHC 的要求，对租赁房产项目进行独立的会计记账，并随时接受 CMHC 的检查；在项目完工后，当项目的净利润率高于 7% 时，人寿保险公司将多出的净利润记录在储备金账户上。只要保险公司保留对租赁房产项目的全部或部分的所有权，CMHC 则向它保证 3% 的年净收益率。

（四）对土地投资的监管

任何受加拿大国会管辖的金融机构，如人寿保险公司、信托公司和信贷公司在一定的条件下允许投资其资金进行土地购买或者土地改良，用于住宅房地产开发。但住宅房地产和土地开发投资金额不得超过其在加拿大全部资产中的 5%。为了进一步降低这些机构的土地投资门槛，两个或者多个公司可以合作参与投资土地的购买和改良。同样的，土地的成交、销售价格和土地的使用、占有、改良需要在 CMHC 规定的范围内，土地开发商的投资收益也受到了相应的保证，从而平衡了土地买卖市场中"投资"和"投机"的关系，从而防止了土地价格的过度波动，促进了土地买卖市场的平稳发展。《国家住房建筑法》对投资公司以及 CMHC 的责任义务进行了详细的规定。

1. 投资公司的义务

土地开发投资只能是 CMHC 认为适合住宅房地产开发的土地；投资的土地购买价格需在 CMHC 认为的合理价格范围内；需要对土地进行改良，且改良成本需在 CMHC 认为的合理价格范围内。根据 CMHC 的要求，单独记录土地投资中产生的收入和费用，并随时受到检查。销售土地时，其销售价格和销售合同条款需要按照房屋抵押贷款与住房公司的规定。投资公司需要按照 CMHC 的规定规划土地的开发。当投资公司转让土地时，购地者需要保证遵守之前订立的土地开发规划和建筑标准；当土地的重置成本小于投资公司的历史成本时，投资公司需要向 CMHC 支付差价。

2. CMHC 的义务

只要投资公司在合同规定的时间（购置日期后不超过 5 年）内保留对土地的全部或部分的所有权，CMHC 向投资公司保证每年不超过 3% 的复合增长收益率。当土地的重置成本大于投资公司的历史成本时，CMHC 需要向投资公司补偿差价。

（五）对房屋建设的监管

《国家住房建筑法》除了对加拿大房地产市场的运作起到有力的监管作用之外，还通过贷款融资这一核心纽带和 CMHC 这一代理人，对加拿大自置房屋建设、公共住房建设、学生住房建设、特殊人群（如退伍军人和国防武器生产工人）房屋项目开发建设、新社区建设以及住房建设研究、社区建设规划与房地产科研成果出口等进行严格监管和很好的引导作用。CMHC 作为联邦政府所属的皇家公司，是《国家住房建筑法》的执法主角，而该法的落实是由内阁院督制定的法规保障的，该法律条款的很多细节又是由财政部指导出台。换言之，加拿大的联邦政府与国会对房地产市场实行共同的监督和管理。

（六）加拿大房地产市场法律监管的若干特色

1. 房屋贷款监管体现洋葱式的风险管理特征

加拿大房屋贷款的风险管理措施非常完善。风险管理措施如同洋葱一般，一层包着一层，很好地管理了房屋贷款带来的潜在风险。风险管理第一层：贷款的抵押品的类型和价值受到了严格的要求，需要提供加拿大政府发行的证券，还要得到 CMHC 对其证券的保证，更要得到 CMHC 的保险。风险管理第二层：CMHC 不但受到内部章程的监督管理，还要设定资金储备和向税务局缴纳一定风险补偿费用。风险管理第三层：CMHC 必须接受外部的审核与监督——金融机构监管局与内阁院督。风险管理第四层：《国家住房建筑法》还要求 CMHC 出台更多的保护措施，避免房屋贷款的利率风险。风险管理第五层：CMHC 还要向保险公司投保，把自身的风险分散出去。

2. 租赁房地产和土地投资的监管折射出兼顾投资与投机的特点

在租赁房地产和土地投资的监管中，加拿大《国家住房建筑法》很好地平衡了房地产市场中的投资与投机。其主要是通过以下三种手段：

第一种手段是合作协议，提前锁定投资收益。CMHC 与投资机构的合作协议保证了投资机构的投资收益起到稳定投资者的作用。同时，房产项目的处置、占有和销售定价等由 CMHC 规定，防止了房地产市场的资源错配和投机行为的泛滥。

第二种手段是引入进行长期投资和追求稳定收益的机构——人寿保险公司。人寿保险公司投资到房地产市场的资金受到了《国家住房建筑法》的限制，抑制了其投机之风。再者，保险公司天生稳健的经营策略与保值增值的经营目标为房地产市场的发展提供了稳定健康的投资环境。

第三种手段是为贷款的发放附加条件。核准贷款人或 CMHC 可以为租赁房产项目的建筑商提供贷款，但是房产项目的处置、占有和销售定价等由 CMHC 规定。这样的谈判手段与"合作协议"有着异曲同工之妙。

3. 法律的引导使房地产市场的公益性特色明显

公益色彩浓厚的房地产建设项目如公共住房建设、学生住房项目建设和特殊房屋项目开发建设，因为这些项目针对的住房者主要是社会上的弱势群体，如低收入人群，其收益率偏低，成本回收期较长，一般情况下不受投资者的青睐。《国家住房建筑法》却很好地把资金引导到这些项目的投资上。CMHC 为这些项目的建设提供了很多的贷款优惠，甚至是债务减免。CMHC 还可以与建筑商签订协议，保证其投资收益率，从而吸引更多的资金投资到这些公益性房地产项目上。

4. 房屋建设不断创新发展

《国家住房建筑法》允许和鼓励 CMHC 与各大政府部门、事业单位或社会组织进行合作，研究和发展建筑的方法、房屋标准、建筑材料、建筑和房屋设备、房屋设计与规划等。除此以外，CMHC 还联合社会各种力量应对房地产市场中的各种问题，如住房建筑计划问题、购房融资问题、住房支付能力和选择问题、居住环境问题和社区建设规划问题等。对于这些问题的解决方案，CMHC 还可以出资或提供贷款，不断推进研究和创新。

在房地产市场的监管中，除了相应的国家宏观调控法律政策之外，对房地产金融市场的培育与完善也是其极重要的。加拿大的房地产金融在政府成熟有效的宏观调控下，市场发展比较成熟。

第七章 加拿大其他金融业监管

一、加拿大信托业的监管

(一) 加拿大信托业的发展

信托业务是以信用委托为基础的一种经济行为,带有一定的经济目的。信托业指掌握资金(或财产)的部门(或个人),委托信托机构代其运用或管理,信托机构遵从其议定的条件与范围,对其资金或财产进行运用管理并按时归还。由于信托业务是代人管理或处理资财,因此,信托机构一要有信誉,二要有足够的资金。信托业务范畴内涵深刻,外延广阔,其应用空间非常大。在美国有一种说法,信托业务对人的想象力是完全没有限制的。通过信托,可以满足人们在财产安排上各种各样的需要。在国外成熟的市场上,企业是现代信托最主要的使用者,几乎企业经营管理的各个环节、各个层次都可以运用信托来实现。

信托业务从不同角度有许多分类,比如以信托财产的性质为标准划分有金钱信托、动产信托、不动产信托、有价证券信托、金钱债权信托;以受益人的角度对信托的划分有自益信托、他益信托、私益信托、公益信托等。

加拿大是资本主义国家中信托业发展较早的国家之一。1868 年,加拿大成立了第一家信托公司,即多伦多通用信托公司(TD Canada Trust)。但直到 1882 年信托公司才真正开办信托业务。总的说来,加拿大的信托业务在 19 世纪并不发达。到 20 世纪初,全国信托公司仅 10 余家,1927 年则增至 62 家。到 20 世纪 80 年代,在金融自由化浪潮的推动下,加拿大的信托公司有了比较快的发展。根据中桥移民网站披露的信息,截至 2001 年,加拿大有 71 家信托公司在全国有 1100 多家分行及 650 多家地产办事处。加拿大的信托公司可以根据联邦或省的法律成立,并且允许跨省营业。它是唯一经政府授权可以提供信托业务的公司,其职能包括充当执行人、受托人和财务代理等,包括对财产和投资的管理。

在加拿大的信托公司中,由于大银行财团具有雄厚的实力,依附大银行财团的信托公司常具有较好的背景。比如道明银行财务集团是于 1955 年由多伦多银行（The Bank of Toronto）和道明银行（The Dominion Bank）合并而成。该银行在成立之初便拥有总资产12.78亿元，在多国设立了跨过分支机构。在道明加拿大集团内的5项主要业务之中，道明加拿大信托业务是其中之一。道明信托公司由于依靠着大金融财团，拥有着雄厚的资金支持，发展速度很快。至2014年，道明加拿大信托银行超过1100多个分支机构和2600台自动取款机为1000多万加拿大客户提供了一系列的金融服务和产品。

一般的信托公司虽然没有依附大银行财团的信托公司实力雄厚，但由于从建立之初就专门从事与现代信托有关的业务，所以具有很多丰富的经验，比如蒙特利尔信托。其最早可追溯至1889年3月21日的蒙特利尔安全储蓄公司，以存储和保管珠宝、首饰、货币、证券、文件等一切有价值物为主，在成立后的1年之内，公司获得了经营信托业务的权利。

加拿大信托公司也接受存款和支付利息。这些存款相当于受托款，其本金和利息均由信托公司本身保证。由于信托公司通常支付的利息较高，营业时间较长，其零存与定存业务在进入2000年的10多年中，增长了300%以上。信托公司的服务对象包括企业和个人。服务项目包括：股票的注册与转让、红利的分发和其他股东服务、债券的托管、养老金的托管等。

作为英联邦的成员国，加拿大与英国具有深厚的历史渊源，加拿大信托业自然继承了英国的信托原理，具有较为浓厚的英国色彩。但是由于国土与美国接壤，所以其发展受到了美国信托业的影响。信托业作为重要的金融业领域，在世界各国都有一定的监管规则。

（二）加拿大信托业的职能以及主要业务

信托业务主要通过信托公司来进行。加拿大的信托公司是非常重要的金融机构之一。信托公司有两种主要职能：一是代人管理财产和安排投资信托财产。不同于传统的信托公司以代人管理财产为主要业务，加拿大的信托公司受理范围非常广泛，比如管理企业偿债基金、代人管理私人财产以及不动产等。信托公司托管资产的投资走向主要集中在各种金融债券及企业债券投资上面，占70%左右。此外，也发放一些长期抵押贷款业务，但比重不超过15%。二是作为真正的金融中介机构、吸收存款、发放贷款。由于信托公司具有储蓄银行的特征，私人储蓄和定期存款为其主要资金获取来源，资金运用多侧重长期信贷。

加拿大的信托公司大致可分为三类。第一类是隶属于大银行财团的信托业务部门，例如，道明加拿大信托（TD Canada Trust）属于道明银行财务集团（TD Bank Financial Group）等。第二类是一般的信托公司，例如，加拿大合作信托公司（Co-operative Trust Company of Canada）、蒙特利尔信托（Montreal Trust）、人民信托（Peoples Trust）等。第三类是涉足公益性质的环境资源保护、生命健康、教育类的公司，例如，Pengrowth 能源信托公司（Pengrowth Energy Trust）、加拿大奖学金信托计划（Canadian Scholarship Trust Plan, CST Plan）等。

加拿大信托业务按照信托财产划分，主要包括以下三个方面：一是对固定资金的运用。固定资金主要用于地产的买卖和抵押，以及用于以股票和债券为抵押的贷款，或者进行中央、省、市政府与别国政府的公债买卖业务。二是对保证信托金的运用。保证信托金来源的三个方面为信托存款、特别投资证、普通投资证。前一种属于活期性质，用支票支付，后两种是定期性质，期满后发还本息。三是对生前身后信托财产和代理财产的运用。

（三）加拿大信托业监管的主要特点

1. 信托公司的登记注册管理

在联邦和省两级平行监管体系下，加拿大信托公司可按联邦信托法在联邦政府登记注册，亦可依据省信托法在省政府登记注册。如果在省政府登记注册，只能在登记注册所在省经营业务，如果要在其他省经营业务，就必须在有关的省另行登记注册，并要遵守这些省的有关立法。如果是在联邦登记注册的，则可以在全国范围内经营。在全国范围内经营的信托公司必须符合加拿大存款保险公司或魁北克存款保险局的有关条件。事实上，加拿大只有小部分信托公司在联邦政府注册，而大部分信托公司是在省政府注册。

2. 加拿大信托业的依法监管

从依法监管层次来看，加拿大通过三个层次来进行，即法律、规章和指引等规则。从法律层面看，主要是通过加拿大信托法和金融监管法律来进行。规章是对法律做更详细规定的条款，具有法律的效力。指引通常是指制定管理信托业活动和行为的标准，如贷款会计、最低资本要求等，其中主要是依据法律法规进行监管。

在立法方面，加拿大的信托公司均是依法而立。加拿大早在 1835 年就制定了人寿保险及信托公司法，并得到了国会的通过。1895 年正式颁布的《信托公司法》，是加拿大最早的、比较完备的一部信托法规，其中规定信托公司的营业执照一年一发，即要每年办理申请手续、换取新照才能继续营业。这样便于针对信托业的控制与监管。由于这一措施，加拿大的信托业发展较为稳定。除了中央政府颁布信托法律外，加拿大现在除了个别省份，大部分省份都有地方信托公司法，比如在新斯科舍省，实行了《受托人法》《信托变更法》

以及《公共受托人法》。到目前为止，加拿大各州均有自己的信托公司法，其联邦政府在1912年颁布的《信托业法》经多次修订，对各州仍具有法律效力。信托公司可按联邦政府或者地方政府颁布的信托法建立。由于加拿大的法律比较完备，政府监管也比美国严格，因为加拿大的信托业在经营作风上比较稳健，倒闭的很少。

加拿大对信托业的监管不仅有完善的法律法规，而且能做到与时俱进，根据形势的变化定期修改相关法律。加拿大对金融法规的调整不是随心所欲，而是明确规定每隔5年就要对其做一次大修订，以适应市场条件变化的需要。并且，对法律条款的每次修订，都会在相关条款下明确记载其修改的时间及其对应的相关法案，这样，不仅加强了法律的透明度，而且也增进了法律建设的连贯性。除此以外，加拿大在对金融法规进行修订时，不是孤立地对其某一部法律进行修改，而是同时对所有相关法律的有关条款进行修改，并且各项法规条款规定得都非常明细，每个专用名词也都有其明确解释，这样，就减少了法律执行中的冲突和矛盾。

3. 加拿大对信托业监管的服务性

加拿大对信托业监管其实质是一项服务，而不是一种管制，或者说，它首先表现为服务，其次才是管制。为了能够既实现放松管制的目的，同时又能保证本国金融业的安全与稳健，达到维护社会公众利益的目标，加拿大监管当局坚持做好持续性的风险识别和评估，建立一套有别于金融机构自身的风险预警系统，同时，将管制最大限度地缩小到风险暴露最严重的金融机构和金融领域。

4. 加拿大信托业务在金融混业经营中进行

1991年12月，加拿大下议院通过了《信托公司法》（*The Trust Companies Act*），这是中央政府颁布的信托法律。这项法案明确规定，允许所有联邦注册的金融机构开展投资咨询、投资管理和信托业务，仍禁止信托公司直接经营保险业务。1992年，加拿大对《银行法》等金融法规进行了一次大的修订，允许银行不仅可以从事传统的银行业务，而且也可以通过金融控股公司的形式建立附属机构，从事信托业务。银行和保险公司可以发展其信托业务，但是，银行和保险公司不能办信托执行人、监护人和股票过户代理人性质的业务。如果上述金融机构要办理全面的信托业务，必须要成立一个信托附属公司。

5. 加拿大信托业务具有全球化经营特征

加拿大金融信托业务善于运用全球经济金融和信托资源，根据世界各地经济发展的特点，许多信托公司都将其业务扩展到了全球各地，其中包括北美、欧洲较为成熟的经济地区，也包括拉丁美洲和东南亚迅速发展的经济地区，这使得加拿大接触到更多高速增长地区的发展途径,为其经济发展注入新的血液。例如,皇家信托把全球私人银行作为一项重要业务来经营,在22个国家设立了28家全球私人银行办事处,帮助客户进入国际市场,并通过选择财务和政治稳定、高保密的各地办事处中心,帮助客户管理其国际信托业务。

6. 加拿大信托业监管以风险防范为核心

加拿大金融监管是以风险为核心的监管。金融机构监管局监管的对象是在联邦政府注册的银行、养老金计划管理机构和其他金融机构。绝大多数的信托公司便是其监管的对象。由于加拿大在20世纪80年代发生两家银行倒闭案,为打破金融监管被动滞后的局面,加拿大国会于1996年及时制定和通过了C-15法案。这项法案倡导金融机构监管局推动行业规范的建设,帮助存款人、投保人等避免不必要的损失,同时增强社会公众对金融体系的信心。同时,还建立了以风险为核心的金融监管框架,以达到"增强公众信心、避免不必要损失、降低监管成本、维护有效竞争、提供高效服务的战略目标"。

在加拿大金融监管机构的带领下,金融机构自身也有一套严格的风险防范管理制度。以加拿大皇家银行为例,全行风险管理框架与政策分为4个层次,即全行风险管理框架—专项风险框架—全行风险政策—业务、技术及运营的专项政策和流程,从而识别、评估、减少和监视各种风险。另外一个例子是道明银行财务集团,其专门建立风险管理机构,在整个商业计划范围内从事风险管理工作。其高级管理机构包括:公司投资政策委员会(IPC)、风险管理委员会(RMC)、信托投资政策委员会(FIPC)。执行机构包括:最高信用委员会(SCC)、执行定价委员会(OPC)、资产流动性管理委员会(ALOC)。其中,RMC负责评估企业的风险变化以及影响公司业务运营。由于各个金融机构的金融混业经营,所以一般的风险监管都是信托业务和银行业务融为一体进行的。

(四)加拿大信托业监管的启示及借鉴

1. 借鉴加拿大的经验,对信托业加强依法监管

加拿大信托业的监管体制中,有许多值得我们借鉴的地方。前文中提到,加拿大的信托业大都依法而立。早在信托业产生之前,便先有法律作为约束。并且其中规定的营业执照一年一发,每年需要办理新的手续和营业执照,更加强了国家政府对信托业的监管工作。这也是加拿大信托业以至金融行业发展较为稳定的原因之一。

借鉴加拿大的做法,我国应进一步完善我国信托业法律和法规体系。尽管我国已初步建立了金融监管法规体系,但还很不完善,不能满足信托业发展的需要。因此，需要进一步完善有关信托业的法规和规章制度。

运用不同层级的法律规范。主要是借鉴加拿大的做法，通过法律、规章及指引等多个层级的法律规范对信托业进行监管。我国在一些领域也开始实行指引的做法，但很不普遍，特别在信托业应进一步加强。

定时修法。应借鉴加拿大的修法做法，与时俱进，定期修订。我国应借鉴加拿大的经验，定期修改，这是保证法律先进性的最有效的方法。

2. 提高金融信托业防范和化解风险的能力

加拿大银行及信托业一直坚持审慎保守的经营理念，即在可承受的风险范围内实现收益的最大化。稳健的风险管理理念已经渗透到金融业及其监管体系的每一个环节，构成了加拿大金融体系的风险管理文化。加拿大人对于举债一向采取谨慎的态度，加拿大机构和居民在债务融资方面比美国谨慎得多。在美国房地产业陷入危机之时，加拿大房地产业依然平稳，其中最重要的一个原因就是加拿大大多数人买房是自己住，而少有投资者和投机者。另外，在加拿大，银行业里信奉的原则是："没有任何一项业务值得拿自己的名誉去赌博""看不懂的产品不做或少做"。同时，对于"小概率、大事件"类的产品审慎经营，加拿大银行业从事较少金融衍生品也是由于此。根据加拿大的发展经验，我国应当借鉴其金融管理的做法，提高金融机构自身的审慎经营和风险管理意识，对资本进行监控，灵活检查。应建立对金融信托业的评级制度，形成风险控制措施体系，加强投资风险教育，最大限度地增强预防和控制风险发生的能力。

3. 加强中央和地方两个方面法律监管的协调

加拿大不仅在信托业上，在整个金融业领域，中央和地方的监管部门都十分完备，在金融监管中是联邦和省分权、分行业监管的体制，各个监管机构的职能和分工很明确。虽然加拿大的省级立法是与加拿大的历史有关系，但我们也可以借鉴加拿大发挥中央和地方两个积极性的做法，从中央政府和地方政府两个方面加强监管工作，并做到两个方面监管的协调，从而使信托业的发展更加严格化、规范化，增强信托法律的约束力，稳定金融市场。

4. 以金融混业经营理念推进信托业的发展

尽管加拿大对信托公司的业务还存有一些限制性规定，但总的来说，加拿大的信托业是在比较宽松的混业经营环境下展开的，信托公司经营的业务范围十分广泛。我们应借鉴加拿大的做法，适应市场经济发展的要求，拓宽我国信托业的业务领域，将信托公司从单一的融资功能向财产和金融管理功能的方向转变。

二、加拿大信用社（合作基金）的监管

（一）加拿大信用合作组织的发展历程

从全世界的范围看，合作金融机构最早发生在欧洲。20 世纪初，这种组织在北美发展起来。1900 年于魁北克省成立的称为 La Caisse Populairede Levis 的组织是北美第一个信用合作组织，也有说是帝雅鼎（Desjandins）先生 1901 年在魁北克省创立的。由于信用合作组织运行得非常成功，1906 年，魁北克省专门进行立法。1907 年也曾经提出在联邦一级立法，虽然没有成功，但也说明当时加拿大政府对信用合作组织的重视。早期加拿大信用合作组织发展的原因在于生产者缺乏资金，高利贷融资成本比较高，只有通过相互帮助的方式才能降低融资成本，获得生产发展的资金。早期加拿大信用社的借款人主要是分布在农村的农场主和一部分中小企业主，因此，从欧美国家信用合作组织发展的初期来看，成员主要来自于农村，并为提高他们的融资能力服务。

到了 20 世纪 30 年代，萨斯喀彻温的信用合作组织进入一个快速发展时期。当时世界经济大萧条使得位于加拿大西部的萨斯喀彻温草原地区种植业遭到严重挫折，大量的农场主破产，商业凋敝，放债人也急着收回借款。到 1937 年，2/3 的农村人口需要靠接受救济维持生计，资金短缺成为当时农村人口生活与生产的主要问题。在这种情况下，人们迫切需要有新的融资途径，发展信用合作组织的设想就被提出来了。1936 年，加拿大成立了一个由合作社领导者和政府官员组成的合作贸易组织委员会。1937 年，魁北克省出台了《信用团体法案》，在新的法案下信用合作组织得到了快速发展。

经过 70 年的发展，目前加拿大全国有 1 万多家信用合作社，1000 多万社员，全加拿大信用社从业人员 6 万多人。目前加拿大信用社是世界上最具活力的合作金融组织。信用社在加拿大全国都很活跃，信用合作联盟也得到不断发展。以萨斯喀彻温信用联盟为例，目前，由 11 个信用团体组成的信用联盟在 58 个社区有 57 万名成员，资产达到 90 亿加元。信用联盟在自身获得持续发展的同时，也为农村经济的发展做出了重大贡献。信用联盟主要在农村社区吸收储蓄，也非常强调将社区的金融资源为社区需要服务。信用联盟在 332 个营业点提供完全金融服务，在 58 个社区提供单项金融服务。可见，信用联盟是农村社区的主要贷款服务提供者，对农村经济的发展具有举足轻重的作用。

（二）加拿大信用合作组织的主要特点

1. 信用合作组织产权归成员所有

加拿大的信用合作组织形式有信用社、地区级信用联盟、省级信用联盟和国家信用联盟组成。在不同层级，产权都非常明晰。在信用社一级，产权归成员所有。信用社的成员非常广泛，只要缴纳5～25加元就可以成为信用社成员。各信用社是地区级联盟的成员，地区级联盟是省级信用联盟的成员，省级信用联盟的所有权为信用社所有。同样，国家信用联盟的所有权归9个省级信用联盟所有。由于有这种层层控制的形式，各层级信用联盟实际上都为信用社成员所有。正是由于成员有这样一种行使权利的机制，加拿大信用合作组织的产权非常清晰，运转也很健康。

信用社的管理者不是由政府任命，而是由成员选举决定，而且只有正式成员才能参加选举，信用社的管理者也必须对成员负责。信用社一般一个季度就应该向成员通报经营情况，一般每年都会有年报。在遇到特殊情况时，还会召开成员大会。通过这些方式，成员能够真正行使作为所有者的权利。

2. 信用合作组织为成员带来切身利益

首先是提供金融服务。信用社在贷款时采取市场化方式运作，基本没有利率方面的优惠，但它能保证农村资金需求者按时足额获得贷款。2004年，信用联盟为农村社区提供了67亿加元的贷款，占农村社区贷款的57%。其次是提供就业机会。目前信用联盟提供了2900个就业机会。最后是实行返利分红。成员受益是信用合作组织体现成员权益的重要途径。由于信用合作组织运行非常健康，财务状况良好，基本上每年都能返还成员一定的利润。2004年，一共返还1970万加元。也就是说，平均每个成员获得34.56加元的利润。虽然返还的绝对数额并不大，但这是体现成员权益的重要途径。

3. 信用联盟是信用合作组织的高级组织形式

信用社发展以后，随着市场需求的扩大，单个信用社的实力就显得非常薄弱，很难适应具有高风险领域的金融业的持续发展。在这种情况下，结盟就成为实行提高抗风险能力的选择。以萨斯喀彻温省为例，1938年，由16个信用社组成的信用社联盟成立，所需费用由信用社提供。1941年，信用联盟的组织构架进一步创新。信用联盟开始与其他合作社合并，从而进一步扩大了组织的规模。合并后的成员不仅包括原来的信用社，而且包括一些合作社。新成立的组织实际上充当了地区中心银行的角色，这不仅扩充了信用合作组织的实力，提高了其抗风险的能力，而且使得信用联盟在萨斯喀彻温省的金融领域具有举足轻重的地位。由于萨斯喀彻温省是农业大省，而合作经济组织在农业活动中具有关键性的作用。

信用联盟由地级联盟到省级联盟再到全国性信用联盟，组织形式不断优化，组织规模不断扩大，对稳定信用合作组织的业务有很大的支撑作用。当合作社和协会加入到信用联盟中以后，信用联盟的贷款市场就比较稳定，从而为信用联盟开展业务活动奠定了扎实的基础。比如萨斯喀彻温信用联盟的服务项目非常齐全，是加拿大第一个开展 ATM 机业务的信用机构。

4. 信用合作组织内部拥有健全的控制制度

在信用合作组发展的初期，内部管理制度很不健全。随着业务活动的日益规范化，信用社的内部管理制度也日益健全。以萨斯喀彻温信用联盟为例，已经发展了一套法人绩效考核体系。这套考核体系能够满足信用社的业务活动是否与目标相符，支持目标和战略的扩展，清楚表达经营预期，促进管理层进行竞争，提高透明性和明确责任和保证控制目标的实现。信用联盟还专门开发了内部风险管理框架，包括风险确认、风险监测、风险评估以及过程控制。该框架能够根据产业的变化、信用社系统的进展以及对这些变化的含义做出反应。这样一方面能够改善内部治理，另一方面能够激发信用社的创造性。

5. 信用合作组织拥有良好的金融生态条件

欧美国家一直都非常重视信用体系的建立。加拿大政府对信用合作组织也是如此。在加拿大，作为借款人，如果失去信用以后很难再获得贷款，这将对其产生长期的影响。为此，政府为支持合作社和协会的发展，出台了一项专门的政策。如果合作社或者协会成员不能偿还贷款，政府将负责偿还贷款的25%。由于合作社和协会成员是信用社的主要客户，因此，对信用社来说，贷款风险被大大降低了。

（三）加拿大信用合作组织的监管做法

1. 法律和政策监管规则体系

加拿大信用合作组织作为非政府组织，与政府保持着明确的独立性。加拿大政府严格遵循合作社的独立性原则，不干预合作社的具体内部事务。但同时，政府也会通过制定法律法规来明确信用合作组织的地位并规范其运行。最主要的法规是《信用团体法案规定》（*The Credit Union Act & Regulations*）。除了政府的法律法规以外，监管规则也包括储蓄担保公司的健康业务标准、信用社会员的有关规章和实施细则、信用社理事会制定的内部政策以及信用社经营过程有关程序规定等，这些都一并构成了信用社运行和监管的规则体系。

2. 信用合作组织的监管机构

在法律和公共政策框架下，政府的金融监管部门都担负着对合作金融的监管功能。比如财政部稽核部门、金融监管局以及各级信用合作联盟等对信用合作组织进行监管。具体讲，政府的直接监管机构有两个：一是消费者保护与公共利益机构。这类机构主要是保护与信用社有关的利益方，存款人、借款人、投资者等的利益，并关注信用社不正常运转可能给整个社会带来的损失。在一般的情况下，这类机构不会对信用社的具体业务活动进行干预。二是注册机构。该机构有权派出代表对信用社的全部业务或者部分业务进行监控。注册机构会直接监控信用社的活动。在一般的情况下，该机构会派人到储蓄担保公司与其合作对信用社进行监管，同时，该机构还直接派人到信用社进行现场监管。

各个省区的具体监管部门又各有特点。以魁北克省为例，其对信用社的监管工作主要由两个机构实施，一是魁北克省政府金融监管局，其内设的信托及信贷机构监管处负责对贷款金融机构的市场准入和风险监管，对信用社的监管也由该处负责。二是信用联盟，主要是根据省金融监管局的授权，对信用社进行检查、审计以及风险预警和防范。

3. 信用合作组织的监管方法

在监管方法上，采取现场、非现场检查相结合，以非现场检查为主的办法。这种状况的形成，主要得益于信用社内控管理的规范化和电子化建设的高水平。

在监管初期，由于信用社内控制度建设还不规范、不统一，电子化程度较低，相当多的监管信息和数据需要监管人员进入信用社现场采集，因此，现场检查的工作量较大。随着信用社各项业务的不断发展，内控管理的力度得到加强，有关指标和报表等格式逐步规范统一。与此同时，信用社电子化水平不断提高。这样，非现场检查的有效性大大提高，现场检查的工作量开始明显下降。所有基层信用社当日业务经营的主要记录都可以在联盟的计算机控制中心看到，联盟的信息系统专门小组负责对每日业务进行监控，基层信用社业务经营中若出现了较明显的问题，可以及时被发现。

4. 信用合作组织的监管内容

监管内容包括两个方面：一是政府金融监管局侧重对信用社机构准入、市场退出和重大风险的监管，其中重大风险的监管是建立在信用社系统内部的监管机构对信用社风险监管的基础之上，有重点、有选择地进行；二是获得政府金融监管局授权的信用社系统内部监管机构，侧重对信用社日常经营风险和内控管理情况的监管，这种监管涵盖的面很广，几乎涉及信用社的各个方面。

以魁北克省为例，信用联盟内设的监管部门主要通过常规检查实施监管。法律规定对所有信用社至少18个月检查一次，每次检查的内容都十分全面，包括信用社内控管理和风险状况的各个方面。检查工作开始前，联盟的信息系统专门小组会将被检查信用社自上次检查以来所有重要的信息和数据都提供给检查人员，检查人员通过阅读、分析这些资料，判断可能存在问题，并拟定检查提纲。然后，根据提纲确定是否需要该信用社再提供新的资料或由该信用社管理层做出进一步说明。需要实地检查，监管人员则会有针对性地现场检查。现场检查的主要任务是，对非现场分析中发现的问题进行核实，并通过实地检查，发现和掌握内控管理中存在的问题及风险状况，提出具体处置意见和措施。

（四）加拿大信用合作组织的监管特点

1. **实行授权监管，减少监管层次**

省政府金融监管局将大量的日常监管工作交由信用社联盟进行。这样做，减少了监管层次，节省了政府的人力、物力，充分发挥了信用社联盟本身熟悉信用社情况的优势，大大提高了监管的效率。无论是政府金融监管局还是信用社联盟，对这种方式都十分满意。

2. **监管工作主要通过非现场进行，非现场监管和现场检查紧密结合，相互配合，成为不可分割的整体**

在检查方式上，主要是常规检查，大量的问题都通过常规检查发现并进行处理，一般专项检查较少。这主要是因为信用社内控管理比较规范和电子化水平较高的缘故。计算机网络对监管工作质量的改善和监管效率的提高具有十分重要的作用。

3. **监管工作重点是信用社自身内控制度的落实情况，风险隐患的发现和控制也主要通过内控来实现**

信用社系统在监管中设置了非现场分析指标和风险预警指标，但均属于风险点的前期暴露和早期预警。高度重视和强调通过信用社完善自身内控机制和制度防范化解风险，是信用合作组织监管中一个十分突出的特点。

4. **对信用合作组织中高管的监管实行宽严并用**

对信用社高管人员不设立准入资格条件，也无须办理准入手续。但在监管中一旦发现存在违规问题或不胜任管理，就会立即提出调整建议。

（五）加拿大信用合作组织监管的优势环境

1. **优良的整体金融监管体系**

作为加拿大金融监管的其中一部分，信用合作组织的监管基本遵照加拿大的宏观金融监管体系，但同时也有其特色以保证其独立性（因为信用合作社属于非牟利经济组织，相较其他金融组织有其独特性）。加拿大金融监管采取的是两级金融监管——联邦政府和省两级平行监管，无垂直领导关系但又协调合作。信用合作组织的监管体系基本符合此特征。同时信用合作组织也有其内部监管，以达到相对的公平公正公开，并保持其稳定性与独立性。长期以来，加拿大的监管机构通过这种方式保持了有效的沟通和协调，减少了监管的灰色地带，使其发展成为一成功范例。可以说，加拿大信用合作组织的成功监管，首先得益于加拿大整体金融监管体系，它是在这个大的监管体系下运作的。

2. 完善的法律体系

加拿大在专门针对合作社的法律体系方面相对成熟。如上所述，加拿大的金融监管体系是联邦与省两级平行的监管体系。在联邦，有专门的《合作组织法》；而在省级，各省也有其独立的合作社法律法规来约束信用合作组织的行为。但要注意的是，省级相关的法律法规并不是《合作组织法》的下位法，而是与其在同一省域范围内有着同样效力的法律法规。这样，就会使得内部公平性原则变得更有弹性。这些法律法规使信用合作组织的监管具有了法律依据。

3. 高效的政府服务体系

除了法律体系的约束，政府也承担着主要的监管责任和支持义务。政府机关通过两大机构对信用合作组织进行严密的监管。与此同时，政府也为信用合作组织提供各种各样的优惠政策，但政策实施的前提，是为信用联盟内部成员提供优惠，这要求组织必须约束自己的行为以达到优惠政策的要求。只有在符合监管要求的前提下才可获得优惠，既保障了组织利益，又达到了强力监管的要求。

4. 第三方体系

第三方力量包括研究机构、大学、社区组织和信用合作组织其自身。研究机构和大学作为学术机构，一方面，对合作社进行研究，为合作社提供培训和通过农业科技、农机普及等帮助合作社及其成员。另一方面，在研究过程中，对信用合作组织的体系发展中存在的问题提出帮助，以达到完善体系的效果。社区组织对加强合作社成员之间的交流、化解合作社内部矛盾有直接的影响，同时也在检查着合作社内部行为。信用合作组织其自身的考核制度，也很好地保证了这一监管体制的实施。

5. 民主选举与控制机制

加拿大信用合作组织的领导者通过层层民主选举产生，使成员能充分行使自己的选举权与被选举权。这样，组织的领导者也能充分代表成员的利益，并体现信用合作组织的独立性。民主选举过程受政府监控：政府派出官员监督选举的合法性。在选举结果出来以后,合作组织将选举结果报备政府。信用合作组织内部良好的管理制度是成功监管的重要基础。

6. 规范的利益联结机制

加拿大信用合作组织的利益联结机制都比较规范,这也是内部监管的一个重要机制。其中最根本的一条就是保证成员获利与贡献的对称。合作社给成员的返利一般根据成员的惠顾额进行,分红则按照股份进行。成员在加入合作社之后增收是比较明显的。这主要通过以下途径获得。一是较高的产品销售价格。合作社的谷物收购价格一般高于市场价。二是通过市场规制避免成员产品销售价格过低。目前,加拿大已经在牛奶、蛋类、肉鸡、火鸡等行业通过合作社的形式建立了供应管理市场系统,这样可以保证成员获得比较稳定的销售价格和收入。三是利润返还和分红。规范的利益联结机制有利于对信用合作组织内部成员利益分配的公平性与稳定性的监管。

(六) 加拿大信用合作组织监管对我国的启示

中国的农村信用合作社和加拿大的农村信用社都采用合作制,但由于两国社会、经济、文化背景的不同,在合作制体制上也存在差异,但依据市场经济规律发展,信用合作组织在许多方面应当是趋同的。加拿大的农村信用社是按照真正意义的合作制原则发展起来的,而我国的农村信用社发展50多年来,在促进我国农村、农业和农民的发展进步方面发挥了积极作用,但一直没有按照合作制的原则进行规范。但随着改革开放的深入,以及中国和世界经济的迅速发展,中国的信用合作组织也需要与时俱进,按照市场经济发展的规律进行改革和发展。从市场经济的发展规律来看,中国的信用合作社还存在许多需要改革的地方。加拿大信用合作组织的发展和监管都积累了许多成功的经验,我国完全可以借鉴加拿大的做法,推进我国信用合作组织的发展和监管工作。

1. 借鉴加拿大经验,注重信用合作组织法律法规体系的建设

信用社的健康发展,离不开法律的保障。加拿大信用社发展的每一个重要阶段,都有相应的立法行动,都以相应的法律条文为保障。我国农村信用社建立已50多年,多次经过重大的体制变动,但始终没有一部成型的法律法规来规范,法律地位始终没有明确,这是当前农村信用社产权不清、管理责任不落实、体制不顺等问题的根本原因。深化改革,十分有必要加快信用社管理的有关立法工作。建立完善独立的信用合作组织法律体系对保障我国农村信用合作机构的稳定与安全,促进我国农村经济发展,有着重要的战略意义。

2. 借鉴加拿大做法,扩大信用社经营规模,增强抗风险能力

加拿大信用组织的发展过程中逐步形成的不同层次的信用联盟以及信用社

的不断兼并重组的做法为我们提供了经验。长期以来，我国农村信用社发展规模较小，难以满足更大范围和更大规模的融资需求，因此加大信用社之间兼并重组很有必要，这对于扩大信用社的经营规模，提高信用社自身的竞争力和抗御风险的能力是非常必要的。我国农村信用社兼并重组也已经开始起步。中国银监会2010年印发《关于高风险农村信用社并购重组的指导意见》的通知，明确了农村信用社并购重组的主要目标和基本原则，并具体规定了并购方式、范围、条件及程序。特别是提出并购范围是以县为单位监管评级为六级的农村信用社，以及监管评级为五B级且主要监管指标呈下行恶化趋势的农村信用社。并购方的范围及条件如下：商业银行、农村合作金融机构、非银行金融机构及优质企业均可作为并购方。并购方为金融机构的，监管评级至少在二级及以上，并购后并表测算主要监管指标不低于相应的审慎监管标准。企业应符合向农村信用社投资入股资格的有关规定。以县为单位统一法人的工作受到各地信用社和地方政府的普遍欢迎，应进一步加快步伐。但应注意的是对兼并重组要加强规范运作，并注意在组织形式上无论如何变化，不能弱化农村信用合作金融的性质特征。

3. 借鉴加拿大经验，推动信用社经营逐步商业化

加拿大信用社的合作制特征应当说保持得很好，信用社为社员服务、实行民主管理的意识很强，但同时，信用社在经营上已经逐步商业化，经营的目标是尽可能多地赚取利润，一方面提高信用社的装备水平，同时为社员返还更多的利益。不仅如此，信用社省联盟还设有若干公司性的投资和经营实体，代表全体信用社进行投资活动，如投资入股兴办实体，办理保险业务，办理国际信贷和结算业务等，这些纯商业性经营活动为整个信用社系统提供了丰厚的利润，从而确保了整个体系的健康发展。为进一步提升整个系统的竞争力和社会形象，加拿大信用合作系统存在名称"银行化"趋势。我国农村信用社在定位上长期以来不是以盈利为目标，其结果也失去了更大的金融服务能力。即使是中国银监会在高风险农村信用社并购重组的指导意见中，主要目标也没有完全明确信用社应获取更多利润的文字表述。因此，应大胆地支持农村信用机构在服务"三农"总的目标下，大胆地采取一切有利于信用社发展的合法手段，以银行化的名称，大胆开展多元化经营，放手发展，开创我国农村信用社发展的新局面。

4. 借鉴加拿大的经验，强化信用社风险内控管理

加拿大信用社监管工作中强化内控管理，并把信用社风险内控制度的落实情况作为监管工作的重点。借鉴加拿大的做法，应不断加强信用社内部风险防范措施，建立以信用社为对象的风险评估和评级体系，不断完善风险评价指

标，增强灵活性，保持与时俱进，更科学合理地评价信用社的风险状况，更有效地化解信用社的风险。

5. 应把对信用社的监管和信用社的发展结合起来

监管是伴随着发展的需要而产生的。从发展的实际看，我国信用合作组织还存在发展规模不足、内部风险管理不完善、产权不清以及法人治理结构不健全等问题。这些问题应通过监管的过程不断进行解决。监管应以促进信用社发展为目的，通过加强监管，逐步解决经营规模、产权、治理结构等许多方面的问题，进而促进信用社沿着健康的方向发展。通过促进发展，逐步提高信用社自身的经营实力和抗风险能力，同时也可以使信用社装备水平不断提高，特别是加快电子化建设步伐，为监管工作提供更好、更有效的平台，降低监管当局的监管成本和信用社自身接受监管的成本，提高监管效率。

三、加拿大融资租赁业的监管

融资租赁（financial leasing）又称设备租赁（equipment leasing）或现代租赁（modern leasing），是20世纪50年代产生于美国的一种新型交易方式，由于它适应了现代经济发展的要求，所以在20世纪六七十年代迅速在全世界发展起来，当今已成为企业更新设备的主要融资手段之一。现代租赁业，在发达国家被誉为"朝阳产业"，它既是与银行信贷、证券并驾齐驱的三大金融工具之一。经过业界的不懈努力，1988年5月28日国际统一私法协会（Unidroit）在加拿大渥太华通过了《国际融资租赁公约》，并开放签字日至1990年12月31日。该公约已于1994年生效。融资租赁业是一种"资金密集型"的行业，资金流动量规模很大，风险资产最多可达到自有资产的几十倍以上，因此对金融租赁业的监管十分必要。①

（一）加拿大融资租赁业发展的基本特征

1. 在世界范围内的发展水平比较高

加拿大的融资租赁业包括基于财产的融资、设备和车辆租赁。融资租赁业2007年融资最高达到1054亿加元（1998年仅500亿）。由于经济衰退，2008—2009年的总资产融资下降至808亿加元。据估计，加拿大租赁公司管理下的租赁资产共约1030亿加元，设备融资公司占480亿。加拿大2004年的商业设备融资为190亿加元。

---

① 参见史树林《融资租赁制度概论》，中信出版社2012年版。

2. 加拿大租赁业市场渗透率很高

租赁业市场渗透率（market penetration of leasing penetration）是指租赁在固定资产投资中所占比例，这是衡量租赁业发展的重要指标。根据这一指标来看，加拿大的市场渗透率在2008年达到19.4%，仅次于巴西的23.8%、挪威的24%和英国的20.6%。从2009年的国际租赁业务总额排名看来，加拿大的租赁业务总额达到130.5亿美元，排在世界第9位。相较于其2009年的世界GDP排名，加拿大国内生产总值为1.5万亿元，排名世界第8位。加拿大的租赁业务占其GDP的0.87%。

3. 租赁设备的种类丰富

加拿大租赁设备的种类尤其丰富。其融资租赁业包括基于财产的融资、设备和车辆租赁。加拿大的租赁业务分布很广，包括农业机械、电脑、建筑设备、发电设备、工业制造设备、发电设备等，具体看表7-1。

表7-1 租赁设备种类及市场份额排名（2004年统计）

排名	设备种类	2003年	2004年
1	车类（总计） 卡车 拖车 公共车	27% 14% 11% 2%	25% 13% 11% 2%
2	建筑设备	12%	13%
3	制造业和加工业设备	9%	9%
4	飞机及其相关设备	7%	7%
5	办公室设备	6%	6%
6	电脑（软硬件）	6%	5%
7	医疗及保健设备	3%	3%
8	林业设备	3%	3%
9	矿业及石油设备	3%	3%
10	材料处理设备	2%	2%
11	办公家具和夹具	1%	1%
12	商店家具、柜架、设备	1%	1%

续表 7-1

排名	设备种类	2003 年	2004 年
13	铁路机车车辆	1%	1%
14	农业设备	1%	1%
15	通信设备	0%	0%
16	水容器	0%	0%
17	旅馆、饭店、公寓	0%	0%
18	其他	17%	17%

资料来源：大坤，加拿大融资租赁业发展及相关规定，http://www.tjrzzl.com/all-news/ffl/2015-01-09/515.html。

4. 市场的构成以中小型企业为主

据估计，加拿大租赁公司管理下的租赁资产共约 1030 亿加元，设备融资公司占 480 亿加元，大部分租户（60%）是中小型企业。加拿大租赁市场由国内和国际银行租赁公司、大型独立实体和大量的小型租赁公司组成。

在加拿大，小型租赁公司的交易量主要取决于租赁承包供应商和供应商计划项目，而中、大型租赁公司的交易则更多来自于直接承租客户。由于加拿大的整体市场规模较小，局限于特定设备的专业租赁公司不多，租赁公司的租赁服务有多样化的特点。加拿大租赁业在政府中有很高的认知度，租赁市场潜力在增大，特别在中小型企业市场份额有较大的发展空间。

基于资产的融资租赁业融资占加拿大每年用于机械、设备和商用车新投资的 25%。该行业的客户约 60% 为中小型企业。虽然许多信贷提供者为大型金融机构，如银行、信用社和保险公司等，但企业的融资公司和地区性小型独立融资租赁公司仍占相当数量。

5. 行业协会带领

加拿大租赁行业协会主要有两家，即加拿大租赁协会（Canadian Rental Association，CRA）和加拿大融资租赁协会（Canadian Finance & Leasing Association，CFLA）。两个协会均是非盈利机构，但要收取会员费维持日常运作，并提供一些行业相关的有偿服务。两个协会都有非常成熟的网站，并在主要商业城市设有办公室。从加拿大融资租赁看，CFLA 则发挥着主要的引领作用。CFLA 代表了加拿大以资产为基础的融资、设备和汽车租赁产业。这个行业协会是传统的银行和信用合作借贷机构之外最大的债务融资提供者。

CFLA 成立于 1993 年，由加拿大汽车租赁协会和设备租赁协会合并而成。CFLA 在加拿大拥有 200 多家会员，大多是在加拿大经营的设备和车辆租赁公司，包括大型跨国公司以及国内小型区域性企业，涵盖了对制造商的财务公司、独立租赁公司、银行、保险公司和行业供应商的金融服务。该行业的客户包括加拿大的小、中、大型企业以及消费者。

CFLA 的董事会成员从会员中产生，任期两年，通常由该行业在不同地区的商业领袖担任。执行委员会由董事会任命，设有主席、副主席、财务秘书长及工作人员，负责协会工作的日常执行，包括会计、培训、政府关系、法务、税务等。

CFLA 的会员包括三种类型：①普通会员，即从事融资租赁的企业；②联合会员，即为融资租赁行业提供服务的机构，例如律师、会计事务所、软件开发者、拍卖行等；③海外会员，是对加拿大融资租赁业感兴趣的外国机构。

CFLA 的会员大多是在加拿大经营的设备和车辆租赁公司，其中约 20% 为大公司。这些大型租赁公司包括 GE Capital，商业投资信托基金（CIT）、美国银行（Bank of America）、PNC 设备租赁公司（PNC Equipment Finance）、卡特皮勒金融服务公司（Caterpillar Financial Services Inc.）、威尔斯法构金融集团（Wells Fargo）、国际商业机器金融公司（IBM Financial）和约翰迪尔信贷公司（John Deere Credit）等大型跨国集团。这些公司 95% 的融资来自于加拿大境内。而小型私营租赁公司多数是依附性的，业务量也较小。

CFLA 最新的运作方式是通过协会网站进行的。该协会在 2012 年 2 月对网站进行了升级改版，在网上大量发布相关行业信息，其中 90% 的信息是会员专享的，需要密码登录才可浏览或下载。网站提供的信息包括政府政策调整、相关法律法规、会计、税收、保险、经济数据等。网站设有专门的交流区，可以在线查询行业相关服务的提供商、寻找融资伙伴、查找相关法律和技术服务提供者。CFLA 网站还设立了其特有的在线培训系统——加拿大租赁业按需培训项目，包含了 11 个视频教学资料，帮助会员学习加拿大的融资租赁、设备租赁和汽车租赁等。CFLA 网站还设有电子留言板，也会通过电子邮件给会员传递信息，网上还提供会员专享的行业年度调查报告，其网站已成为行业的电子信息资源中心。

（二）加拿大对融资租赁业的监管

1. 法制管理

由于认为融资租赁业并不执行信托、保险、证券及储蓄这几类"核心服务活动"（core activities），加拿大并不像其他国家一样针对租赁业单独立法，只通过诸如《银行法》及《税法》等相关法律为行业监管提供可鉴的法律条文。租赁业相关法律既包括联邦立法，又包括各省、区立法机构制定的法律，主要有《银行法》《所得税法》《可移动设备法》《破产法》《公司债权人安置法》《工资收入者保护法》等。租赁业在加拿大是由各省自己负责管理。联邦政府对租赁不实行监管，唯一例外的是由联邦负责的《破产法》。因此，当事人必须事先明白具体租赁交易的省区，并确保该交易符合当地的相关法律。不过，加拿大许多省区（魁北克省的除外）的租赁业相关法律和规定基本上都大同小异。

（1）《银行法》关于融资租赁的规定。

加拿大《银行法》规定，加拿大银行不得向消费者提供汽车租赁服务或其他资产租赁服务，除非该租赁符合《银行法》所规定的"融资租赁"定义。这样，汽车租赁业的市场份额就由汽车生产商下的租赁公司所占领。银行可以提供一定范围内的经营性租赁（operating leasing，又称为维护性租赁），并通过购买残值担保以冲销大部分的资产风险。规模较小的融资机构提供的经营性租赁，则选择承担残值处理，随后再将特定资产的风险打包销售出去。因为规模较小的融资机构获取资金的难度一般都比大型融资机构要大，导致其经营性租赁服务的成本也较高。虽然规定不允许银行直接参与消费者汽车租赁服务或其他资产租赁服务，但银行常常会给交通工具租赁公司提供无追索权的信贷。

在加拿大，在监管内的合法保险公司一度不允许提供财务担保保险或打包信贷。同时，一些未注册的国外保险公司向加拿大资产项目提供财务担保保险的活动也被大大削减。而近年来，加拿大有好几个基于资产的融资项目成功获得财务担保保险。这意味着，将来可能出现其它形式用于融资租赁的融资担保或打包信贷。

（2）《税法》关于融资租赁的征税及税收优惠的规定。

税法在租赁行业监管方面发挥了主要作用。加拿大属联邦、地方税收分权型国家，实行联邦、省（或属地）和地方三级征税制度，联邦和省各有相对独立的税收立法权，地方的税收立法权由省赋予。由于实行非中央集权制，各省税收政策具有灵活性，各省的税种、征收方式、均衡税赋等都有一定的自主权，但省级税收立法权不能有悖于联邦税收立法权。涉及租赁业的主要税种包括：公司所得税及附加税、个人所得税及附加税、商品劳务税（消费税）、资本税、土地和财产税等。

加拿大的税法体系为了鼓励商品购买提供了相关鼓励条文：允许资产所有者上报折旧费用，享受所谓的"资本成本补贴"（capital cost allowance, or CCA）。在担保贷款或有条件的销售资助中，资产承租人通过资金资助和贷款购得资产或货物，从而成为该项资产或货物的所有者，进而享受 CCA 的福利。虽然对于大部分资产承租人来说，CCA 的获取顶多只能帮助他们达到边际收益，主要可能是他们的运营刚好收支相抵，或者有所亏损，抑或是免税户的原因。而资产出租人则经常利用 CCA 补贴来抵补部分的税收。

而为了彻底消除特定资产的出租人从 CCA 上的获利，加拿大采取了"指定租赁资产规定"。这样的规定有效地分化了融资租赁市场，使市场两分为"豁免资产"的小额租赁及其他非豁免资产的租赁。豁免资产包括办公室常用桌椅及办公设备，例如电脑，家用设备诸如家具、家电、火炉、热水箱等，以及货车、客车、公路道路拖车等。豁免资产所有者享有全额 CCA。而非豁免资产所得租金若低于规定金额，将会为出租人创造一笔所谓的"挂名收入"，因为定得相对偏高的规定金额会使这些差额转而变成本金。

（3）安大略省的《城市法》。

加拿大各省区对下属市政府的融资租赁活动有各自的监管措施。以安大略省（以下简称"安省"）为例，省政府制定的《城市法》（*The Municipal Act*）对市政府的融资租赁有具体的规范。《城市法》的起草是在债券发行及投资政策委员会（Committee on Debt Issuance and Investment Policy）的协助下完成，该委员会由安省金融管理机构、安省城市协会、城市财政办公协会、市政工作人员和投资社团等组织派出的代表构成。融资租赁是指以市为承租方，对支付做出承诺，对将要购买的财产成本（相当于）进行债务融资。

根据《城市法》，市政府的融资租赁即以市为承租方，对支付做出承诺，对将要购买的财产成本（相当于）进行债务融资。《城市法》同时列出了具体规定以监管市政府的融资租赁行为。

根据《城市法》，市政府必须首先分析并公布融资租赁合同的专门标准化信息，上呈一份关于融资租赁政策和目标的陈述，才能正式签署融资租赁合同。同时规定，市政府须在每个财政年度上报关于融资租赁的交易，要求"本市市财务管理部门官员就其融资租赁项目向市政策与财政委员会提交报告，说明基金来源、财政意义及其影响"，而年度财务报表"在罗列各项融资租赁在市现有长期债务中所占的比例时，必须标明其融资租赁的成本预算"。

安省多伦多市也对市政府的融资租赁行为制定了相关规定，认为"涉及材料的融资租赁协议"必须达到以下几点要求：

1）每一笔融资租赁交易必须符合市的相关规定，并接受市政厅和公众的审查。

2）市政府必须在财务报告基础上对项目进行评估的前提下，才能签署融资租赁协议。评估必须包括"法律和财政方面的建议"。这样做一是有利于规避风险，保护财政资金安全；二是政府对成本有一定的了解。

3）在郡、区市地域，当较低级市的融资租赁安排可能会影响到其所在郡、区政府的信用评级时，须在决定之前向郡、区通报租赁安排，包括日程表和条款。

（4）国际公约。

《国际融资租赁公约》（以下简称《公约》）于1988年5月28日在加拿大渥太华签订，有55个国家参与了《公约》的审议，但由于根本性的分歧尚未解决，所以许多国家未批准加入《公约》。虽然《公约》并无正式生效，但是《公约》的内容已作为国际惯例被普遍使用。

《公约》坚持公平均衡原则，旨在消除各国在经营国际融资租赁业务方面的法律障碍和为解决过程纠纷制定统一的国际规则，通过协调出租人、承租人和供货商三方关系，维护各方正当权益，并兼顾国际融资租赁中民事和商事法律方面的统一规则。其中，对出租人、承租人的权利和义务的规定是重中之重，也是对当今世界融资租赁业的常用借鉴。诸如"承租人应妥善保管、合理使用设备，使之保持交付时的状态，但合理的磨损和损耗除外"的规定在实践中广为运用，也构成了加拿大融资租赁业监管体系中的一环，为行业提供了规范模本和调解借鉴。

2. 制度规范

（1）租赁合同规范。

对加拿大融资租赁合同的监管主要涉及租赁合同的法律地位、出租人和承租人以及第三方的权利与义务等内容，受到普通法和国际惯例（包括民法、《国际融资租赁公约》、CISG等）的监管。在加拿大，更多时候租赁合同会被视作融资交易，而非租金交易。因此，租赁合同应该被认定为一种新的合同类型，包含了融资或者服务合同的特征。

（2）融资租赁登记制度（魁北克省）

在加拿大，融资租赁并未被认为担保交易，其立法理念认为是否担保交易不重要，公示其内容以维护交易安全才是最重要的。加拿大的融资租赁登记的内容与担保交易的类似，且两者实则是在同一个动产担保登记系统进行登记。

在魁北克，融资租赁交易应在不动产与动产权利登记簿上进行登记，根据《魁北克民法典》的规定，出租人对租赁物的所有权仅在融资租赁合同登记之日起15日登记其权利的情况下才具有对抗第三人的效力（第1847条）。如果在15日之后仍未登记，出租人的普通债权人既可认为租赁物属于承租人所有。

3. 行业自律

在加拿大，行业自律监管在一定程度上替代官方行使了部分监管职能，具有不可替代的重要性。如上所述，与融资租赁业关系最密切的行业协会主要有加拿大租赁协会（CRA）和加拿大融资租赁协会（CFLA）。在租赁业发展过程中，行业协会也发挥了自律监管的作用。

CRA成立于1965年，隶属于美国租赁协会（ARA），其分会和代表处分布在加拿大不同地区，致力于促进会员企业的成功并推进租赁行业的发展。CRA的主要工作内容中的重要条目就是以合法的方式促进加拿大各个分会的发展，维护公共福利，促进行业关系间的道德实践，为公众提供统一的高标准服务。CRA的主要职责还包括：为会员提供保险方案，举办行业年会、交易会和展会，搜集与传递行业信息，培训服务及奖学金方案，经验报告与信用评估。虽然CRA不是隶属官方的正式管理当局，但却是加拿大租赁行业的权威组织，其在行业中的话语权不容小觑，在行业中起到了重要的监管作用。

CFLA的主要职责之一是与政府官员进行沟通以保证业界与管理当局的顺畅交流，相互了解发展动向。在这个过程中，CFLA既向行业传达了政府相关管理规定和政策，同时也向政府及时反映了行业的相关操作和动向，其职责相当于政府对行业的"观察员"，一定程度上代替政府行使了对行业的监管职能。除了充当行业和政府间的"中间人"外，CFLA的职责还包括：①推广作用，向公众、媒体及其他金融协会进行行业推广；②通知作用，通过年度报告、专题研讨会等方式为企业会员及时提供行业重要信息；③交流平台，通过举办论坛等方式，为会员提供了一个交流学习、互换经验的平台；④专业服务，为会员企业的员工提供专业培训，以提高行业素质和水准。

（三）加拿大融资租赁业监管的特点

1. 总体介于适度型监管和严格型监管之间

根据学者李鲁阳、张雪松的划分，国际上各国融资租赁业监管体系大致可分为三类：市场调控型、适度监管型和严格监管型。美国、英国为市场调控的代表，主要由市场机制发挥作用，基本上不对融资租赁企业实施监管。适度监管型则是通过监管投资于融资租赁企业的母公司从而间接监管融资租赁企业，此类型的典型代表为日本和德国。严格监管型国家包括法国、意大利、西班牙、巴西和韩国，都对融资租赁业实施如同对银行业一样直接、严格的金融监管。

加拿大通过其联邦和省市立法设立监管融资租赁业的相关法规，辅以相关制度（如融资租赁登记制度等）和行业自行监管，其监管力度比起实施适度监管的国家更直接、力度更强。但由于联邦和省市政府并没有直接管辖融资租赁的主管部门，亦未对融资租赁单独立法，并认为对租赁业监管应当适度，因此比起实行直接监管手段的国家又相对宽松自由。总结来说,加拿大融资租赁监管力度应介于适度监管和严格监管之间。

2. 法律法规与行业协会监管相协调

加拿大融资租赁业的监管只受到诸如银行法和税法等法律框架中部分条文的约束,但并没有形成针对性的、系统的规范文件;同时,加拿大政府并没有对融资租赁业设置主管部门,而是认为融资租赁业并无执行信贷、吸收存款的"核心活动",所以无须专门监管,于是融资租赁行业协会成了重要的监管实体。融资租赁行业通过政府交流、信息传递、会员互动等方式规范租赁企业行为,激发市场活力。

3. 缺乏对租赁资产处置的环境监管

国际融资租赁行业中,随着租赁活动频次和规模的增加,租赁资产折旧速率不断增加,如何处理废弃的租赁资产成了对国家环境和生态产生重大影响的问题。在融资租赁业发展历史较长、相对发达的国家如欧盟、日本等国,都对租赁资产的作废期、作废处理人或机构、作废处理成本等问题进行了详细规范,以解决可能造成的环境问题。而加拿大目前在租赁资产处置的环境监管上,能数得上的法规少之又少。

(四)加拿大融资租赁业的监管对中国的启示

中国于2000年颁布《金融租赁公司管理办法》,2007年3月1日开始施行经过中国银监会修订的《金融租赁公司管理办法》。总体上看,中国金融租赁公司的明显特点在于:一是在股东资格方面,规定只有商业银行、租赁公司、主营业务为制造和适合融资租赁交易产品的大型企业及其他银监会认可的金融机构才可以成为主要出资人。二是金融租赁公司最低注册资本为1亿元人民币或等值的自由兑换货币,并提出必须满足8%的资本充足率要求。三是对关联交易和售后回租交易提出了明确的监管要求。

商业银行进入融资租赁行业,是中国加入世贸组织的承诺,对银行本身及融资租赁行业都具有重要意义。银行可以发挥自身的资金优势,扩大客户基础,提高赢利能力,最终提高商业银行的核心竞争力,这也符合国际上一些主要市场经济国家商业银行经营融资租赁业务的惯例;融资租赁行业可以利用商业银行较丰富的专业金融人才、客户资源、营销网络、无形资产等方面的优势,融资租赁行业必将更好地促进融资租赁行业的健康发展,更好地促进企业设备销售,技术更新乃至社会经济的发展。中国民生银行、交通银行、工商银行、建设银行、招商银行5家银行先后获准组建金融租赁公司。建设银行是其中唯一一家引入境外商业银行的金融租赁公司,与美国银行合作,租赁公司注册资本金最大，达到 45 亿元。民生银行是引进非银行合作伙伴——天津保税区投资有限公司，共同出资 32 亿元组建租赁公司。工商银行、招商银行和交通银行均出资 20 亿独资租赁公司。银行系的进入使得融资租赁行业发展进入新的发展阶段。

然而中国的融资租赁监管仍处于不成熟阶段，借鉴国外较为成熟的监管措施就显得尤为重要。银行经营融资租赁业与加拿大的做法有明显不同。但其他方面的监管措施仍有值得借鉴的方面。

首先，加拿大融资租赁业的报告制度值得我们借鉴。安省多伦多市要求本市市财务管理部门官员就其融资租赁项目的基金来源、财政意义及其影响向市政策与财政委员会提交报告，这是加拿大经过一系列经验教训得出的管理措施，这点十分值得借鉴。项目报告制度有利于防止决策失误情况产生，有利于防范风险，能使中国融资租赁行业的发展少走弯路，同时对预防腐败也能起到一定作用。

其次，加拿大融资租赁业强调自律监管的做法值得我们借鉴。我国对融资租赁的监管部门也是多层次多角度的，但融资租赁行业协会自律性的监管相对比较弱。加拿大融资租赁业监管在联邦和省市政府并无对应的主管部门，而是由行业协会这个"中间人"来担当监管主体。行业协会不仅起到了联系政府和行业的对话作用，同时通过各种形式的平台加强业内沟通，程序更灵活，信息时效性更强，有助于带动租赁市场活力。这对我国的融资租赁监管有明显借鉴意义。可能不会像加拿大那样主要由融资租赁行业实施监管，但加强行业协会自律监管的作用是容易做到的。

最后，加拿大对融资租赁实施宽严并重的监管模式给我们带来启示。租赁行业相较其他金融行业的特殊性和风险水平决定了对租赁行业的监管不宜过严，也不宜放任自流、不闻不问。这不仅符合行业特征，也是与加拿大国情和经济法制环境密切结合的。加拿大融资租赁业采取介于适度监管和严格监管之间的模式给我们带来了启示。我国在对融资租赁业进行监管过程中，也可以根据行业特征和面临的风险程度实施监管。

四、加拿大共同基金业的监管

共同基金（mutual fund）在不同的国家与地区有不同的译法，比如在美国则译为"共同基金"，又或者叫投资公司；在日本则称为"证券投资信托"；而中国，我们通常用"投资基金"，或者"证券投资基金"代替。说到底，共同基金其实就是将众多有相同投资意愿的投资者集聚一起，筹集资金，委托专业的投资机构代为管理。他们的投资对象可以是债券、股票等有价证券。投资得到的收益按投资者的受益凭证分配并享有利润或分担风险。共同基金主要面对的人群是普通大众。因此，随着生活水平和教育水平的提高，越来越多的人把闲钱参与到金融活动中，从而推动了共同基金业的发展。共同基金是加拿大，也是全球证券和债券市场上的重要投资工具。

（一）加拿大共同基金业的发展历程

共同基金起源于19世纪的欧洲，后传入北美。1924年北美出现首只共同基金。加拿大在1932年有了最早的共同基金。加拿大的基金业发展起步较其他发达国家慢，主要是由美国繁荣的金融业带动起来的。原因很简单，两国地理位置相邻，经济状况联系密切。加拿大共同基金经历以下三个发展阶段。

1. **加拿大共同基金发展的第一阶段**（1930年—1950年末期）

以1932年加拿大共同基金的建立起为标志，到1950年末期是加拿大共同基金发展的早期阶段。在这一时期，加拿大共同基金发展的显著特征有四个。一是投资对象的多样性，如债券、股票、贵金属和房地产等都是共同基金的投资对象；二是委托机构的多样性，包括银行和其他金融机构；三是缺乏统一的法律规范，基金行业发展较为缓慢；四是基金规模都不大。据统计，截至1952年，加拿大基金总资产只有7000多万加币，客户2万多名。

2. **加拿大共同基金发展的第二阶段**（1960年初—1970年末）

1960年初到1970年末这一时期为加拿大基金业发展的曲折阶段。1960年初期，加拿大基金总资产达5.4亿美元，有18万名投资者。随着基金业的日臻发展，内部寻求规范管理的呼声越来越大，随之催生了加拿大共同基金协会，这使加拿大共同基金开启了快速发展的时期，资金规模不断扩大，年均增长3.5亿加币。同时期，许多私人基金也建立起来。到1968年，加拿大的基金资产已达28.3亿加币，比1952年增长了40多倍。然而1960年末到1970年末的两次石油危机触发了第二次世界大战以后最严重的世界经济危机，由于油价上涨引起的一系列能源危机，美国经济受到严重打击，也使加拿大经济受到影响，导致加拿大的经济低迷。由于经济形势不好，股市大跌，投资者信心不足，资金纷纷撤离投资市场，严重阻碍了加拿大共同基金的发展。

3. **加拿大共同基金发展的第三阶段**（1980年以后）

从1980年起，加拿大基金业进入快速发展阶段，基金资产规模再次大幅扩张。80年代加拿大进行了经济结构的调整，农业比重大幅下降，制造业比重增加，特别是金融行业增长更是明显。经济结构的调整也为加拿大共同基金的发展铺平了道路。1987年基金资产已达200亿加币。1992年，加拿大人拥有基金达 700 多亿加币，到 1993 年，基金总资产已增至 1320 亿加币。截至 2008 年 10 月 31 日，加拿大各类上市基金已超过 10000 个。以市场份额较多的互惠基金为例，1993 年 6 月至 2008 年 8 月，加拿大互惠基金金融管理机构管理的基金账户资产由 1025 亿加元增长到 6000 亿加元以上。基金公司管理的资产已经成为加拿大资本市场上的主力。目前投资各类风格和品种的共同基金在个人注册账户 RRSP/RRIF/RESP 中，已经成为加拿大个人最常见的投资理财渠道和投资方式。基金也确实给耐心持有的人们带来了不菲的收益。

（二）促进加拿大共同基金发展的因素

影响加拿大共同基金发展的因素是多方面的，概括来说主要有以下几方面。

1. 经济增长

进入 20 世纪 90 年代，加拿大从经济低迷转向复苏，经济形势的好转使得人们手头上的钱多了，存款增加，因而利率下降，更多的人偏好投资获得更高利率的收益，投资基金成了普通大众的绝佳选择之一。即使手头没钱，由于利率的下降，贷款投资的回报还是不错，理性的消费者都会选择投资而获得更高的回报。

2. 金融业的稳定性

2000 年，加拿大金融体系在 IMF "金融业稳定评估" 中被认为是最稳定先进的金融体系。据加拿大的财政部资料，加拿大具有完善的金融监管系统，银行运作符合国际标准，服务费、信用卡成本及中期贷款利息等低于其他发达国家银行。不仅如此，加拿大银行拥有高效的支付系统，业绩普遍良好。总的来说，稳定的金融体系加上发达的银行业，促进了加拿大共同基金的发展。

3. 完善的监管体系

在加拿大国内，有一个全国性的非正式组织——加拿大证券监管组织（CSA），其成员是各个省区的证监委。CSA 加强了各个省区间的合作，制定了一系列全国性的规章制度统筹和管理国内的共同基金公司。

CSA 规定共同基金的交易人必须加入经过批准的自律性机构，比如加拿大投资交易人协会（IDA）、加拿大共同基金交易人协会（MFDA）、市场管理服务公司或股票交易所等，目的是为了更好地保护投资人和公众的权益。自律性机构对其吸收的成员进行严格的审查，确保交易人的专业水平和职业操守，从而保护消费者和共同基金公司的利益，保证公司正常运行，不受黑幕交易影响。

金融市场监管制度的日臻完善使得这一行业的安全性得以提高，保证了交易人的职业道德水平,加强了对消费者权益的保护,这些都大大增加了人们的投资信心,人们更加安心把钱放在管理完善的金融市场中。

4. 专业服务

随着家庭收入增加,人们愿意把钱用于投资而获得更高回报的意愿也会增加。尽管很多普通人没有专业金融知识,许多专业的投资机构却为他们提供了专业交易人和分析师。因而人们不需要花费时间去了解他们投资的对象,只需要交手续费即可享受专业的服务,坐等获得高于银行利率的收益。这样的便利进一步鼓动普通人加入到金融市场中。特别是人们的预期寿命延长,共同基金无疑给无劳动收入的退休人群带来了安逸度过晚年生活的保障。共同基金的出现使得人们得到一个让闲置资金获得高于银行利息收益的同时面对较低风险的投资机会,因而受到人们的欢迎。

5. 流动性强

共同基金是流动性较强的投资手段,这说明持有人能够随时购买或卖出基金单位。虽然有一定限制,比方说有些基金需要一定时间后才能赎回,但是若投资人发生意外,急需这笔钱,也可以通过交一定的赎回金来赎回这笔钱。总的来说,共同基金是流动性很强的投资工具,因此受到人们的欢迎。

6. 销售网络化

传统的做法是共同基金公司通过投资顾问、交易人或经理人的推销来销售基金。而现在大部分基金销售是通过邮件、电话和互联网进行的。销售网络化有很好的广告宣传作用,同时成本比聘用销售人员低廉,减少了操作成本,也就减小了共同基金公司的费用支出,因而卖方更愿意推销这种金融工具。

(三) 加拿大共同基金发展面临的挑战

1. 基金管理者与投资者关系问题

在共同基金行业,投资人和基金管理人的关系是建立在信托关系上的,也就是说,基金管理人的职业道德和自身利益与投资人的一致成为投资人获得利益的关键。然而,投资人跟管理层利益不一致的时候是经常会出现的,比如管理人会出于自身利益的考虑把董事会的利益放在首位(考虑到他们也是受雇于人,能否实现管理层的利益决定他们的去留及薪水),因此很多时候投资人的利益会受损。另外,由于投资人对管理人专业知识的信任而乐意缴纳服务费投资共同基金,这往往使得共同基金的服务费被高估,从而出现投资人与基金管理人之间的信息不对称,这种不对称使投资人具有明显的被动性,而且在现阶段还难以解决。

2. 基金营销中的公平问题

虽然共同基金有资源共享性，使投资人能够通过付出服务费得到专业人的建议和管理帮助，避免一定风险并获得较好回报。但销售中的公平问题仍然存在。一是信息不对称带来投资人的被动性。二是个人投资者与机构投资者的收费标准不同，机构投资者收费较低。三是奖励销售人员的制度可能会对投资者不利，这是因为销售人员很可能为了得到额外的奖励把收益不好的基金品种介绍给客户，损害客户的利益。这中间可能涉及商业的游戏规则，但对投资者可能会带来不公平的结果。

3. 信息披露问题

信息披露问题是伴随着基金发展的一个长期问题。尽管人们对信息完整透明的呼声愈来愈大，基金市场仍存在许多黑幕交易。尽管监管部门也采取了许多措施，但是由于利润丰厚，愿意铤而走险的管理人大有人在，短期内还难以杜绝，需要继续严格的筛选从业人员及加强从严人员的道德操守，同时加强信息公开透明度。

（四）加拿大共同基金业的监管体系

相对于世界上其他任何国家，加拿大的监管程度和监管力度都是一流的。加拿大的共同基金业是严格监管的行业之一。加拿大共同基金业的监管体系由省证券法、全国和省的政策以及相应监管机构与行业自律组织共同构成。

1. 对加拿大基金市场的参与者进行监管

加拿大基金市场的参与者，不管是基金的发行人、销售人、管理人都必须严格遵守行业行规和相关法律，并有专门政府部门负责严密监管。投资人的投资权益受到法律与监管条例严密保护。任何市场参与者人为造成投资人损失，如违反行业行规、相关法律，基本上都可以要求相关责任人赔偿。

2. 省证券监管机构与省证券法的监管

加拿大既没有全国性的证券法，也不存在类似美国 SEC 这样的联邦证券监管机构，因而，其证券业的管理分别由各省或地区制定自己的证券法规，由省证券监管机构或类似的管理机关来承担职责。从总体上看，在加拿大各省的证券法规中，有很多对证券交易的限制和禁止，以此尽量减少风险和市场参与者滥用职权的可能性，从而达到保护中小投资者的目的。对基金业的立法和监管也是由各省的立法机构和证券监管机构来执行，这些规定可在各省的证券法中发现。省证券法规规范证券市场中的所有证券及市场参与者的行为。各省证券监管局负责管理监控基金公司、基金经理、基金投资顾问、投资者、基金承销商等各方的经营活动。证监会对基金业的监管有以下做法：

（1）对所有市场参与者进行资格审查和登记。在加拿大，参与基金买卖和提供投资咨询的公司和个人都需满足一些基本条件，证券监管机构在确保这些公司和个人符合条件之后，会对其实行资格登记制度，以此来保证基金业的有效合理运作。

（2）对公开说明书及其他需要披露文件的审核备案。新设立基金在发行前要向省证券委员会递交公开说明书，以向投资者提供全面的信息，经证券委员会审核后方能向公众发售。而且由于共同基金是开放型的，因而证券法规定共同基金必须每年编制公开说明书或简单公开说明书，并报送省证券监管机构备案。基金的发行、分销必须符合公开说明书以及法规要求。证券法还要求基金管理公司要对投资者持续披露信息，包括年度和中期财务报告、重大事项变化或严重影响基金市场价格或资产净值的事实，如基金经理更换等，同时还需向证券委员会报告。

（3）对基金证券内幕人报告要求和自我代理的规定。基金管理公司还必须受到证券法中有关内幕交易、收购要约和经营预警制度的约束。证券法包括对基金证券的内幕人报告要求和自我代理的规定，这两个方面是为了控制和减少基金经理与其关联人士的利益冲突。这些规定确定了基金经理人的谨慎行为标准，要求基金管理公司必须向证监会报告某些交易活动，禁止投资组合管理人促使其所管理基金与某些关联人士发生交易，同时防止能获得基金投资活动信息的人利用这些信息谋利。当然有些省份证券法已授权其证券委员会在这方面有较大的豁免权，例如，在基金之间的投资和抵押基金投资相关机构的抵押贷款核准上，安大略省证券法授权该省证券委员会可以自行核准是否豁免。

3. 监管基金业的一系列全国性政策文件

加拿大联邦和地方政府在20世纪60年代就曾组织专门委员会来研究对有关基金业监管的全国统一法律和规则问题，并于1969年公布了"加拿大共同基金和投资契约委员会报告"（以下简称"投资基金报告"）。这份报告建议成立一个全国性管理机构或颁布统一法规来行使监管职责，但这一报告当时未能得到通过。不过，对基金实行统一监管的法律要求已为人们接受，各省法规的趋同化在一定程度上体现了这一要求。而且，在各省相对独立的证券法规和管理机构的基础上，成立了一个协调全国性证券市场法规的监管活动的机构——加拿大证券管理委员会（CSA），CSA成立了一个基金专业委员会来负责制定和修改有关基金业的政策。全国政策文件就是由这个委员会定期进行协调制定出来的。

全国性政策文件适用于所有省份和地区，但从法律地位上来说，其并不能超越地方的证券法规和政策。1969年以来，CSA颁布了一系列全国性政策文件来监管基金业。其中包括，第 1 号文件规定了在全国范围发行证券的清算制度。第 29 号文件对投资于抵押证券的共同基金做了规范。第 31 号文件就基金更换审计师的事项做出规定。第 36 号文件确认了共同基金信息披露的简单公开说明书体系。第 41 号文件是关于基金股东通讯事宜的规定。第 39 号文件是对之前基金系列文件的归纳和综合，它适用于按各省证券，通过公开说明书向公众公开发行基金券的共同基金。

4. 各省证券监管机构发布的规范政策

在加拿大，各省证券监管机构也根据需要制定一些规范证券市场的政策、法规、条例。如省证监会可以通过行政通知的形式对全国政策文件进行解释，提出对全国性政策文件的修正建议，指出 CSA 已达成协议但全国性政策文件没有包含的事项。各省证券管理部门还经常发布一些政策的法规草案，并要求基金行业提出建议。

5. 加拿大投资基金协会及其行业性的自律管理

随着加拿大基金业的发展，基金公司要求政府政策考虑本行业的利益，因此，1962 年成立了加拿大共同基金协会。它是一个代表加拿大境内共同基金经理、承销商和相关的专业机构如律师、会计师等的行业协会组织。协会 1992 年重新改组并改用"加拿大投资基金协会"（IFIC）名称，并第一次将零售商作为享有投票权的会员，这种做法在世界上是独一无二的。加拿大投资基金协会从成立开始，对于扩大基金业在整个金融业的作用和影响起了十分重要的推动作用，特别在加拿大不存在一个全国性证券法和中央监管机构的情况下，通过对政府法规和政策的咨询，客观上起到了协调全国基金行业发展政策的作用。通过对本行业业务规范的研究和监督，促进了行业性的自律管理。

加拿大投资基金协会的主要职责有以下几个方面：①向投资者提供共同基金的一般知识，加深投资者对共同基金的了解；②对共同基金从业人员进行培训，包括基金销售人员的资格培训、财务计划人员的再教育等；③监督会员公司是否守法，如是否遵守全国政策中关于销售宣传的规定等；④有关基金行政管理、客户服务、市场营销等的研讨会等组织以及资料编写散发；⑤对证券法规、经济政策和税法中与本行业有利害关系或本行业关心的事项提出本行业的观点，并就上述政策向联邦和省级证券管理机构提供咨询；⑥发布基金业统计信息，协助省内证监会预先审阅基金销售人员的资格申请。

6. 加拿大共同基金监管的特点

（1）监管法规逐步完备。从整体上看，加拿大基金监管的法律制度十分完善，而这正是基金业能够获得投资者信任的最重要的基础。事实上，在 20 世纪 60 年代末之前，加拿大的基金业监管行为并没有受到应有的重视。随着加拿大基金业的规模逐步变大，监管的重要性越来越明显，联邦及地方政府便开始对基金业的监管法则进行专门的研究。虽说加拿大对基金业的监管没有从一开始就很完备，但自它重视这一工作以来，其法律制度一直都在改善，各类法律法规相继出台，这使得加拿大基金业的发展有了一个强有力的保障。

（2）监管法规执行严格。加拿大基金监管的法律政策在实际执行操作中十分严格。完善的监管法律法规，加上实际执行时的严格操作，加拿大的共同基金业才能顺利地运行，这不得不说是加拿大共同基金监管的最大特点。

（3）行业自律管理。除了法律法规的约束及监管作用，加拿大共同基金业的行业自律管理也是令人信服的。作为一个极少发生欺诈丑闻的行业，基金业内部的自律性机制起了关键作用。加拿大基金业的行业组织为基金业的良好运作和信誉做了严实的保障，增强了投资者对基金管理及其业绩的信任程度。通过外部法规制约与行业内部组织自律管理这样两者相结合的监管做法，加拿大共同基金业一般都能得到平稳发展。

（五）加拿大共同基金监管对中国的启示

中国的基金业起步较晚，但近年来的发展情况也很可观，我国也已经基本建立了基金业的监管制度，其法律法规体系总体上较为完善。然而，跟发达国家相比，中国基金业的监管制度及其执行性都仍存在一些进步空间。总的来说，我国基金业的发展较为缓慢，投资者对基金的认识不足，行业竞争不充分，基金运作的人才、技术、经验都较为欠缺，等等。可以大胆地借鉴发达国家的经验，并结合中国自身的特点，为基金业的长久发展做出更好的努力。加拿大对共同基金业的监管一些做法值得我国进行参考。

1. 借鉴加拿大的做法，完善基金业法律体系

加拿大对共同基金的监管属于先发展而后规范，其监管法律法规较为完善。而中国基金业的规范发展是由政府通过一系列强制性制度变迁直接培育起来的，受政府行政干预的色彩较重。然而，随着中国基金业的不断发展，这种制度安排已经难以适应基金市场的发展要求。尽管我国已经有了《证券法》《中华人民共和国证券投资基金法》（简称《证券投资基金法》）、《中华人民共和国信托法》（简称《信托法》）等法律规章制度，但是尚未建立起以《证券投资基金法》为核心、各类部门规章和规范性文件相配套的较为完善的基金监管法律法规体系。因而，我国应当加强对监管法律的重视，改善目前法律建设明显滞后于基金业发展的尴尬局面。注重相关法律制度的可操作性，在颁布了一些纲领性的大法之后，也应有必要的配套实施细则以及管理方法，避免法规成为形同虚设的条文。

2. 借鉴加拿大做法，完善多种监管机制

我国基金监管主要依靠证券监管机构，没有形成多种监管机制，监管效率较低。特别尚未建立独立的第三方责任审计制度和投资人请求赔偿民事诉讼制度，无法较好地控制少数基金管理公司滥用财产或利用职务便利侵犯基金投资人利益的行为，使我国基金业存在大量不规范的运作现象，证监会在基金监管下比较被动。加拿大证监会在监管基金业上起到了不可忽视的作用，它发布了一系列的规则和政策来完善对共同基金业的健全发展，监管形式也不单一，规避了基金外部监管的滞后性，这种做法无疑是值得中国证监会学习的。

3. 借鉴加拿大做法，建立全国性行业协会，加强行业自律管理

中国的证券交易所是上市基金的主要自律监管组织。但是，根据基金业的有关规定，证券交易所只拥有有限的基金上市审查权、基金信息披露的监督以及基金技术性停牌或临时停市的决定权。对于操纵市场价格、内幕交易和虚假陈述等有关基金法律法规禁止的交易行为，证券交易所并无处罚权。这样便使得这个自律监管组织的地位和作用都受到极大的削弱。

另外，从行业自律组织看，我国基金业目前的自律机构是中国证券业协会，对基金监管的专业性不强，同时缺少对违规进行处罚的权力，它的市场地位较弱，自律规则也远非证券交易所规则那么严密。据加拿大基金业自律监管的经验，证券交易所与基金行业协会应构成政府基金监管体系中的辅助机构和有效补充。我国的基金业也缺少一个全国性的、权威的专业自律组织。对于我国这样资本市场基础比较薄弱的国家来说，建立一个良好的监管机制对于开放式基金的健康发展尤为重要。

借鉴加拿大的做法，形成有效的行业自律制度，也可以向公众宣传共同基金知识、基金人才培训、基金信誉评级、基金公司的审核、基金业务活动的公证等活动。通过加强行业内部交流与协调，自我监督，保证基金业的操作规范、证券法规和政策的有效执行，从而在投资公众中树立良好形象，提高基金行业的整体素质。基金业作为我国的新兴行业，正处在不断地探索、实践和发展中，通过吸取其他国家的成功经验来弥补自身的不足，在实际运用中恪守职责，相信中国共同基金业未来的发展也会取得不俗的成绩。

第八章 专题研究

专题一 21世纪初世界金融危机对加拿大的影响及启示

2009年美国次贷危机引发的世界金融危机,在世界范围内造成了巨大影响。危机波及众多的经济开放国家,尤其是发达工业国。在这次金融危机的影响过程中,加拿大有不同的经济表现。

一、21世纪初世界金融危机对加拿大的影响

(一) 金融危机对加拿大的不利影响

2008年7月,随着美国最大的非银行住房抵押贷款公司房利美和房地美的破产,美国房地产市场泡沫繁荣的神话最终演化成一场全行业的萧条。世界经济发展火车头的美国在金融市场上的失利和整体经济的衰退,引致了处于金融链条中众多国家的经济萧条。向来与美国保持密切经济联系的加拿大更是不可能在这次金融危机中独善其身。金融危机对加拿大的不利影响主要体现在以下方面。

1. 金融危机导致加拿大经济增长速度明显放缓,整体经济进入萧条期

据加拿大中央银行预计,2008年第四季度经济增长将从第三季度的1.3%下滑到0.7%,比年中预计的1.8%下调到了0.9%。加拿大政府对全年增长由8月份估计的1.1%下调至0.6%。对2009年的经济预测从2.4%大幅下调到0.3%。为了刺激经济的增长,加拿大中央银行在下半年多次下调利率。金融机构的频繁动作和政府的预期表明加拿大整体经济形势不容乐观。

2. 金融危机带来加拿大证券市场的动荡,金融状况不稳定

受美国金融危机和全球商品价格下跌的双重影响,加拿大股市在2008年9月29日下挫840.93点,跌幅6.93%,创下8年来的最大单日跌幅。之后又在12月1日,大幅下跌864.41点,创下近21年来的最大单日跌幅。前一次

的跌落是受美国国会否决 7000 亿美元救援金融市场的消息影响，多数投资者对经济形势悲观并撤离股市。而后者则是因为加拿大联邦政府危机的结果。加拿大股市对美国救市方案的敏感反映，说明由于与美国过度紧密的经济联系，使得加拿大很难在美国经济衰退的环境下，独立抵御危机而不受牵连。政治危机从更深层次显示出民众对危机的恐慌以及不同集团的利益分歧。

3. 金融危机影响加拿大对外贸易环境

受汇率波动、物价上涨和美国消费信心下降影响，加拿大的出口明显放缓。出口额的减少主要有三方面原因。第一，美元兑加元近两年持续不断地贬值，从 2007 年 1 月最高水平 1 美元兑 1.1756 加元，到同年最低水平 1 美元兑 0.968 加元，再到危机正式爆发前 1 美元兑 1.0131 加元。除少数月份加元兑美元比值略有下降外，加元升值是总体趋势。第二，全球通胀压力下原材料、能源性产品价格不断上涨。原料和半制成品在加拿大外销的农、林、矿产品中，比重很大，这些产品在出口中不占价格优势。第三，由于美国经济疲软，购买力下降，美国对加拿大的进口需求大大减少。美国一直是加拿大最主要的贸易伙伴。1989 年《加美自由贸易协定》签订后，加美贸易总额逐年递增。在加拿大的出口产品中有八成是销往美国，因此，美国经济的好坏对加拿大贸易状况有直接影响。例如：美国房地产建筑的木材主要从加拿大进口，危机后房地产业的不景气大大缩减了林木产品的需求。加拿大有物无市，出口的锐减导致外汇收入减少。

4. 金融危机造成加拿大国内民众消费信心下降，个人财富缩水造成了国内消费市场的冷淡

同时，危机后产品价格的下降，挫伤了生产者的积极性。加拿大咨商会调查报告表明，加拿大消费者信心指数从 2008 年 10 月开始连续三个月下跌至 12 月的 67.7，是 26 年来的最低点。投资者在证券市场的失利引致消费减少。对生产者而言，内外需市场需求减少加之商品利润空间压缩，企业或减产或停产，供应市场也日趋冷淡。据加拿大中央银行测算，物价指数已由危机前的最高水平的 308.76 下降到 2008 年 12 月的 160.9，平均每月下降 24.64。

5. 金融危机对金融外的其他产业也造成不利影响

伴随金融市场的不稳定，危机也对制造业、农业产生不利的影响。由于出口状况的恶化，使得加拿大国内从事跟出口相联系的生产部门也受波及。与出口相关的生产部门约占全国生产部门的 2/3，所以这种影响范围也非常广泛。加拿大也是一个农业大国和资源出口国。世界对矿产、石油类资源产品的需求状况，以及农产品出口价格的升降，等等，对农民和相关集团的切身利益影响极大。

6. 金融危机对社会福利水平和政局稳定造成影响

危机也同样伤害了加拿大普通民众的利益，最直接的表现就是失业人口的增加和社保基金的减少。加拿大统计局报告表明，2008年12月加拿大失业率达6.6%，为3年来最高水平。股市的动荡已导致退休基金资产在2008年第三季蒸发3400亿，减少8.6%，是3年来的最大跌幅。严峻的经济形势令加拿大国内各党派为抵御危机提出了不同的政见，并就此争论不休。政局的不稳定又给经济的恢复带来了诸多不利。

（二）金融危机对加拿大的影响：国际比较视角

如同大多数开放国家一样，加拿大受到了世界性金融危机的诸多不利影响。但在与其他相似经济体的比较中仍然可以发现，加拿大在很多方面，特别是金融状况上维持了相对的稳定。这里以美国、英国和日本与加拿大做一对比。

1. 加拿大金融机构破产较少

继房利美、房地美、雷曼兄弟后，倒闭破产的风潮席卷了整个美国金融业。最大的5家投资银行，已垮3家，破产率达60%。美国第二大金融机构Indy Mac和最大的存贷款机构华盛顿互助银行倒闭。第一大金融机构花旗银行在2008年第四季度亏损了98.3亿美元，为1998年来的首个亏损季度。原本熙攘热闹的华尔街也因大批证券机构倒闭而变得萧索冷清。英国在次贷飓风的影响下，房贷银行首当其冲。主要房贷银行诺森罗克银行因亏损严重被国有化，最大抵押贷款机构苏格拉哈利法克斯银行被莱斯银行收购，布拉德福德-宾利银行的存款业务和分行网络被西班牙桑坦德银行收购。个人破产率也高行不下。有统计显示，在2008年9月之后的一段时间，英国平均每5分钟就有1人宣布破产。2008年10月，日本保险公司大和生命保险成为金融危机以来首家破产的日本金融机构。同年12月经统计，日本企业年破产率已达28.7%。与美、英、日相比较，加拿大当时没有大型金融机构的破产消息传出。联邦数据统计，加拿大2008年11月企业年破产率比上年同期下降2.8%。发生在美国、英国的银行挤兑现象也没有在加拿大发生。加拿大金融机构在危机中保持了相对稳定的局势。

2. 加拿大房价波动不剧烈

标准普尔公司在2008年8月份发布报告指出，美国第二季度房价指数为183.89，比上年同期下降3.2%，为1987年后20年来的最大季度跌幅。第三季度调查显示全美有80%的城市住房价格下滑，以阿拉斯加、旧金山、迈阿密为代表的20个主要城市10月的房价比上一年同期下跌18%。而10月S&P/

CS20 城市房价指数年降了 18.04%，为历史新低。英国皇家特许测量员协会统计显示：英国房价指数从 2008 年 4 月始连续 6 个月下跌，到 10 月达到 170.7，比上一年同期下降 7.43%。英国房地产研究机构更是指出，2008 年伦敦房价下跌 10.1%，超过全国 8.7% 的平均水平。而在加拿大，新屋房价指数从 2008 年 1 月的 157.6 到 9 月的 158.7 一直处于上升阶段，以 9 月为转折，房价指数回落到 10 月的 158.1 和 11 月的 157.6，分别比上一年同期增加 1.5% 和 0.7%。可以发现，与发生在美国、英国的房地产业深度低迷相比，加拿大并未衰减，只是增速放缓。

3. 失业率保持相对平稳

失业率的波动反映经济波动。美国自次贷危机发生以后，失业率持续上升，即从 2008 年 1 月的 4.9% 到 10 月的 6.6%，失业人口平均每月增加 17%。英国平均每月失业率上升 8%。日本失业率在从 2008 年初的 3.8% 达到 9 月的最高水平 4.2% 后，有所下降。而加拿大在 2008 年 1～10 月，失业率总是保持在 6.05% 左右，波动不超过 0.25%。劳动力市场的相对稳定反映加拿大经济的相对平静。

二、加拿大经济与金融发展的优势

加拿大金融及其经济在危机中的不同表现，个中缘由值得思考。

1. 稳定的银行业和严谨的金融监管制度维护了金融安全

这种维护作用首先得益于银行业的重要地位和银行系统的特色设置上。在金融业发达的加拿大，银行是最主要的金融机构，从事涉及保险、基金、证券、房产交易、期货买卖等多元化金融业务。加拿大金融机构监管局在 2008 年初的统计显示，加拿大的银行资产总额为 30 585.89 亿加元，占全国金融资产总额的 82.6%。全国拥有银行 73 家，其中包括本国银行 20 家，外国银行附属机构 24 家，外国银行分行 29 家。银行数量约占全国金融机构的 16%。银行体系内部，皇家银行、帝国商业银行、多伦多道明银行、蒙特利尔银行和丰业银行 5 家本国银行占据重要地位。因此，资产雄厚、数量众多、力量集中的银行是加拿大金融市场中的主角，银行业的安全成为抵御危机的基石。有特色的两级制银行体系能够分散金融风险。1989 年加拿大《银行法》规定，加拿大本土银行可以在全国范围内自由开设分行。这种分行体制大大提高了资金在空间和时间调度上的灵活性，能有效调配区域间、季节间差异的资金需求，从而分散了银行的经营风险。在全球金融市场动荡时，银行可依靠发达的银行网络迅速将业务收缩至国内，减少全球危机的不利影响。而美国《银行法》

规定银行不得跨州经营，虽然 1995 年以后有所松动，但基本格局没有发生根本变化，所以美国很多中小银行只能利用区域内的资金。危机发生后，还贷违约的压力马上导致地方银行资金短缺、周转不灵，通过金融链条的连锁反应，危机迅速蔓延。

其次，金融制度的优势表现在两级制的监管制度，联邦和省两级平行监管。两级间无垂直领导关系，但相互协调合作。金融机构监管局是联邦一级的专业监管机构，从属于财政部，独立于中央银行。监管局的工作主要是金融法规建设，对相关法律进行解释并制定工作指引和条例；对在联邦政府注册的银行、养老金计划管理机构、保险公司等金融机构实施金融监管；此外，与省级监管机构进行业务合作和交流。由各省设立的省级监管机构对在省级注册的信用合作社、保险公司、信托和贷款公司进行监管。两级监管体系有利于国家和地区相互监督、互补不足、共同维护金融秩序。

最后，金融制度的优势表现在以风险为核心的金融监管理念。1999 年，加拿大财政部颁布新的金融《监管框架》，确立了以增强公众信心、避免不必要损失、降低监管成本、维护有效竞争、提供高效服务为目标的新金融监管框架。另外，加拿大作为《新巴塞尔资本协议》的率先推行者，已逐步从资产负债管理向风险管理过渡。

科学风险评估方法的使用，有助于提前预期并避免风险。加拿大在金融监管框架下设计了一套高效的监管流程：通过采用数量分析的方法进行风险评估，对评估结果汇总进行风险评级，再根据评级结果进行分类监管。

2. 稳健的银行制度和严谨的金融监管制度下，加拿大的衍生金融并不疯狂，房地产业和保险业遵守更为严格的规范发展

房贷市场上，加拿大的次级抵押贷款比例较小。在美国 2004—2006 年度，次级贷款总额约占总贷款额的 1/4，最低水平为 1/6，而在加拿大这一比率为 1/20。在美国，房屋产权资产净额在此前两年从 65% 骤减至 45%，比 2000 年的水平缩减近半。而在加拿大，这一比率从 20 世纪 80 年代就始终保持在 65%～70% 之间。

加拿大房屋法令规定，房屋贷款若超过房价的 80% 则必须投保，房贷利息不可免税。约有 2/3 的房屋贷款加入加拿大房贷公司的保险，保险费用一般为总贷款的 0.5%～2.5%，风险越高，保险费用越高，且保险标准严格。缺乏房屋购买力的人们若想通过信用透支来获得抵押贷款，并不像在美国那么容易，而他们自身也不愿意那么做。另外，贷款机构为筹集资金，将在房屋按揭总公司的担保下对投资机构和社会公众发行等值债券，这类的担保公司通常是要由政府机构支持，从而减少了风险。与美国相比，加拿大按揭贷款的证券化程度远低于美国,相应风险也较低。

3. 加拿大的整体经济结构增加了抵抗衰退的能力

经过多年的改革,加拿大的经济结构已趋于合理,生产部门和服务部门成为经济的主要组成部分。服务业是国民经济的支柱产业,从事服务业行业的劳动人口占总就业人口的较大比重。据加拿大统计局2008年10月份的最新统计,服务业产值达8683.62亿加元,占国内总值的70.56%。近年的加元升值也引导了就业结构和经济结构的调整。升值使制造业尤其是汽车业生产规模压缩,劳动力流向新兴的服务业和蓬勃的能源业。矿业和石油产业对经济发展贡献率的日益提高成为显著趋势。此外,加拿大也是农业出口大国,以小麦、林产品、畜牧产品和水产品为主的农产品出口使该国在农产品出口价格升高的国际贸易中大受裨益。

4. 知足保守的文化传统和舒缓平和的国民性格一定程度上预防了危机

无论是普通民众还是商业投资者都愿意遵循一定的规范和流程生活行动。与追逐短期的暴利相比,他们更偏向长期稳定的收益。商业机构将风险的最小化摆在利润的最大化之前。比如:多数加拿大民众购买住房是为自用,将购房作为投资增值手段的比例比美国等其他发达国家小;构造复杂的衍生金融产品比美国少;企业疯狂短视的投机行为让步于长期经营的目标。

三、对我国的启示

通过分析加拿大的经济与金融业在当前金融危机中的表现,我们可以从中得到以下若干启示。

1. 强化并科学地实行金融监管

加拿大经济与金融的稳定发展,得益于对金融业强有力的监管能力。我国的金融结构与加拿大有着相似之处,可以借鉴加拿大金融监管的相关措施。银行业监督管理委员会、保险监督管理委员会、证券监督管理委员会是我国三大金融监管部门,也是国务院直属事业单位。各单位在各省设立分局执行地方监督,实行中央统筹地方,下属机构对上级负责的由上到下管理方式。这种管理方式有助于全国监管模式和监管政策传达和执行的统一,但不能充分发挥地方监管机构的监管效用。可以借鉴加拿大两级制监管体系,激发地方监管机构结合实际情况调整监管手段和重点。

金融监管应采用科学的、行之有效的监管标准和规定。《巴塞尔资本协议》在1974年由10国中央银行行长倡议建立,并在10国内实行多年,经过若干次完善和修改已经成为国际社会普遍认可的银行监管标准。《新巴塞尔资本协议》于 2006 年在其成员国内部正式实行，但中国暂不执行新协定。从法理而言，新协议对中国并不具有强制执行力，但随着中国对外开放程度和参与程度的加深，我们无论是否愿意都要受新协议的影响，在新协议的框架下行动。暂不实行新协议的原意是为留给国内金融机构加快改革以调整期、缓冲期，但终究不是长远之计。随着时间的延长，改革的惰性、对竞争的麻木会日益累计。加之，不实际参与到真实的运作中，也不能发现真正薄弱的环节。对先进方法的学习不能仅停留在口号和目标中，而应该在谨慎的计划下主动实践。越早实现与国际通用标准的接轨，对我国实际经济的发展越有利。在实践上，中国已将巴塞尔协议Ⅱ和巴塞尔协议Ⅲ的主要内容结合而推出了新的监管措施，但在执行中仍有不小差距。

2. 充分发挥银行在金融业发展中的关键作用，确保银行业安全

与加拿大类似，我国的银行业也在金融中占有重要地位，特别是四大国有商业银行在银行类金融机构中占有绝对的优势。因此，银行业的安全在保证金融安全方面显得尤为重要。改革开放以后，我国的银行也渐从单一的存贷款功能发展成为涵盖投资、保险、理财、贸易等的多元化业务。市场参与程度的提高也带来风险的增加。为分散经营风险，可从银行体系设置方面入手，发挥各分行在不同区域资金调配的作用。在发展金融产品方面，采用科学的风险评估方法，控制金融风险。

3. 协调发展实体经济和虚拟经济

虚拟经济过度发展引致的虚假繁荣，将大大增加经济风险。2008 年出现的全球金融危机正是从美国的虚拟经济开始逐步向实体经济传导的。从理论上说，金融业发展中有一定的虚拟成分，对经济与金融业的发展有一定的促进作用，但实践一再证明，虚拟经济发展过度必然对经济发展带来不利的影响。加拿大的基本经验就是虚拟经济与实体经济的相对协调发展，从而保持了经济和金融的稳定性。对我国，在规范金融市场秩序，控制金融风险的同时要大力发展金融业，同时还要加大对实体经济的投入支持，当前，不少出口企业在危机中遇到困难，国家应发挥强有力的信息导向功能和政策支持功能，帮助企业开拓国内外市场，特别是国内市场，引导民众健康消费，促进经济的发展。比如：降低受危机影响严重的商品生产企业的所得税率，对不减少雇佣工人数量、聘请失业者和应届毕业生的企业进行税收优惠，增加基础设施建设项目，等等。我们还应注意到，单方面扩大政府购买不足以激发整个国内消费市场活力，只有提高社会保障水平，真正解决消费者后顾之忧后，才能调动居民的消费积极性，这需要从完善社保、医疗、住房公积金体系，增加教育、文化、科技投入等方面入手。

4. 优化经济结构，推进贸易多元化，增强经济独立性

加拿大以服务业为主，制造业发达，农业在整体经济中小而强的成熟经济结构对我国的产业结构调整很具有借鉴意义。我国是一个发展中的大国，必须大力发展第一产业、第二产业和第三产业，保持三大产业的协调发展。当前正可以利用危机带来的经济冷淡期，加快对产业结构不平衡和区域不平衡的调整步伐。促进落后生产部门技术和机械的更新换代，引导新兴产业的投资，实行因地制宜的区域发展战略，统筹城乡发展。尤其值得注意的是，我国是贸易大国，出口是外汇收入的主要来源。在外需市场可能长时间不能恢复的情况下，一方面要积极开拓国内市场，促成出口转内销；另一方面，要努力实现出口商品的多元化和贸易对象的多元化，实施多边平衡的经济发展模式。多元化的发展能大大分散贸易风险，使得本国经济不会因为几种产品出口受阻或几个主要的贸易伙伴经济出现问题而受到过重牵连。

5. 政府应着力推行稳健的经济政策

改革开放以来，中国经济的飞速发展有目共睹，但发展的大势下仍存在阻碍发展的不合理因素或忽略的环节。如今，发展仍是第一要务，但在追求速度的同时还要保持稳定，所以要遵循稳健的经济政策。稳健的经济政策包含可降低贷款利率和存款准备金利率，适度放松贷款总量限制的"稳健"的货币政策以及增加政府购买，拉动内需的积极的财政政策，以助于中国以稳健的姿态参与世界经济，同时还要注意国家经济政策的长期稳定性。

（注：本专题研究的主要内容曾在《战略决策研究》2009年第8期发表）

专题二 加拿大商业银行国际化竞争战略及其启示

在全球经济激烈竞争的环境中，加拿大的金融服务业在国际竞争中是十分成功的。1990年代初期在北美洲银行排序最大的10家银行中，加拿大就占4家，即皇家银行、帝国商业银行、蒙特利尔银行和丰业银行。据业内人士分析，加拿大4家商业银行不仅在北美，而且在全世界都是最好的。加拿大银行在国际资本市场上的业绩令人惊奇，这是由于它与加拿大有限的国内市场极不协调。加拿大银行的国际化发展在于其实施正确的国际化竞争战略，以及公共政策对这个规范化产业的强烈影响。

一、加拿大商业银行国际化竞争战略的历史发展

加拿大银行的跨国经营经历了一个长期的历史发展过程。从战略的角度来看，早期加拿大银行的国际化经营基于两个战略原因。第一是对外贸易的推动。早期的加拿大，由于商人联合，推动了国际贸易的发展，贸易的发展使加拿大的经济结构建立在以出口资源为导向的基础之上。为了服务于经济发展所依赖的对外贸易，银行业必然要进行国际化经营。对外贸易是加拿大的生命线，其结果是推动了加拿大银行业国际化经营的迅速发展。第二是由于加拿大国内市场的狭小而导致早期银行业的国际化发展。加拿大作为一个移民地，国内不同地区缺乏高度发达的资本市场。为了有效地管理资产和债务，银行业需要进入更好、更深化、更具流动性的资本市场。

1817年，加拿大最老的银行蒙特利尔银行开始营业。作为领头的银行，蒙特利尔银行在早期成为加拿大银行业成功发展的关键。蒙特利尔银行的组织机构战略是实行分支制度，其国际分支机构在早期就得到迅速发展，并与世界主要是美国和英国的一些城市建立了紧密的联系。其后，丰业银行于1832年、皇家银行于1864年、帝国商业银行于1867年先后开业，并纷纷在纽约和伦敦设立分支机构，开展国际业务，为加拿大经济的早期发展做出了贡献。

1867年加拿大建国后，制定了新的国家政策。关税壁垒的设立刺激了外国的直接投资，并使加拿大的国际联系变得更重要。1971年加拿大议会通过银行法案，作为加拿大所有银行经营业务的法律依据。银行法案进一步认识和肯定了银行分支制度的价值，并鼓励银行业的跨国经营，这对加拿大银行业的国际化发展起到了促进作用。在加拿大银行早期国际化经营中，政府的政策对

推动银行国际化经营规模的扩大起到了极大的促进作用。如果政策和法律对国内市场的限制妨碍了银行国际化经营的比较利益，则国内的限制要为国际化经营让路。在 19 世纪末 20 世纪初，加拿大银行已经建立了国际化经营的坚实基础，并在扩展国际化经营能力方面发挥着不同作用。比如，丰业银行集中于贸易金融，帝国商业银行则在外汇经营中有更强的优势，而蒙特利尔银行则发挥其规模经济效益。1908 年，皇家银行发展成为加拿大最大的银行。第一次世界大战以后，世界经济格局发生突变，一方面是全球资本市场中心开始移向纽约；另一方面是欧洲面临经济恢复，从而创造了极大的贸易机会。面对这一经济现实，加拿大银行进一步进行调整，协同其分支机构从这一新的机遇中获取了巨大利益，并扩大了其专业化发展的基础和能力。

1929—1933 年的世界经济大危机，使加拿大银行受到一定的影响，但银行业的资产仍有所增长，资产流动性增强，储蓄仍不断扩大。在总的国际经济环境下，加拿大银行开始转向成本控制和分支网络的合理化，银行法案得以修改。基于这一时期经济的需要，加拿大银行改变了这一规范化产业中可行的非价格形式的竞争服务方式。一方面储蓄在不断扩大，另一方面却不轻易放款。这样，不仅降低了银行的创利能力，而且银行也面临着公众的批评。他们之所以不把钱贷出去，与加拿大长期的经营策略有关。长期以来，加拿大银行形成了一种称为"猛击"的经营手法，即看准时机集中资本进行投资。通过"猛击"运动促使银行达到一个新的高度。

1934 年，加拿大设立中央银行，极大地影响了蒙特利尔银行的地位。此后，蒙特尔利银行实施拓展拉丁美洲与经营资源产业部门的战略。从 1934—1967 年这一时期，皇家银行开始逐步成为领导者，并开始认识到合作在企业经营战略中的重要性。第二次世界大战后，加拿大商业银行又从事于公共服务。政府建立了国内资源与战争间的通道，银行间的合作得到加强，分支制度进一步合理化，银行被允许进行非价格竞争。战后的环境为战时加强银行制度提供了极大的发展机会，遭到战略破坏的国家需要北美的出口，发展中国家需要帮助和指导，因此战后加拿大的国内经营范围得到了扩大。加拿大银行比其他外国银行获得了更多的比较利益。1944 年和 1954 年加拿大银行法案的修改，允许银行进行新的领域，这又给各银行提供了许多获利渠道。

皇家银行为了保持其领导地位，1945 年提出"充分服务"的目标，并在国际化经营方面实施差别战略。蒙特利尔银行 1958 年设立国际部集中开展国际化经营，1964 年重点经营外国贷款，并注意开始运用新的信息技术。丰业银行迅速从美洲、英国、日本等获得新的市场份额，极大地增强了国际化能力，并获得了发展零售业的特权。帝国商业银行加强了它的西部基础并集中于石油和天然气的开发;从而有效地进入美国市场。

20 世纪 60 年代开始大力扩张的欧洲货币市场,使国际化银行的发展出现了一个新的浪潮。加拿大在其以地理优势建立起来的机构中,通过一体化的运作机制,发挥潜在的协同作用,从而使其资本市场的联系变得更加紧密。面对资本市场的日益全球化,丰业银行使其国际业务经营更加一体化。皇家银行建立起自己的"合作团队"。这些战略使两个银行在国际市场争取有经验客户的能力进一步增强。

20 世纪 60—70 年代,是一个新的资本国际化的时代。虽然日本、德国、法国银行业的迅速发展,使加拿大银行在世界上所占地位有所下降,但加拿大银行国际化经营仍不断发展。加拿大银行在世界上可以自如地利用其在长期历史发展中建立起来的资本。皇家银行和丰业银行在世界上尤其是在拉美给自己进行了很好的定位。所有加拿大银行都在美国和伦敦增加了它们的国际业务量。蒙特利尔银行在 1979 年成为国际银团贷款的牵头银行。皇家银行还建立了合资的商人银行,并以领头银行获得利益。这一时期,加拿大银行所实施的服务扩张和增加费用收入的总体战略获得极大成功。加拿大没有反托拉斯经营的传统,从而创造了在全球规模上经营公司的能力。与此同时,各个银行都在这一时期开始重视使用新的信息技术,并把采用新的信息技术看作是提高银行竞争力的关键。

二、20 世纪 80 年代以后加拿大银行的国际化竞争战略

1980 年通过的加拿大银行法案把金融服务与竞争引进了一个新时代。外国银行从 80 年代开始被允许进入加拿大市场。这一时期金融业最大的变化就是银行间的重组和战略重点移向北美。1979 年,丰业银行就认识到各银行间的相互依赖性,并在银行重组中发挥了协调作用。皇家银行进入 20 世纪 80 年代认识到必须提高市场效率。加拿大银行界普遍认为,作为一个银行就应该是全球性的银行,因此十分重视改变银行国际业务与国内业务的传统区分,努力增强银行业的国际化程度。纵观 20 世纪 80 年代以来加拿大银行的国际化经营战略,其表现出来的特点主要有:

第一,银行业务发展战略从地理型向顾客型转变。蒙特利尔银行在 1982 年首先面向全球服务于社团法人和政府,并把服务于社团法人的业务作为核心。该银行在北美的发展成为其全球战略的基础,并在这一基础上又从世界市场获取了许多新机会。1980 年,帝国商业银行进行机构重组并重新进入国际市场和社团法人市场,同时也确立了以服务费用收入为新的业务重点。通过重

组建立了新的国际经营机构，其主要业务对象包括个人、社团法人、投资和管理服务。丰业银行从 1986 年开始实施全方位服务的金融机构战略，并建立了世界范围的信息系统。其主要经营业务正如该银行 1991 年的年度报告所称："我们作为北美最大的银行之一，将为零售业、商业、社团法人和国际银行客户提供全方位的服务。"

第二，各主要银行的组织结构和国际经营战略变得更加相似，主要原因在于市场发生了根本性转变。20 世纪 80 年代以来，不管是在加拿大市场或在国际市场，都已出现了资本市场的细分化。这种细分的资本市场使得主要银行有更多的定位选择。市场的全球化使国内外市场规则的联系更加紧密，这导致了产业的重构和不同市场定位竞争基础的变化。导致产业重构的原因还有北美自由贸易区和世贸组织以及其他的贸易协定等。在动态的竞争市场上，战略越来越变得具有相似性，因为一家银行的成功会很迅速地被他人效法。组织形式也有着同样的扩散效应，因为成功的组织必然产生机构效应。

第三，确立了以北美作为国际经营战略的基础。加拿大所有主要银行都要实现一定的国际经营战略目标，而在加拿大所面对的三大贸易集团（北美、欧盟和亚洲）中都已经形成了各自的市场基础和网络关系。加拿大在新的国际形势下必须进行战略基础的选择，其结果确立了以北美作为国际化经营的战略基础，但这并不意味着从世界其他市场离开，而是要在其他市场更好地有选择地集中经营。之所以确定北美作为战略基础，其原因之一在于，在复杂的国际经济环境下，目标市场、产品市场选择与进入方式之间的战略关系必须进行考虑。进入市场的方式对于跨国公司和金融服务公司是不同的。

第四，银行业的非中介性的谋求安全性趋势日益增强。社团法人对其资产的管理变得更加聪明并设立证券部门使其像跨国银行那样发挥作用，从而大大降低了对银行提供知识资产的需求。同时，基金和信息的商品化又大大降低了经营成本。如果说过去的银行战略是建立在维持无形资产的比较利益上，那么现在银行的这些无形资产在细分化的资本市场上将降低其价值。所有的银行若要为争夺主要客户而参与竞争并取得成功，必须极大地关心成本控制，并提供有效的金融服务，只有这样，才能获得与特别客户与特别金融产品相联系的巨大的比较利益。从某种程度上讲，利息成本应该是可以控制的。即使银行作为价格的接受者，仍然能够通过其选择来影响经营所带来的风险。要获得高收益，风险贷款必须考虑借款者的成本影响。资产的管理是复杂的，集中于成本控制管理同时也要考虑 20 世纪 80 年代后机构变化的情况。在零售方面，由于金融中介边界的模糊，同样是风险与机遇并存。风险来自新的竞争者，新的竞争者拥有不同的金融手段和工具，不同的信息源或者渠道。机遇来自市场条件，市场可以创造新的服务，即可以产生新的市场定位。从这一点考虑，加拿大银行要获得很高的收益，保持和增强市场的竞争力是基本的要求。

第五，银行业注重采用新的信息技术。20世纪80年代以来，金融领域竞争的一个很重要的方面就是要正确对待新的信息技术和规模经济之间的关系，如果复合产品带来成本效益，不同市场定位的数量将受到限制。从来自复合生产线的规模经济中获得成功将是有意义的管理挑战，它是合作协同的成就。创造规模经济的基础是容易的，但通过组织形式的变化去获得竞争成功是十分困难的，还必须采用新的信息技术。成功的金融服务机构，在进入21世纪后又不得不把着眼点集中于为顾客创造价值上面。市场规模和组织设计在这个紧密型的全球性竞争产业中将被顾客的需要所支配。

三、几点启示

加拿大经济的发展历史显示，银行业尤其是四大支柱商业银行的国际化经营对于加拿大经济的竞争力发展做出了重要贡献。我国正处在社会主义市场经济建设时期，我国经济的国际化发展是必然的发展趋势。金融业作为龙头产业，其国际化发展也是题中之义。加拿大银行业的国际化经营战略对我国银行业以及金融业的国际化发展有一定的启发和借鉴意义。

（一）对外贸易是银行国际化经营发展的原动力

加拿大的经济史表明，早期的贸易金融对银行业的国际化经营起到了极大的促进作用。我国改革开放以后，对外贸易规模迅速扩大，这对我国金融业的国际化发展是极为有利的条件。我们应充分发挥贸易金融对金融业国际化发展的促进作用，并借对外贸易的扩大推动我国跨国银行的发展。

（二）利用国外资本推动国内的产业结构的优化和产业的发展

加拿大是一个严重依赖外国资本的国家，外资对加拿大的经济包括产业结构和市场结构都有十分重大的影响。国内经济的发展反过来对金融业的国际化经营起了极大推动作用。改革开放以来，我国利用外资规模不断扩大，在新的形势下，还要继续利用外资为国内经济发展服务，这同样为我国金融业的国际化经营提供着巨大的发展机遇。我国银行业应通过利用外资，加强与国际资本市场的联系，按国际惯例进行运作，逐步与国际金融市场接轨进而推动国内经济的发展和不断提高我国银行业的国际经营水平。同时，在我国经济水平不断提高的形势下，也要加强对外投资。2014 年，中国对外投资规模首次超过引进外资规模，标志着我国金融进入了一个新阶段。

（三）利用政府政策和法规推动银行业跨国经营的发展

在加拿大银行国际化经营发展过程中，政府政策起到了很大的推动作用。政府历来是把银行业作为一个重要的战略部门，政府的政策和法规总是保证银行业的国际化运作。政府在管理银行业方面的主要目标有：保持金融部门的稳定，特许银行在加拿大应成为决定性的金融机构，金融产业应被加拿大所控制，金融产业应当有利于对外贸易的发展，金融产业结构应有利于政府开展融资，银行制度应为全体居民提供便利服务，等等。随着我国对外开放的进一步扩大，国内外市场逐步融为一体，国外银行和金融机构的进入会越来越多。我国应坚持我国银行业的主导控制，正确处理外资金融机构与国内金融机构的关系，要发挥金融业在推动对外贸易发展中的作用，稳定金融并使其更好地为我国居民服务，保证我国居民的利益。同时，我国银行业应立足全球，向跨国银行发展，进行跨国银行业务经营。政府的政策应在保证国内金融稳定的前提下，为银行业的向外发展提供便利。

（四）银行跨国经营战略应确立一个战略重点（或战略基础），并在此基础上进行业务扩展

20 世纪 80 年代以来，加拿大银行的组织和业务的同构性很强，而且都把战略重点放在北美，同时向世界各主要市场扩展，这一战略作法对我们有很大启示。我国也应首先确立开展国际化经营的战略重点，集中力量，突破某一市场，作为国际经营立足点，然后在此基础上进行扩张性发展。

（五）银行业国际化发展战略应随着国际市场的变化而不断调整

加拿大的发展经验说明，在世界政治经济形势特别是金融市场发生较大变化时，及时调整发展战略，对银行业的国际化经营是十分有利的。加拿大银行法案基本上每隔 10 年左右就要修改一次，充分体现了这种宏观战略思想。我国银行业在未来的发展过程中，应注意吸收借鉴这一经验，这将对我国银行业的国际化发展大为有利。

（六）在银行业跨国经营中，加强银行间的协调与合作

除央行之外应在商业银行业务发展中逐步形成一定时期的主导银行。加拿

大银行业跨国经营在每个时期都形成了某一导向银行或某一业务领域的主导银行并对其他银行产生影响和协同作用，从而保持了加拿大整体利益。我国银行业在国际化生产发展中，应注重协调与合作，实行资源共享，这并不等于排除竞争；在竞争的基础上，应从整个民族利益出发，制定整体发展战略，实行必要的协调与合作，这对单个银行和整个国家利益都有着十分重大的意义。

（注：本专题研究的主要内容曾在《国际金融研究》1998年第8期发表）

专题三 加拿大房地产业发展的多视角观察

2009年美国发生的次贷危机刺破了美国房地产泡沫。随后的全球金融危机又捅破了希腊、西班牙等国家的房地产泡沫。西方国家房地产业的发展给其整体经济发展带来不少麻烦。加拿大属于西方七大工业国之一，也置身于经济全球化的环境中，但其房地产市场却没有产生很大的泡沫。21世纪以来，加拿大的房地产价格呈现出平稳的上升态势，其房价收入比基本维持在3～5倍的合理区间，总体上处于健康的发展状态。研究加拿大房地产业的运作特征和成熟做法，对我国房地产业的改革与发展有积极借鉴意义。

一、从宏观经济视角看加拿大房地产发展的生态环境

影响加拿大房地产市场发展的因素是多方面的，其中宏观经济环境是加拿大房地产赖以生存和发展的重要基础条件，主要包括经济增长、就业情况、通胀水平、利率政策和银行系统。

（一）加拿大经济的稳步增长为其房地产发展提供了重要基础

21世纪以来，加拿大经济规模除了在2009年负增长外，其余年份基本保持在3%左右的增长速度，没有长时间的低增长或负增长，且在2010年出现强劲反弹。2015年GDP总量1.55万亿美元（居世界第10位），增速1.2%，人均4.3万美元（居世界第15位）。这对于发达经济体已经属于良好表现，可以说是在多数发达国家经济遭受重创时脱颖而出。

（二）加拿大较低的失业率保障了其居民较为稳定的收入，从而为其房地产的稳步发展提供了条件

21世纪以来，加拿大的失业率主要在6%～8%的区间波动。在2008—2009年，受到全球经济危机的影响，加拿大失业率急剧上升，直至2009年8月份失业率上升到8.75%的历史高位。然而，加拿大的经济自我调整能力强，在2012年12月时，其失业率已回调至7.1%。2014年底，失业率为6.2%。且下降趋势明显。加拿大在失业率的调控方面出色表现，很大程度得益于2009年1月开始实施经济刺激计划——《加拿大经济行动计划》。该计划通过一系列的减税措施以避免受国际金融危机冲击较大的行业大规模裁员。

（三）稳定的物价水平

自 20 世纪 90 年代开始，加拿大的物价始终保持在较低的、稳定的水平。近 10 年来，都保持着 2%～3% 的低通胀水平。加拿大稳定的、适度的通胀水平，为该国房地产的平稳发展提供了条件。稳定的通胀水平会从准购房者的收入、投资者的收益、房地产商的成本以及央行的决策这四个渠道影响到其房地产市场的发展状况。

（四）完善的风险管理制度和稳定的银行系统

加拿大完善的风险管理制度和稳定的银行系统为其房地产市场的发展提供了稳定的贷款支持与保障。美国次级贷危机爆发后，世界五大投行先后退出了历史舞台。但加拿大银行没有出现倒闭或政府大规模向银行业注资的情况。这表明加拿大银行业有很强的整体抗风险能力。

（五）稳定可预期的利率政策

加拿大央行拥有很强的稳定货币政策和控制预期的能力。2005 年 5 月到 2007 年末，银行基准利率是维持在 4.5%～4.75% 较为稳定的水平。2007 年 12 月 4 日，受到美国次贷危机的影响，加拿大央行宣布降息，从此一路降息。从 2009 年 4 月开始，加央行维持银行基准利率在 0.5%，是 1934 年以来最低水平。加拿大稳健可预期的利率政策，对于房地产市场的发展产生直接影响。由于房地产市场的利益相关者，包括购房者、投资者和开发商等对利率的变化十分敏感，因此，稳健可预期的利率政策有利于市场参与者对利率的变化做出及时的资产组合调整，进而有利于减少房地产市场的不理性波动，促进房地产稳健地发展。

二、从历史视角看加拿大房地产的发展战略及特征

以史为鉴，可以知兴替。21 世纪以来，加拿大房地产市场的稳健发展是历史积累的结果。从战略角度看的话，加拿大房地产的发展史也是加拿大政府引导房地产市场的发展战略史。从 20 世纪 40 年代开始到现在，基本上是每 10 年就有一个发展战略重点的变化，可以说加拿大积累了丰富的发展经验。

（一）加拿大房地产发展历史

1. 20 世纪 40 年代：加拿大房屋建设的新生

"二战"结束后，加拿大经历了一个爆炸式的城市增长和房屋创新设计的时代。这一时期，社会公共住房建设受到联邦政府的重视。1946 年 1 月，应战争老兵房屋归还计划和全国住房建设规划的需要，加拿大成立了中央房屋抵押贷款与住房公司，即后来的加拿大房屋抵押贷款与住房公司（Canada Mortgage and Housing Corp, CMHC），公司的性质属于国家住房代理机构。公司的基本职能是执行《国家住房建筑法》和《改善性住房贷款担保法》，以及为抵押贷款公司提供贴现服务。公司的资本金设定为 2500 万加元，储备金设定为 500 万加元且允许盈余公积。这样的规定和资本结构保持至今。自此，加拿大的房屋建设开始有了统一的管理和规划。

20 世纪 40 年代末，加拿大联邦政府开始着手社会住房和租房建设计划，同时开始实行联邦和省（区）合作的公共住房建设计划（75% 的成本和补贴由联邦政府承担，其余 25% 由地方政府承担），致力于为低收入家庭提供住房。这一计划的实施为联邦政府与省政府对房地产市场的监管提供了合作与协调的重要基础条件。

2. 20 世纪 50 年代：从房屋建设到社区建设

这一时期，通过新的贷款保险和公共住房计划（政府为低收入者所建的住房），CMHC 从房屋建筑商升级为社区建设者。

20 世纪 50 年代是房屋建设、房屋设计创新的黄金时期。房屋设计从简陋的标准平房向更宽敞、更适宜的现代化住房过渡。在这个时期，联邦政府鼓励成立国有房产公司和拆毁废弃的建筑物，从而推动城市面貌的推陈出新

1951 年，加拿大开始实行联邦和省（区）合作的公共住房建设规划，在纽芬兰省省会城市圣约翰斯建设 140 个单位廉租房。

1954 年，联邦政府允许特许银行进入《国家住房建筑法》规定的房屋贷款范畴，为房地产市场的发展提供充裕的资金。开始引入按揭贷款保险，防范信用风险，保障贷款人的金融利益。实行房地产平民化，开始允许 25% 的首付按揭，从而让更多的加拿大人买得起房子，实现居者有其屋。

3. 20 世纪 60 年代：加拿大城市的复兴

这一时期，加拿大重点推进城市规划发展，以适应城市快速扩张的需要。60 年代是一个首创的时代。公共住房首次融入社区当中，补贴房与非补贴房开始同存一个社区，实现了公共住房社区化，并逐步营造出社区文化。同时，房屋建筑的研究使得建筑标准得以提高，从而提高了居民的住房质量，除了让

贫者有其屋外，还让居者乐其住。

政府机构也开始与其他非营利机构就公共住房的建设进行合作，并建成首个"合作建屋计划楼宇"。这种合作建设，既达到了招商引资的效果，又达到了对社会投资资金的引导与合理配置的效果。

这一时期，多单元公寓楼的建设数量在加拿大的历史上首次超过单户住宅的新屋开工数量。通过对建筑行业持续的研究，加拿大把房屋建筑标准提高到世界的最前列。

1967年，加拿大首次出版社会性的建筑指导文件，即"加拿大木结构房屋建筑"。充分体现了"大家好才是真的好"的公益性，提高了建筑行业的工作效率，从而缩短其建设周期。从而间接提高整个城市建设的效率。40年代，房屋平均建设周期超过7个月；60年代时，房屋平均建设周期缩短至8周左右的时间。

4. 20世纪70年代：以社会福利房建设为中心

较低的能源成本、便捷的交通和人们对生活质量的重视把更多的加拿大人带回到城市中心生活。

在70年代，支付能力成为居民购房的主要考虑因素。为了让居民买得起房，建筑商缩小了房屋的占地尺寸，增加了建设的密度。1971年，为了吸引首次购房者和刺激房地产市场，加拿大实行"援助业主计划"，从而帮助低收入人群获得住房。

在城市发展的同时亦不忘城市的历史价值和文化价值。在这一阶段，加拿大对历史悠久的街区和市区生活习惯的进行了重点保护。1973年，在加拿大房屋抵押贷款与住房公司的监管下，温哥华格兰维尔岛，一个萧条的工业区，成功地转型为一个文化、娱乐和旅游中心。

1974年，加拿大推出住宅翻修援助计划，目的在于使那些不合规格的房屋达到最低的健康和安全要求水平，让居民住得安心。同时，残疾人士的住房利益开始受到关注并帮助残疾人获得住房。

5. 20世纪80年代：居者有其屋，屋者乐其住

在20世纪80年代，适应经济快速转型，房屋建筑设计的革新得到充分发展。房屋变得越来越宽敞和豪华，超过了40年的平房大小的2倍。尽管此时的利率水平已超过20%，加拿大房屋抵押贷款与住房公司仍然提供贷款计划，努力实现"居者有其屋"。

为了给房地产市场发展提供新的资金来源，压低住房信贷资金的成本和购房者抵押贷款成本，加拿大在这一时期引入了新型金融工具。1986年，加拿大引进住房抵押贷款证券，作为对私人住宅按揭投资的另一选择。住房抵押贷

款证券有助于确保充足的低成本住房信贷资金,同时,尽可能地降低购房者抵押贷款成本。

在房屋建筑质量方面,室内空气质量检测、通风设备以及湿度的研发带来了新的产品和尝试。1988年,加拿大房屋抵押贷款与住房公司设立了"国家住房奖",以肯定房屋创新的杰出成就和分享居住创新和最佳范例。"国家住房奖"的推出,为加拿大房屋居住高质量化提供了动力。

6. 20世纪90年代:建筑科学的新时代

20世纪90年代是科学与技术发展的新时代,可变住宅、无障碍住宅和健康住宅(节约能源和保护资源)成了住宅的新时尚。

然而这一时期,支付能力仍然存在问题,特别是在20世纪90年代的早期。那时,经济持续衰退、失业率上升,社会经济问题此起彼伏。为了缓解这个问题,加拿大于1991年成立"加拿大房屋公司合作中心",致力于促进私人单位和公共单位在住房项目上的合作,再次向社会招商引资。

1996年,加拿大推出一个在线抵押贷款保险决策系统——"艾美利",从而让加拿大购房者能更轻松地获得按揭贷款保险。保险产品"艾美利"的再次引入,刺激了加拿大房地产的发展。

1999年,修改后的加拿大《国家住房建筑法》和《加拿大房屋抵押贷款与住房公司法》,允许引入5%首付按揭,并在1992进行了试点。随后扩大了试点并在1999年最终确定了下来,为首次购房者的贷款打开了方便之门。5%的首付按揭的引入,进一步为准购房者购房打开了方便之门,"居者有其屋"的理念得到充分的体现。

此时,加拿大也扩大了海外业务,建立起"加拿大房屋服务出口中心"。这一举措不仅能很好地与世界分享加拿大关于房地产管理、设计、建筑等方面的专业知识,而且又能刺激加拿大服务贸易的发展。

7. 进入21世纪:可持续发展与创新

进入21世纪,政府更加关注清洁能源、环境保护和可持续的经济适用社区发展,可持续性和创新是进入21世纪的新理念。

(二)加拿大房地产发展的主要特征

从加拿大房地产的历史进程可以看出,加拿大房地产发展表现出如下特征。

1. 政府实施宏观监管和权力下放

加拿大联邦政府通过制定房地产发展的法律法规和相关金融政策措施,影响国家房地产业的发展,从而实现宏观管理。同时,联邦政府还设立了加拿大房屋抵押贷款与住房公司（CMHC），并赋予其广泛的权力，具体执行相关法律政策。

2. 联邦和省（区）分头管理，密切合作

加拿大土地所有制有三种形式：联邦公有土地、省公有土地和私人所有土地。加拿大实行的是土地所有权、处置权和管理权基本一致的管理体制。联邦政府负责管理联邦公有土地（占全国土地的41%），省政府负责管理省公有土地（占全国土地的48%），私人土地（占全国土地的11%）则由所有者自主经营管理。各级政府和业主对土地的开发、利用和保护，均根据联邦和省的有关土地法规行事。联邦政府对省公有土地和私人土地基本上不直接参加管理，政府通过利用土地信息研究对全国的土地利用提供指导，通过研究和建立土地信息系统强化科学管理手段，把土地资源管理好。

加拿大公有土地有偿使用，私有土地依法交易。加拿大房地产包括住宅性房地产、商业性房地产、工业性房地产和投资性房地产。公共建筑由政府负责建设管理，联邦政府负责军用建筑、海港和公路。地方政府负责医院、学校、贫民住宅和政府办公用房。土地使用权包括绝对性使用权和有期限性使用权。加拿大的建筑业十分发达，占国民生产总值得13%～18%。由于加拿大各地的经济发展水平不平衡，各地的房价差距也比较明显。

对于公益性房地产项目，联邦政府与省（区）政府需要在资金、技术、规划和管理等方面进行密切合作，如20世纪40年代末的公共住房建设规划和21世纪初的联邦和省（区）共建的经济适用房项目等均属于此类。另外，私人单位和公共单位在住房项目上也有紧密合作，比如"加拿大房屋公司合作中心"的成立与发展是该类合作的集中表现。

3. 房地产市场开放程度高，交易手续简便快捷

加拿大房地产市场对一般投资者的消费行为不设门槛，除政府规定的特殊政策性住房外，加拿大的所有商品房都可以在市场上自由买卖、转让和租赁。而且交易手续简便快捷。在加拿大房地产市场中，交易双方不需要经过任何公正程序，只需交易双方简述买卖合同，并以书面形式制定，该合同便可生效，具有法律效力。对于商品租赁房，租期超过3年的房地产租赁交易，需要签订书面租约。

4. 引入各种金融工具，促进房地产市场平稳发展

20世纪50年代，CMHC在房地产市场引入贷款保险，此后又不断地推出新的金融工具，如住房抵押贷款证券、保险产品、保留地住房贷款保险产品以及加拿大抵押债券等。同时，联邦政府通过修订宪法，允许特许银行进入房屋贷款范畴。各种金融工具的引入，为房地产市场的平稳发展提供了融资和保险

的支持。

5. 实施有步骤、有重点、有前瞻性和延续性的发展规划

从加拿大房地产的发展历史可以看出，房地产的发展始终都有着明晰的发展规划和发展重点，而且具有前瞻性和延续性。加拿大房屋规划和发展主线基本上遵循着住房公益化—住房社区化—住房平民化—住房质量化—住房科技化—住房环保化与可持续化的发展轨迹而展开。20世纪40年代的重点是设立国家住房代理机构，开始着手统筹和规划战后的城市建设，特别是公共住房的规划。50年代的重点是社区住房建设且开始进行公共住房建设。60年代的重点是公共住房社区化、资金来源社会化，同时着手发布社会性的建筑指导文件，开始重视提高房屋建筑质量。70年代的重点是社会福利房建设，推出了"援助业主计划"和"住宅翻修援助计划"，进一步照顾到低收入人群的住房需求，进一步出台和落实提高房屋建筑质量的政策。80年代的重点是进一步鼓励居住质量的提升，如设立"国家住房奖"，同时在经济危机的压抑下，全面降低购房者购房的门槛。90年代的重点是科学与技术的新时代，可变住宅、无障碍住宅和健康住宅（节约能源和保护资源）成了住宅的新时尚。21世纪初的重点是清洁能源、环境保护与可持续的经济适用社区建设。

三、从法律视角看加拿大房地产业的监管措施

加拿大房地产业的监管措施主要体现在依法监管。涉及加拿大房地产的法律法规比较多，除了加拿大联邦颁布相关法律法规之外，各省区也都依据联邦法规制定本省区的相关法规。这里主要结合加拿大《国家住房建筑法》的相关规定，探讨加拿大房地产的监管措施。

加拿大《国家住房建筑法》是一部推动新房的建设、现房的维修和现代化，以及住房改善和生活条件提高的法律。它致力于让更多的人买得起房子，同时加强房地产市场融资的竞争和效率，尽可能降低房屋建设的融资成本，从而促进加拿大国民经济与房地产市场平稳健康地发展。

该部法律很好地平衡了加拿大房地产市场利益相关者（购房者、租赁者和投资者、地方政府和中央政府）的利益关系，强调住房的公益性，降低住房的投资性，该法律还详细地规定了土地的买卖、租赁、开发与改良。特别需要注意的是，该法律不仅通过引导各种住房项目的建设，很好地照顾到社会弱势群体，努力实现"居者有其屋"。而且也很注重房屋的质量改善和现代化问题，致力于实现"居者乐其住"。《国家住房建筑法》对推动加拿大住房平民化和质量化的发展，以及加拿大房地产市场的健康发展，起到了很好的依法监

管和引导作用。

加拿大房地产市场法律监管的主要特色表现在：

1. 房屋贷款监管体现出层级式的风险管理特征

加拿大房屋贷款的风险管理措施非常完善。风险管理措施如同洋葱一般，一层包着一层，很好地管理了房屋贷款带来的潜在风险。风险管理第一层：贷款抵押品的类型和价值有着严格的要求，需要提供加拿大政府发行的证券，还要得到CMHC对其证券的保证，更要得到CMHC的保险。风险管理第二层：CMHC不但受到内部章程的监督管理，还要设定资金储备和向税务局缴纳一定风险补偿费用。风险管理第三层：CMHC必须接受外部的审核与监督——金融机构监管局与内阁院督。风险管理第四层：《国家住房建筑法》还要求CMHC出台更多的保护措施，避免房屋贷款的利率风险。风险管理第五层：CMHC还要向保险公司投保，把自身的风险分散出去。

2. 租赁房地产和土地投资的监管体现出投资与投机的平衡

在租赁房地产和土地投资的监管中，加拿大《国家住房建筑法》很好地平衡了加拿大房地产市场中的投资与投机。主要是通过以下三种手段：

第一种手段是合作协议，提前锁定投资收益。CMHC与投资机构的合作协议保证了投资机构的投资收益起到稳定投资者的作用。同时，房产项目的处置、占有和销售定价等由CMHC规定，防止了房地产市场的资源错配和投机行为的泛滥。

第二种手段是引入进行长期投资和追求稳定收益的机构——人寿保险公司。人寿保险公司投资到房地产市场的资金受到了《国家住房建筑法》的限制，抑制了其投机之风。再者，保险公司天生的稳健的经营策略与保值增值的经营目标为房地产市场的发展提供了稳定健康的投资环境。

第三种手段是为贷款的发放附加条件。核准贷款人或CMHC可以为租赁房产项目的建筑商提供贷款，但是房产项目的处置、占有和销售定价等由CMHC规定。这样的谈判手段与"合作协议"有着异曲同工之妙。

3. 法律的引导使房地产市场呈现出明显的公益性特色

公益色彩浓厚的房地产建设项目有公共住房建设、学生住房项目建设和特殊房屋项目开发建设，因为这些项目针对的住房者主要是社会上的弱势群体，如低收入人群，其收益率偏低，成本回收期较长，一般情况下不受投资者的青睐。《国家住房建筑法》却很好地把资金引导到这些项目的投资上。CMHC为这些项目的建设提供了很多的贷款优惠，甚至是债务减免。CMHC还可以与建筑商签订协议，保证其投资收益率，从而吸引更多的资金投资到这些公益性房地产项目上。

4. 房屋建设不断创新发展

《国家住房建筑法》允许和鼓励 CMHC 与各大政府部门、事业单位或社会组织进行合作，研究和发展建筑的方法、房屋标准、建筑材料、建筑和房屋设备、房屋设计与规划等。除此以外，CMHC 还联合社会各种力量应对房地产市场中的各种问题，如住房建筑计划问题、购房融资问题、住房支付能力和选择问题、居住环境问题和社区建设规划问题等。对于这些问题的解决方案，CMHC 还可以出资或提供贷款，不断推进研究和创新。

四、对中国房地产发展的启示与借鉴作用

（一）实施系统性的适度经济政策，防止过度投机，稳定房价

中国房地产业从 20 世纪 80 年代开始兴起，90 年代发展壮大，1998 年国家停止福利分房实行住房货币化后，房地产业开始真正发展起来。经过近 20 年的发展，取得了令人瞩目的成就，但也存在许多问题，最突出的就是商品房价格上涨过快。我国商品房价格上涨过快的原因当然是多方面的，其中一个重要原因是盲目扩张的货币政策误导房地产市场购房动机由居住转向投资和投机，同时导致利率失灵，降低了房价变化的利率弹性，提高了广义货币量变化的弹性，从而降低了市场稳定性（郑慧娟，2012）。

中国房地产业的发展正处在起步发展过程中，由于积累的经验不足，要实现稳定房价的宏观目标，可考虑借鉴加拿大房地产发展的一些成熟做法。第一，稳步上升的经济增长和低水平的失业率为房地产市场的稳健发展提供不可或缺的基础和条件。中国需要保持可持续的经济增长和比较充分的就业水平才能保证房地产业的稳健发展。第二，结合经济发展的周期性，实行适度通胀政策，保持稳定的通胀水平。我国可以通过尝试确立清晰透明可行可信的通胀目标，抑制房地产价格的过度上涨。应真正保持央行制定货币政策的独立性，并就通胀水平实行央行问责制，增强央行的公信力，利用通胀预期对实际通胀水平施加影响，进而影响房地产市场。第三，实行稳定可预期的利率政策。通过央行政策的透明度与可信度影响市场的利率预期，从而引导市场及时调整资产组合，防止市场资金盲目投机而导致的社会资源错配。中国央行货币政策的制定需保持稳健审慎的态度，在信息不确定的情况下尽量减少政策成本和政策的副作用。第四，加强银行风险管理力度。制定严格的资本充足率要求、房产贷款要求、贷款抵押品要求等。同时充分发挥保险公司的作用，进一步分散银行的风险。同时，控制好对外国银行或其他机构的风险敞口。第五，通过合作协

议规定和保证房地产开发商的投资收益；同时对房产项目的处置、占有和销售定价等由协议规定，防止房地产市场的资源错配和投机行为的泛滥。

（二）加强和完善土地管理制度，抑制土地投机

加拿大对土地的管理经验也给我们带来启示和借鉴。第一，引入土地市场竞争机制，提高土地资源的配置合理性和利用效率。第二，建立全国的土地管理信息系统，对土地的使用和管理制订长远的规划，划分好商品住房、保障性住房、经济适用房等住房的土地分配，并防止土地囤积投机现象。第三，政府出让土地时，对土地的使用和价格等进行严格的限制，防止由于投机行为而导致土地的炒作现象，同时向市场宣示土地的公益性而非投机性。第四，中央政府与地方政府需要在财政问题上进行协调和再分配，降低地方政府财政收入对土地买卖的依赖，从而加强地方政府对于中央政府土地政策的执行力。

（三）加强银行系统风险管理，夯实房地产金融基础

加拿大稳健的银行系统给了我们极大的启示。第一，加强银行风险管理力度，完善内部监督系统，引入第三方独立监督机制。制定严格的资本充足率要求、房产贷款要求、贷款抵押品要求等。第二，充分发挥保险业与证券业的作用，通过存款保险等保险产品和房地产证券化、按揭贷款证券化等证券手段，进一步分散银行的风险，也可以拓宽房地产融资渠道。第三，全方位引入竞争。加强国内股份制商业银行的竞争，引入国外银行的竞争，加入商业银行以外的金融机构的竞争。

（四）完善中国房地产业的法律监管体系

加拿大房地产业的监管措施主要体现在依法监管。这一经验给中国带来了很大的启示。中国应借鉴加拿大的经验，完善房地产法律法规，减少行政手段的干预，增强法律手段、经济手段的干预，通过完善的房地产法律监管对房地产利益相关者（购房者、租房者和投资者、地方政府和中央政府）的利益进行统筹与平衡。同时要加强房地产发展中的执法力度，保持市场的正常秩序。

（五）重视长远发展规划，优化房地产市场供给结构

加拿大房地产业的规划经验，对优化我国房地产市场的供给结构具有重要启示和借鉴意义。第一，制订长远的全国房地产发展规划，有步骤、有重点、有前瞻性和延续性地促进房地产市场的发展。加拿大房屋规划和发展的战略主线（住房公益化—住房社区化—住房平民化—住房质量化—住房科技化—住

房环保化可持续化）很值得中国借鉴和学习。第二，通过税收政策、土地政策、贷款政策引导资金投资到中小户型、中低价位普通商品住房和经济适用住房上。第三，简化房地产市场交易手续，融通房屋租赁市场，促进商品房与二手房市场的互动。

（注：本专题研究的主要内容曾在《广州城市职业学院学报》2013年第7期发表）

专题四 加拿大存款保险制度及启示

作为发达的市场经济国家，加拿大金融业的稳健经营享誉世界，是目前世界上最安全、最健康的金融业之一。加拿大金融业管理制度的做法既融合了西方国家所共有的一些成功经验，也有自身的特色，这在存款保险制度方面也同样有所体现。下文就加拿大存款保险制度的发展及其借鉴意义做些分析。

一、存款保险制度概述

存款保险制度是指存款性金融机构（主要是银行）按一定存款比例向存款保险机构缴纳保险费，建立存款保险准备金，当其中的存款性金融机构成员面临经营危机或破产倒闭时，存款保险机构向其提供财务救助或直接向存款人支付部分或全部存款，从而保护存款人利益，维护银行信用、稳定金融秩序的一种金融制度。

存款保险在理论上一般分为隐性存款保险和显性存款保险两类。隐性存款保险是指国家没有对存款保险做出制度安排，但在银行出现问题时，政府会承担起保护存款人利益的责任。隐性存款保险制度多见于发展中国家或者国有银行占主导的银行体系中。显性存款保险是指国家以法律的形式对存款保险的运作做出明确的制度规定。通常人们所讲的存款保险制度主要是指显性存款保险制度，以上的概念也是针对显性存款保险制度而言的。

存款保险制度的雏形起源于19世纪末的美国，在1829年至1917年间美国有14个州建立了存款保险制度，但由于不是国家行为最终失败。真正意义上的国家级存款保险制度也是起源于美国。在20世纪30年代发生的世界经济大萧条中，美国有大量的银行相继破产，为了挽救濒临崩溃的银行体系，美国国会在1933年通过《格拉斯-斯蒂格尔法》，建立了为银行存款提供保险服务的政府机构，即联邦存款保险公司，并于1934年正式开始运营并提供存款保险。20世纪60年代以来，随着经济和金融形势的不断变化和发展，美国存款保险制度不断完善，现今已经成为美国金融体系及金融管理的重要组成部分。继美国之后，绝大多数西方发达国家相继在本国金融体系中引入存款保险制度。根据可看到的数据显示，到2006年6月，全世界共有95个国家与地区建立了存款保险制度，另外还有20多个国家正在研究、计划或准备实施之中（魏加宁，2008）。

存款保险制度通常和审慎的金融监管及最后贷款人机制一起被公认为一个国家金融安全网的三大支柱。诺贝尔经济学奖获得者弗里德曼对存款保险制度给予了高度评价："对银行存款建立联邦存款保险制度是1933年以来美国货币领域最重要的一件大事。"可见存款保险制度的重要作用。存款保险制度的功能主要表现在：存款保险制度有利于保护存款人的利益，总体上增强银行信用；有利于提高一国金融体系的稳定性和防范金融风险；有利于促进银行业适度竞争，为公众提供质优价廉的服务；有利于加强中央银行的金融监管和整体经济的健康发展。

存款保险制度的消极影响主要在于：首先，在利率市场化条件下，存款性金融机构在经营活动中就有可能为追求高额利润而过度投机，导致自身风险约束机制弱化。同时存款者会无顾及地追逐高利息，导致自身风险意识下降。这通常被称为存款保险制度的道德风险。其次，经营状况不好的银行才有动力参加存款保险，而经营状况比较好的银行反而不愿意参加存款保险。在推行强制性参与的制度条件下，那些经营状况不好的金融机构容易冒险经营，而且全部风险由承保人承担，最终得到实际的好处。而经营稳健的银行会在竞争中受到损害，这会给整个金融体系注入不稳定因素，威胁到存款保险制度的可持续性。这通常被称为存款保险制度的逆向选择的问题。最后，存款性金融机构缴纳保险费用将会增加其运营成本，减少利润。为了减少成本增加利润，存款性金融机构必然会将存款保险的费用直接或间接地转移到存款人和贷款人身上，这可能对经济的发展带来不利影响。基于存款保险制度的以上特征，需要根据一国的具体情况合理设计相关的制度和运营规则。

二、加拿大存款保险制度的管理做法

继美国实行存款保险制度半个世纪以后，加拿大也实行了存款保险制度。加拿大在借鉴美国经验的基础上，也形成了自身的管理做法。

（一）颁布法律，成立公营存款保险机构

加拿大的存款保险制度建立于20世纪60年代。1967年，加拿大通过了《加拿大存款保险公司法》，并依法成立了加拿大存款保险公司（Canada Deposit Insurance Corporation，CDIC），这标志着加拿大存款保险制度的建立。世界上不同国家存款保险管理机构的性质存在差异，包括公营性质和私营性质两类。加拿大存款保险公司是联邦国有存款保险公司，它成立的目的主要是保护存款人的利益免遭损失，同时也担负对其成员机构稳健经营的监管职责。与最早建立存款保险制度的美国相比,加拿大该项制度的建立晚了近半个世纪,这也从一个侧面说明了加拿大金融业的稳健性。而且在成立之时也没有出现类似20世纪30年代美国经济危机中大量的银行倒闭或挤兑状况,而是出于全面强化对金融体系监察职能,并让金融行业稳健发展的原因而引入该项制度。因此,虽然当时因经济周期变化的影响使加拿大个别金融性机构出现了一些问题,但加拿大存款保险制度总体上是在无经济金融危机的背景下设立的。

(二) 严格准入条件,强制要求存款性金融机构参与存款保险体系

存款性金融机构加入存款保险体系分为强制性参与和自愿性参与,实践证明强制性参与制度的效果明显好过自愿性参与制度。加拿大存款保险制度采取强制参加的准入方式,即强制性要求存款性金融机构成为其成员,但成员机构的加入必须具备相应的资格条件。这些强制性要求参加的存款性金融机构成员主要包括注册银行、联邦及省级信托和贷款公司。其中注册银行由于实力雄厚,信用好,经营稳健,而居于主导地位。由于加拿大存款保险机构一开始并不是对存款性金融机构按照风险程度收取保费,因此许多规模较大的注册银行不十分愿意参加存款保险体系,于是提出要求收紧对省内信托和按揭贷款公司的监督,以及按风险程度收取保费的要求,否则拒绝加入存款保险计划。基于此,1967年加拿大对《银行法令》做了修订,撤销了6%的贷款利率上限,全面开放按揭贷款市场,同时降低了法定现金储备。这些修订措施被视为对注册银行加入存款保险体系的补偿。

加拿大实行的是"两级多头"的金融监管组织制度。其中的"两级"是指联邦级和地方级的金融监管机构,这两级都有监管权。两者在监管范围上的划分以金融机构的注册地为依据。联邦级监管机构监管在联邦注册的金融机构,省级监管机构监管在省级注册的金融机构。由于加拿大的银行都是在联邦注册,因此大部分都是存保公司的会员机构。各级信贷公司包括省级信贷公司,只要符合规定条件都必须加入存款保险体系。特别是省级的信托、抵押贷款公司只要所在省政府许可,并具备相应的最低限度条件,就能加入联邦存款保险体系。由于各级信贷公司尤其是省级公司往往成为加拿大金融动荡的源头,因此CDIC对他们给予了较多的关注,并对其准入资格作了较为严格的规定。

当然,成员资格不是永久性的,如果存款性金融机构在运营过程中不能继续达到成员资格的标准,就会面临被取消成员资格的命运。

(三) 明确界定保险范围

CDIC的主要职能就是对其会员机构提供的合格存款提供保险服务,但不

是对机构成员的所有存款账户都进行承保，也不是对机构成员的所有存款都进行全额保险。CDIC 对其机构成员的存款保险范围包括以下内容。

1. 对存款账户的保险范围

包括：活期储蓄和支票存款，五年以下的定期存款，短期票据，可转让存单和旅行支票，等等。除此以外，5 年以上的定期存款、国库券、政府及公司债券、股票投资、共同基金及抵押资产等都不进行保险。

2. 对货币种类的存款保险要求

必须是加元存款并且能够在加拿大境内支付。外币存款（包括外币储蓄、外币支票账户及外币定期存款）将不予保护。

3. 对存款账户保险额度的规定

目前，CDIC 对其会员机构每个存款账户最高赔款额是 6 万加元（本金和利息连同计算）。这个限额在同一家存款性金融机构只能享有一次，存款者在同一家存款性金融机构的下属分支机构不享有分别投保的权利。

（四）动态化设定理赔金额，不断完善保险费率

加拿大存款保险公司法对存款性金融机构的存款人规定了最高理赔金额，而且对最高理赔金额实行了动态管理的方法，已经从最初的 2 万加元提高到目前的 6 万加元。最高理赔金额的变动原则是随着不同时期的经济金融发展状况而进行必要调整。

保险费率的规定也是一个不断变化的动态指标，保险费率即指保险存款的百分比。1967 年 CDIC 成立时，规定每一成员机构交付保险存款总额的 0.033% 作为年保险费率，这个比率当时相当于 500 加元的保险费。1986 年提高年保险费率至 0.1%；1987 年再次将年保费率提高到 0.167% 的水平。整体来看，直到 1999 年 3 月以前，虽然设定的最高保险费率几经变动，但一旦变动之后即固定不变，而且对所有存款性公司而言都是同样的。这样的制度安排，无视银行经营风险，每个存保银行无论业绩的好坏都能获得相同的保险金额，结果刺激了银行从事更多的高风险投资业务，增加了金融机构存款的不稳定性，同时也促使金融机构道德风险的增加，这对那些拥有优质业绩的银行是极为不公平的，自然遭到经营稳健的大银行的反对。

因此，从 1999 年 3 月起，加拿大存款保险公司对保险费率制度进行了改革，即由固定的保险费率改为差别保险费率。差别费率制定的依据是风险的评估评级标准。根据这样的原则，CDIC 将其成员机构划分为 4 个保险费率组：第一组是最好的级别，资本金充足且年保险费率最低，为 0.0417%；第二组的年保险费率为 0.0833%；第三组的年保险费率为 0.1667%；第四组被称为

最差的级别，资本金不足且年保险费率最高，为0.33%。目前在CDIC的机构会员中，90%以上被划为第一组和第二组。以上四级保险费率措施即"风险厘定保费率"制度。（蒋先玲，2004）

（五）建立完善的金融风险评估体系

加拿大"风险厘定保费率"制度之所以得以顺利实施，主要是因为加拿大有着完善的金融风险评估体系。1999年6月加拿大财政部颁布了一项新的金融《监管框架》，随后于2002年7月颁布了《风险评估评级标准》，从而确立了加拿大以风险为核心的金融监管体系。金融监管局对金融机构的风险评级主要包括：净风险总评级、风险管理控制功能评级、风险发展方向总评级、综合风险评级以及综合风险的发展方向评级。其中，综合风险评级是一个非常重要的评级，它为CDIC制定差别保险费率提供了依据。综合风险评估是对银行机构整体状况的评估，它综合考虑净风险总评估、风险管理控制功能评估、风险发展方向和资本和收益评估。在风险矩阵的分析下，综合风险评估的结果可分为"低""中""中上"和"高"4个等级，处于不同风险级别的金融机构有不同的表现。

（六）成立存款保险基金，明确资金来源途径

存款保险的资金来源有以下途径。一种是设立存保基金，资金来源于各成员机构每年缴纳保险费；另一种是非基金方式，即存款保险机构的初始资金规模较小，当出现成员机构倒闭时，再由各成员机构共同出资应对，解救危机。从实践来看，设立存款保险基金是比较合理和有效的，最主要和最明显的作用是增强存款人的信心和均匀分散存款保险公司的财务负担。加拿大实行的是存款保险基金制度。加拿大存款保险公司成立之初就成立了存款保险基金，资金来源一是各成员机构缴纳的保险费，二是向联邦政府及统一储备基金的借贷。

加拿大存款保险基金运作效果良好。由于年保险保费率不断提高，成员机构数量较多（几乎所有吸收存款的金融机构都是其成员），因此每年收取的保险费亦相当可观。另外，加拿大联邦法案允许CDIC可以向联邦政府借贷，借贷的数量设定最高限额，但具有动态性。加拿大存款保险的资金管理制度对保持CDIC良好的财政状况，对顺利实施存款保险制度和稳定加拿大金融市场发挥了积极作用。

（七）明确存款保险公司职能

加拿大存款保险制度设立的主要目的是确保小额存款的安全，维护金融体

系的稳定。主要职能是：首先，在成员准入方面，要对存款性金融机构实行强制加入，并严格准入条件。其次，在存款人方面，要保证存款人的存款安全，维护银行的信誉。再次，在对成员机构监管方面，存款保险公司与金融机构监管局共同对成员机构的日常经营活动进行严格的监督，但双方职责明确。金融机构监管局和存款保险公司共同制定的《干预联邦管理的存款机构指南》，明确了双放对存款机构进行干预的具体职责和工作机制，并将主要的监管职责赋予了金融机构监管局。存款保险公司对所有投保银行的业务经营和财务状况实行金融检查，要求存款机构定期上报有关经营状况的统计报告并进行核实。存款保险公司通过阅读投保银行的财务报表和不定期检查了解投保业务的经营状况，进而制定和完善相应的金融监管措施。最后，在处理成员机构危机方面，存款保险公司对财务地位不稳定的成员机构有义务提供财务和管理方面的援助（如向困难成员机构提供贷款等），接管濒临倒闭的成员机构，在存款机构倒闭时对存款人进行赔偿，保护存款人的利益。

三、对中国实行存款保险制度的启示

（一）建立具有中国特色的显性存款保险制度

2015 年 5 月 1 日起，中国开始实行显性存款保险制度，这是十分必要的。在此之前，中国事实上存在着由国家信用担保的隐性存款保险制度。客观来说，中国过去的隐性存款保险制度有着自身的优势，从某种意义上说符合中国经济社会发展的阶段性特征。但隐性存款保险的弊端也十分明显，表现在国有金融机构风险意识低，风险管理机制欠缺，容易产生较高不良贷款率，不利于市场经济条件下良性金融竞争环境的形成，也会增加国家财政的负担，不利于经济的迅速发展。显性存款保险制度符合市场经济发展的规律，是维护金融市场稳定的重要制度。随着社会主义市场经济的深入发展，中国的隐性存款保险制度必然要向显性存款保险制度转变。虽然目前中国还没有出现严重金融危机和挤提现象，似乎这种转换还不显得很急迫，但根据加拿大的经验，在非危机时期建立存款保险制度对稳定金融市场是有利的。同时，各个不同国家由于国情不同，对存款保险机构的权利和法律规定都各有不同。中国是社会主义市场经济国家，在借鉴他国经验的基础上设计出符合中国国情的存款保险制度是十分必要的。

（二）应明确我国存款保险机构的性质和功能定位

借鉴加拿大的做法，中国建立的国有存款保险公司，需要明确存款保险机构的性质和功能定位。加拿大的经验证明，CDIC 也经历了一个转型变革过程，即从设立之初的简单赔付机构转变为具有综合职责的金融监管机构。因此，中国建立存款保险公司应接受加拿大开始建立时的教训，不要把存款保险公司仅仅看作是简单的赔付机构，应成为具有独立对存款性金融机构进行监管职能的金融机构，同时坚持内部的商业化经营，使存款保险公司拥有适当的独立性、权力和资源来履行其职责。当然，存款保险公司的监管职能还要注意与国家金融监管机构的合作与协调。

（三）我国推行强制性存款保险准入制度时应坚持公平原则

加拿大一些大的注册银行都是国有银行，比如号称加拿大五大国有商业银行的加拿大皇家银行、道明银行、丰业银行、蒙特利尔银行、帝国商业银行等，其规模和实力不同凡响，在加拿大金融业务中占有较大比例。而我国的国有银行也拥有着较大比例的金融业务。大银行实力雄厚，经营稳健，发生危机的概率较小，往往不十分积极参加存款保险体系。为确保公平，加拿大在强制推行存款保险制度之初，专门修改了银行法，在政策上对注册银行进行补偿。如何借鉴加拿大的这一经验是值得我们讨论的。中国建立显性存款保险制度，如果无条件地强行把国有独资银行加入存款保险体系，有可能造成国有资产的流失，即国有独资银行按照规定交了存款保险费，自身不太可能出现系统性风险，而小银行出现危机的可能性较大，一种可能的结果是大银行为小银行的倒闭形成支持，带来国有资产的流失，从社会主义市场经济的本质来说这又是不允许的。因此，如果实行强制准入制度，所有银行在符合资格条件下都要加入的话，就需要制定综合性的配套政策，一方面推进存款保险制度的实施，同时形成银行间的公平竞争环境，而不是统一强制加入了事。

（四）我国实行差别存款保险费率应具有相应的金融机构风险评级评估制度

加拿大存款保险的年保险费率从单一固定费率到差别费率的演变，给我国确定存款保险年保费率提供了重要经验。其成功之处主要在于加拿大建立了完善的金融机构风险评级评估制度，这是实现差别年保险费率的前提条件。我国目前还没有真正形成金融机构风险评级评估制度，因此从这个角度看，我国目前实行的存款保险制度还有许多问题需要继续研究。我国存款保险制度建立后，将从基准费率开始，起点水平比其他国家低，之后施行风险差别费率也是必然趋势。这里的关键是如何衡量金融机构的经营质量或者风险状况。目前银监会对商业银行的评级制度可以作为一个差别费率的基础。因为这一评级制度包括料资本充足率、拨贷比、拨备水平、资产质量、不良率、流动性管理等。然而，从风险管理的角度，这一监管措施可以借鉴加拿大的风险评级评估制度不断完善，从而为存款保险差别费率的确定提供支持。因此，我国要成功实施显性存款保险制度需要不断做好基础性工作，建立金融机构风险评级评估制度，研究相关的具体问题，使存款保险制度发挥应有的积极作用。

（五）对存款保护实行有限保护和风险共担原则是我国需要借鉴的成功经验

存款保险机构不为任何存款者提供全额保险，最高保付额的确定根据社会经济发展的变化不断调整，风险由存款者、存款性金融机构和存款保险机构共同承担，这已经是加拿大成熟的经验，也是成熟的国际经验，我国实行的存款保险制度大大高于这个范围。根据国际货币基金组织建议的标准，每个存款者的最高保付额是一国人均 GDP 的 1～2 倍，加拿大的标准经过了不断调整，2000 年为当年加拿大人均 GDP 的 2.1 倍，其他国家也各有不同，例如美国为 5.3 倍、英国为 3 倍、韩国为 2 倍、印度为 1.3 倍，而我国约为 13 倍，这表明我们对存款人的保护力度远大于世界上的其他国家。然而中国的最高赔付额是否要定这么高也是一个值得研究的问题。在开始推动的时候，赔付额高一些可以理解，但长期来看，中国应根据自身的国情参考国际经验确定最高赔付额。

加拿大在存款保险制度建设过程中有得也有失，有经验也有教训，中国推行存款保险制度应结合国情吸取加拿大的经验教训，同时也要借鉴其他国家成功的经验。除此之外，我们更要注意研究在中国这样一个发展中国家、改革开放的国家、正在向市场经济转型转变的国家实行存款保险制度可能给我们带来的负面影响以及相应的对策措施。

（注：本专题研究的部分内容曾在《广东发展蓝皮2013》发表）

参 考 文 献

[1] 巴巴拉·L. 米勒. 加拿大金融制度 [M]. 王海晔, 译. 北京: 中国金融出版社, 2005.

[2] 巴塞尔银行监管委员会. 有效银行监管核心原则. 2006.

[3] 巴曙松, 王淼. 为什么次贷危机对加拿大银行业冲击较小 [J]. 国际融资, 2008 (8).

[4] 巴曙松. 金融监管框架的演变趋势与商业银行的发展空间 [J]. 当代财经, 2004 (1).

[5] 白钦先, 刘刚, 郭翠荣. 各国金融体制比较 [M]. 北京: 中国金融出版, 2009.

[6] 白钦先. 发达国家金融监管比较研究 [M]. 北京: 中国金融出版社, 2003.

[7] 本哈默·H, 赛普顿·P. 货币、银行与加拿大金融制度. 汤普森学习集团, 2001.

[8] 财政部税收制度国际比较课题组. 加拿大税制 [M]. 北京: 中国财政经济出版社, 2000.

[9] 蔡臻欣. 受次贷危机影响甚微加拿大基金市场前景乐观 [N]. 第一财经日报, 2008-05-28.

[10] 曹明奎. 加拿大改革存款保险 [N]. 国际金融报, 2004-06-23.

[11] 曹志东, 卢雅菲, 俞自由. 保险偿付能力监管及其国际比较研究 [J]. 上海交通大学学报 (哲学社会科学版), 2001 (1).

[12] 曾文革. 后金融危机时代保险偿付能力监管模式的创新与发展 [J]. 保险研究, 2010 (2).

[13] 柴雪歌, 柴青宇, 时延鑫. 中国保险监管问题浅析 [J]. 经济研究导刊, 2009 (11).

[14] 常啸. 加拿大的房地产税 [N]. 第一财经日报, 2011-01-18.

[15] 陈迪红, 潘竟成. 保险公司动态财务分析初探 [J]. 财经理论与实践, 2002 (3).

[16] 陈工孟、高宁. 我国证券市场有效性的实证研究 [J]. 管理世界, 2005 (7).

[17] 陈华、李斌．中国基金热的冷思考［J］．中外企业家，2007（2）．
[18] 陈晖．全球金融租赁业发展概况．http：//wenku．baidu．com/．
[19] 陈坚．中国债券市场发展存在的问题与改进建议［J］．上海金融，2010（4）．
[20] 陈建华．金融监管的有效性研究［M］．北京：中国金融出版社，2002．
[21] 陈淑贤．论物业税税基评估主体的选择［J］．涉外税务，2008（1）．
[22] 陈文辉．金融危机后中国保险业监管的再思考［J］．行政管理改革，2012（2）．
[23] 陈焱．中国证券业产业组织与政策研究［M］．北京：经济科学出版社，2010．
[24] 陈月明．加拿大金融监管体系及对我们的启示［J］．国家电网，2010（17）．
[25] 陈越．独具一格的加拿大银行制度［J］．福建金融，1994（3）．
[26] 楚尔鸣．我国农村合作金融发展模式研究［J］．宏观经济研究，2001（3）．
[27] 崔晓东，曹家和．我国保险监管问题研究［J］．技术经济与管理研究，2011（1）．
[28] 崔瑛．浅析加拿大金融监管体制及对我国的启示［J］．金卡工程．经济与法，2009（1）．
[29] 存款保险条例（国务院令第660号）．中国政府网，2015－03－31．
[30] 存款保险制度．百度百科．http：//baike．baidu．com/view/18954．htm．
[31] 戴维斯·沃德·菲利普和伟伯格律师事务所．加拿大房地产法律制度概述，2007年5月．
[32] 德沃特里庞，泰勒尔．银行监管［M］．石磊，王永钦，译．上海：复旦大学出版社，2002．
[33] 丁岚．加拿大的金融管理体制和金融市场［J］．经济研究参考，1993（22）．
[34] 丁为民．西方合作社的制度分析［M］．北京：经济管理出版社，1998．
[35] 丁孜山．论中国保险业的快速发展［J］．湖南涉外经济学院学报，2006（2）．
[36] 杜俊仪．世界租赁业发展的特点［J］．财经问题研究，1989（3）．
[37] 范媛．变分散监管为统一国资监管［N］．中国经济时报，2012－04－23．
[38] 方建武，郑震龙．全球共同基金面临的四大挑战［J］．中国金融，2006（16）．

［39］傅樵．房产税的国际经验借鉴与税基取向［J］．改革，2010（12）．
［40］盖永光．信托业比较研究［M］．山东人民出版社，2004．
［41］高圣平．融资租赁登记制度研究［J］．金陵法律评论，2006（2）．
［42］高圣平．中国融资租赁现状与发展战略［M］．北京：中信出版社，2012．
［43］葛京凤．地产——价格评估原理与方法［M］．北京：中国环境科学出版社，2002．
［44］各国税制比较研究课题组．财产税制国际比较［M］．北京：中国财政经济出版社，1996．
［45］官文力．中国证券业监管问题研究［M］．成都：西南财经大学出版社，2007．
［46］郭春松．中国银行业监管协调与合作研究［M］．北京：中国金融出版社，2007．
［47］国际评估准则委员会．国际评估准则2007［M］．8版．中国资产评估协会，译．北京：中国财政经济出版社，2010．
［48］国务院发展研究中心农村经济研究部．可持续发展的加拿大农民合作社．http：//www.nongye948.com/kepuhuinongzhan/guowaizhihui/2011-03-04/596.html．
［49］韩彪．加拿大金融监管部门对金融机构的介入检查［J］．银行与企业，1998（9）．
［50］韩飚，代世洪，钟剑．加拿大金融监管部门对金融机构的检查介入［J］．武汉金融，1998（9）．
［51］韩俊，罗丹，潘耀国．加拿大信贷合作组织调查［N］．中国经济时报，2006-08-25．
［52］韩俊，罗丹，潘耀国．可持续发展的加拿大农民合作社［J］．调查研究报告，2006（151）．
［53］何颖．金融法苑［M］．北京：中国金融出版社，2008．
［54］洪明．加拿大著名信托公司的启示．http：//web.cenet.org.cn．
［55］胡伏云，姚松涛．完善证券公司业务信息隔离机制问题探讨［J］．证券市场导报，2008（5）．
［56］胡坚，高飞．保险监管制度的国际比较及其对中国的借鉴［J］．山西财经大学学报，2004（2）．
［57］胡维波．金融监管的理论综述［J］．当代财经，2004（3）．
［58］黄嵩．信托在其他国家的发展．百度学术．http：//web.cenet.org.cn．

［59］黄为，钟春平．偿付能力监管法规的国际比较［J］．当代财经，2000（9）．

［60］黄正威．运用信用评级手段完善金融监管体系［J］．金融研究，2001（11）．

［61］吉彩红．论保险偿付能力监管的国际模式及启示［J］．应用经济学评论，2011（1）．

［62］吉林省人民政府外事侨务办公室．加拿大．涉外咨询．http：//wb.jl.gov.cn/hqgl/gggk/bmz/201409.

［63］加拿大保险业非现场监管考察报告．2005-12-12．http：//www.circ.gov.cn/web/site0/tab5267/info18154.htm.

［64］加拿大财长费海提称加拿大的证券监管体系不充分．http：//finance.sina.com.cn/forex/forexroll/20060619/2106753024.shtml.

［65］加拿大戴维斯·沃德·菲利普和伟伯格律师事务所．加拿大证券法律制度概述．2007，http：//www.rf.tm/a/zcgs/canada/2012/0410/1793.html.

［66］马素华．加拿大房地产估价制度简介［J］．国土资源情报，2006（1）．

［67］中国机关后勤．加拿大房屋抵押贷款保险制度——国管局赴加房地产管理培训考察情况报告（四）．1998年02期．http：//xueshu.baidu.com.

［68］中国驻加拿大大使馆经济商务参赞处．加拿大服务业发展简况．http：//www.mofcom.gov.cn/aarticle/i/dxfw/nbgz/201203.

［69］加拿大股票市场（TSX）介绍．http：//www.doc88.com/p-776450317716.html.

［70］中国机关后勤．加拿大国情和房地产业——国管局赴加房地产管理培训考察情况报告（一）．1997（5）：44-44http：//xueshu.baidu.com/．

［71］中国驻加拿大大使馆经济商务参赞处．加拿大金融环境分析．http：//www.e-canada.cn/article/8660.html.

［72］中国驻多伦多总领馆经经济商务室子站．加拿大金融业概况．http：//toronto.mofcom.gov.cn.

［73］加拿大宣布建立全国性证券监管机构．中国新闻网，2014年7月10日．

［74］加拿大银行协会．http：//www.cba.ca/index.php?lang=en.

［75］加拿大证券公司信息隔离机制建设及借鉴意义［J］．中国证券杂志，2009年11月25日．

［76］中国驻加拿大大使馆经济商务参赞处．加拿大证券法律制度概述［DB/OL］．2007年5月3日，http：//ca.mofcom.gov.cn/．

［77］加拿大证券公司合规管理对我国的启示．http：//wenku.baidu.com/

view/eddcf2b665ce0508763213a3. html.

[78] 加拿大证券公司信息隔离机制建设及借鉴意义［J］. 中国证券投资者保护网，2009 年 11 月 25 日.

[79] 2010 年中加证券合规管理培训班第五课题小组. 加拿大证券行业合规管理架构及运作机制. http：//wenku. baidu. com/.

[80] 加拿大证券交易所：以严格的监管保护投资者利益. http：//news. xinhuanet. com/stock/2004 - 10/22/content_2126610. htm.

[81] 加拿大证券市场的概况. http：//blog. sina. com. cn/s/blog_9c95607c0100wj17. html，2011 - 12 - 23（02）.

[82] 中国机关后勤. 加拿大政府机构的房地产管理——国管局赴加房地产管理培训考察情况报告（二）. 1997（6）：44 - 44，http：//xueshu. baidu. com/.

[83] 中国驻多伦多总领馆经经济商务室子站. 加拿大租赁业发展及相关规定. 2013 - 02 - 01，http：//toronto. mofcom. gov. cn.

[84] 姜华. 论我国保险业诚信体系建设［J］. 保险研究，2004（3）.

[85] 蒋海，刘少波. 信息结构与金融监管激励：理论与政策涵义［J］. 财经研究，2004（07）.

[86] 蒋先玲. 加拿大存款保险制度的发展及其对我国的启示［J］. 国际金融，2004（8）.

[87] 蒋先令. 加拿大存款保险的发展及启示［J］. 国际贸易问题，2004（8）.

[88] 金柯. 加拿大金融体系的变革［J］. 经济科学，1994（4）.

[89] 金维生. 加拿大房地产税的征管及特点［J］. 涉外税务，2004（9）.

[90] 金颖，高斌等. 美国、加拿大公司债券市场考察报告. 百度文库. http：//wenku. baidu. com.

[91] 金志. 国际金融信托概论［M］. 上海：华东师范大学出版社，1999.

[92] 金志编. 国际金融信托概论［M］. 北海：华东师范大学出版社，1999.

[93] 黎国焜. 试析加拿大金融业的特点. 世界经济研究，1991（01）.

[94] 黎四奇. 对我国证券监管理念的批判与反思［J］. 经济法论丛，2009（02）.

[95] 李成. 金融监管理论的发展演进及其展望［J］. 西安交通大学学报，2008（07）.

[96] 李东方. 证券监管法律制度研究［M］. 北京：北京大学出版社，2002.

[97] 李富英，臧慧萍. 银行监管的理论研究［J］. 税务与经济，2005（1）.

[98] 李皓,张翼菲.论我国资本市场中小投资者保护[J].现代商贸工业,2010(1).

[99] 李乐.银行监管理论的发展趋势——监管有效性理论[J].理论观察,2007(8).

[100] 李莉.保险监管法律制度之比较研究[D].青岛:中国海洋大学,2006.

[101] 李鲁阳,张雪松.融资租赁的监管[M].北京:当代中国出版社,2007.

[102] 李娜.加拿大金融监管体系对我国金融监管的启示[J].经济视角(下半月),2012(1).

[103] 李文池,孙静.证券业反洗钱监管的国际经验与启示[J].西安财经学院学报,2009(1).

[104] 李翔,冯峰.会计信息披露要求:来自证券研究机构的分析[J].会计研究,2006(3).

[105] 李小荣.加拿大的土地管理机构[J].中国房地产,1999(3).

[106] 李秀芬.我国保险代理人监管制度存在的问题与对策[J].东岳论丛,2005(6).

[107] 李震涛,农刚.如何建立合理的金融监管体系.中国论文联盟.http://www.lwlm.com/html/2008 - 06/85600.htmhttp://www.studa.net/jinrong/060514/1042043 - 2.html.

[108] 梁晓静.中国基金监管模式的探索[J].金融教学与研究,2002(3).

[109] 林宝清,施建祥.论西方保险监管模式变革与我国保险监管模式选择[J].金融研究,2003(6).

[110] 林欣.关于金融监管理论演进的文献综述[J].海南金融,2009(5).

[111] 林茁.世界共同基金发展的初探.国际金融研究,1992(11).

[112] 刘锋,王敬伟.加拿大金融监管框架及对我国金融监管的启示[J].金融研究,2004(1).

[113] 刘桂芳,张志红,申屹.加拿大证券公司合规管理对我国的启示[J].中国证券,2009(10).

[114] 刘家德,张天强.建立合理的监管体系是金融健康运行的重要保证——美国、加拿大金融监管体制考察报告[J].财政研究,2001(3).

[115] 刘俊.全球租赁业发展历程比较研究.研究报告.http://vip.stock.finance.sina.com.cn/.

[116] 刘宽亮,祝向军.加拿大保险监管中的风险评估模型及其借鉴[J].

保险研究, 2008 (6).

[117] 刘丽. 世界主要国家国有土地管理概述 [J]. 国土资源情报, 2008 (1).

[118] 刘璐. 基于因子分析法的寿险公司非现场监管研究 [J]. 保险研究, 2009 (9).

[119] 刘明学, 吴寒. 最优银行监管理论新发展 [J]. 商业时代, 2009 (13).

[120] 刘洋. 论我国基金市场的发展与完善 [J]. 北方经济, 2006 (16).

[121] 刘云海, 张琳. 论保险业监管模式的现实选择 [J]. 保险研究, 2005 (10).

[122] 路妍. 融危机后的国际金融监管合作及中国的政策选择 [J]. 管理世界, 2011 (4).

[123] 马洪雨. 论政府证券监管权 [M]. 北京: 法律出版社, 2011.

[124] 马进, 范柞军. 对完善现行证券业监管制度的思考 [J]. 改革与战略, 2003 (12).

[125] 马九杰, 谢霞. 加拿大共同基金监管制度及其启示 [J]. 行政论坛, 1996 (04).

[126] 马孟辛. 论世界租赁业发展的特点及其原因 [J]. 国际贸易, 1987 (7).

[127] 马险峰. 加拿大投资者保护基金运作基本情况及启示. http://www.mba163.com/glwk/cwgl/200606/58496.html.

[128] 马忠富. 中国农村合作金融发展研究 [M]. 北京: 中国金融出版社, 2001.

[129] 美国加拿大保险监管和相关情况的考察 [J]. 保险研究, 2006 (7).

[130] 孟林. 证券监管模式的国际比较与借鉴意义 [J]. 山东社会科学, 1999 (03).

[131] 孟龙. 中国保险监管国际化问题研究 [M]. 北京: 中国金融出版社, 2004.

[132] 彭萍, 王世春. 批量评估技术的国际经验及对我国的启示 [J]. 中国房地产估价与经纪, 2011 (3).

[133] 皮桂香. 我国证券市场监管存在的问题及其完善 [J]. 学理论, 2010 (35).

[134] 齐闻朝等. 加强非现场监管是防范和化解风险的内在要求 [N]. 金融时报, 2006-01-20.

[135] 钱彦敏．中国上市公司盈余质量与投资者保护［M］．杭州：浙江大学出版社，2011．

[136] 钱亦楠．稳健的金融监管：专访加拿大央行副行长保罗詹金斯［N］．新浪财经网，2010-2-22．

[137] 宋焱．金融监管：从分业监管到功能监管［N］．金时网·金融时报，2005-09-25．

[138] 强强．我国保险监管体系现状及改进建议［J］．国家行政学院学报，2010（2）．

[139] 乔小明．论我国证券监管体系的优化措施［J］．经济问题探索，2010（06）．

[140] 秦池江，张立中．中国金融大百科全书：上编（卷三）金融机构卷．北京：中国物资出版社，1999．

[141] 冉勇，钟子明．银行信息披露制度与银行系统稳定性研究［J］．中央财经大学学报，2005（10）．

[142] 戎冰，孙颖，孙鹏．浅析我国证券市场监管［J］．财政监督，2012（9）．

[143] 荣幸，邹超．我国保险代理人制度现状分析．中国农业银行武汉培训学院学报，2008（3）．

[144] 商学魏．关于我国保险监管工作的几点思考［J］．科学学与科学技术管理，2007（1）．

[145] 尚福林．证券市场监管体制比较研究［M］．北京：中国金融出版社，2006．

[146] 沈和付，等．加拿大信息隔离墙及相关机制［J］．中国证券，2010（11）．

[147] 施健德，白庆华，戴金波：三种房地产估价方法相互关系的研究［J］．中国房地产，2000（10）．

[148] 季凌鹏．加拿大金融监管经验做法及对我国的启示［N］．财经界，2016（8）．

[149] 史纪良．西方合作金融考察．北京：中国金融出版社，2002．

[150] 史纪良．银行监管比较研究［M］．北京：中国金融出版社，2005．

[151] 史树林．融资租赁制度概论［M］．北京：中信出版社，2012．

[152] 宋献中．论企业核心能力信息的自愿披露［J］．会计研究，2006（06）．

[153] 宋焱．加拿大存款保险制度的经验借鉴［N］．金融时报，2005-11

－07．

[154] 粟勤．加拿大的金融改革与金融结构的重新调整［J］．金融科学，1996（1）．

[155] 孙祁祥．保险学［M］．北京：北京大学出版社，2009．

[156] 孙曙伟．证券市场个人投资者权益保护制度研究［M］．北京：中国金融出版社，2006．

[157] 唐锋，贺武，魏淑娟．中外融资租赁业发展比较及经验借鉴［J］．特区经济，2006（1）．

[158] 唐学学．当前我国证券市场监管的现状及对策研究［J］．企业技术开发，2010（3）．

[159] 王纯，袁树民．美国、加拿大保险业的发展及启示［J］．企业经济，2008（3）．

[160] 王纯，应小陆，丁小云．美国、加拿大上市公司会计信息披露制度比较研究［J］．企业经济，2007（8）．

[161] 王峰虎，张怀莲．论保险监管的目标及政策［J］．西藏大学学报，2003（01）．

[162] 王贵平．浅析中国保险监管［J］．经济研究导刊，2008（13）．

[163] 王建平．加拿大的共同基金业［J］．经济研究参考，1995（23）．

[164] 王解辉．论如何对我国证券市场进行适度监管［DB/OL］．中国论文下载中心，2009年9月26日．

[165] 王敬伟．加拿大金融监管中的风险评估与评级［J］．河南金融管理干部学院学报，2003（3）．

[166] 王静．加拿大监管法规特点［DB/OL］．期货日报网，2011年10月30日．

[167] 王静．加拿大证券监管体系［DB/OL］．期货日报网，2011年10月29日．

[168] 王宁，卢文涛．浅析加拿大证券监管的原则监管模式［J］．法制与社会．2010（35）．

[169] 王松年．国际会计前沿［M］．上海：上海财经大学出版社，2001．

[170] 王希庚．多伦多证券交易所简介及其上市要求和程序，http：//bbs.jrj.com.cn/msg，56759106.html．

[171] 王应贵．2011，汇率制度与宏观经济政策环境——以加拿大为例［J］．技术经济与管理研究，2011（8）．

[172] 王之阳．完善中国基金管理公司监管制度的设想［J］．中国金融，2006

(16).

[173] 王志强. 对加拿大金融业的考察与思考 [J]. 福建金融, 2002 (4).

[174] 卫生部副部长张茅在政协十一届常委会第七次学习讲座上的发言. 中国新闻网, 2010 - 06 - 26.

[175] 魏明海, 柳建华, 刘峰. 中国上市公司投资者保护研究报告 (2006 - 2008) [M]. 北京: 经济科学出版社, 2010.

[176] 闻松. 加拿大房地产税的征收机制 [J]. 中国地产市场, 2008 (1).

[177] 我国医保制度简介. 向日葵保险网, 2012 - 03 - 05.

[178] 我国应加快建立显性存款保险制度——访谈魏加宁. www.drcnet.com.cn, 2007 - 1 - 30.

[179] 吴定富. 正确把握保险业面临的新形势. 促进保险业平稳较快发展 [J]. 保险研究, 2011 (1).

[180] 吴风云, 赵静梅. 统一监管与多边监管的悖论——金融监管组织结构理论初探 [J]. 金融研究, 2002 (9).

[181] 吴刚. 康德的自律理论对中国银行业监管的启示 [J]. 经济评论, 2006 (2).

[182] 吴联生. 投资者对上市公司会计信息需求的调查分析 [J]. 经济研究, 2002 (4).

[183] 吴盛光. 金融消费者保护: 后危机时代金融监管的新主题 [J]. 金融理论与实践, 2010 (12).

[184] 伍巧芳. 养老保险制度改革方向初探, www.chinareform.org, cn, 2012.

[185] 夏红芳. 西方银行监管理论演进及对我国的启示 [J]. 经济社会体制比较, 2008 (5).

[186] 谢平. 存款保险的理论研究与国际比较, http://www.chinaacc.com, 2008 - 7 - 22.

[187] 谢天琪. 我国证券市场监管中存在的问题及其对策 [J]. 中国证券期货, 2012 (10).

[188] 谢增毅. 证券交易所自律监管的全球考察: 困境与出路 [A]. 商事法论集, 2006 (2).

[189] 辛子波. 银行监管体系的国际比较 [M]. 北京: 中国财政经济出版社, 2008.

[190] 邢彬, 黄俊星. 国际保险业偿付能力监管制度比较及发展趋势研究 [J]. 保险研究, 2011 (7).

[191] 熊玉莲. 场内金融衍生产品的法律监管——来自发达国家的经验与启

示［J］．江西社会科学，2010（1）．

[192] 徐爱农．国外物业税税基评估实践与启示［J］．经济问题探索，2011（8）．

[193] 徐文元．谁来主导中国共同基金业的发展［J］．经济导刊，2005（4）．

[194] 许亚光．浅谈我国金融衍生品市场发展中的政府监管［J］．企业技术开发，2009（8）．

[195] 杨金刚．证券市场失灵的经济学角度分析［J］．中国产业，2011（6）．

[196] 杨静．加拿大保险公司的组织形式［N］．中国保险报，2010-01-06．

[197] 杨静．加拿大保险公司组织形式［N］．中国保险报，2010-01-06．

[198] 杨静．加拿大的偿付能力监管［N］．中国保险报，2010-01-20．

[199] 杨令侠．加拿大应对金融危机的几个特点［J］．红旗文摘，2009（22）．

[201] 杨新兰．论银行监管的相机抉择［J］．金融研究，2004（9）．

[202] 杨邑龙．完善我国证券市场监管制度研究［J］．经济师，2010（4）．

[203] 杨悦．金融消费者权益保护的国际经验与制度借鉴［J］．现代管理科学，2010（2）．

[204] 姚恒美．世界租赁业发展分析［J］．竞争情报，2007（1）．

[205] 叶侃．国外证券监管模式及对我国的启示［J］．经营与管理．2008（1）．

[206] 叶明华．偿付能力监管：我国保险监管的新方向［J］．经济工作导刊，2003（8）．

[207] 银监会关于印发《关于高风险农村信用社并购重组的指导意见》的通知．银监发〔2010〕71号，http：//www.gov.cn/gongbao/content/2010/content_1765296.htm．

[208] 银监会签署的双边监管合作谅解备忘录和监管合作协议一览表．中国国情-中国网．2011-12-26（http：//www.china.com.cn/guoqing/zwxx/2011-12/26）．

[209] 尹龙．中国银行监管理论评析［J］．经济管理，2003（19）．

[210] 应千凡，王婷．农村信用合作组织监管制度：国际比较与借鉴、浙江金融，2010（12）．

[211] 余希．我国证券市场监管问题与对策［J］．特区经济，2007（4）．

[212] 詹姆斯·巴茨，杰勒德·卡普里奥，罗斯·莱文．银行监管的重新思考［J］．张明莉，译．银行家，2005（12）．

[213] 张海楠，我国证券市场监管现状浅析［J］．财税金融，2011（6）．

[214] 张慧莲. 证券监管的经济分析 [M]. 北京：中国金融出版社，2005.

[215] 张立中，王鹏. 国外农村合作金融的发展模式的比较分析及启示 [J]. 世界农业，2006（6）.

[216] 张鹏. 加拿大金融监管：体制安排研究与金融监管借鉴. http://opinion.news.hexun.com/1415993.shtml.

[217] 张鹏. 加拿大金融监管的体制安排研究，商务部网站，2005 – 6 – 20.

[218] 张欣，钟小兵. 国际金融监管体制理论分析及启示 [J]. 黑龙江社会科学，2006（5）.

[219] 张新，朱武祥，等. 证券监管的经济分析 [M]. 上海：上海三联书店，2008.

[220] 张新华. 加拿大股票市场 [J]. 经济研究参考，1992（25）.

[221] 张玉玉. 存款保险制度研究与中国的选择 [J]. 西昌学院学报，2005（3）.

[222] 张志红，校坚，史明坤. 加拿大证券业合规管理基本情况与主要经验 [J]. 中国证券，2009（10）.

[223] 张宗新. 上市公司自愿性信息披露行为有效吗 [J]. 经济学（季刊），2005（1）.

[224] 赵永贵. 加拿大信用社监管情况及启示 [J]. 中国农村信用合作，2003（2）.

[225] 珍妮弗·斯道达特. 加拿大《个人信息保护和电子文件法》对个人隐私的保护. 林钧跃，译. 中国市场信用网，2010 – 10 – 20.

[226] 证券公司信息隔离墙机制指引. 中国证券业协会，2010 年 12 月 29 日发布，自 2011 年 1 月 1 日起施行.

[227] 郑震龙. 全球共同基金的最新发展与特点 [J]. 中国证券，2006（3）.

[228] 支佐. 加拿大存款保险制度架构及对我国的启示 [J]. 上海金融，2002（9）.

[229] 中国人民银行. 中国金融标准化报告 2010. 中国金融出版社，2011.

[230] 中国人民银行合作金融机构监督管理司赴加拿大培训团. 加拿大信用社监管情况及其启示 [J]. 中国农村金融，2003（2）.

[231] 中国融资租赁相关法律、法规概览. 百度文库，http://wenku.baidu.com/.

[232] 中国医疗保险制度改革 30 年. 中国改革论坛，2010 年 5 月 24 日 www.chinareform.org.cn.

[233] 中国银行业监督管理委员会．金融租赁公司管理办法（2014），http：//www.chinalawedu.com．

[234] 中国银行驻多伦多代表处．加拿大金融体系简介．国际金融研究，1989年08期．

[235] 中国证券监督管理委员会分别与卢森堡金融监管委员会和塞浦路斯证券交易委员会签署《证券期货监管合作谅解备忘录》．中国证券监督管理委员会公告，2012（5）．

[236] 中华人民共和国商务部网站，加拿大租赁业发展及相关规定，http：//www.mofcom.gov.cn/．

[237] 中华人民共和国商务部网站，加拿大租赁业发展及相关规定［Z］．http：//www.mofcom.gov.cn/article/i/dxfw/nbgz/201302/20130200019042.shtml．

[238] 钟伟．加拿大保险业概述［J］．国际经济合作，1996（3）．

[239] 钟伟．存款保险差别费率是必然趋势，http：//finance.qq.com/a/20141130/023691.htm．

[240] 周纯．加拿大证券行业零售业务合规管理若干问题的思考［J］．中国证券，2010（11）．

[241] 周道许．中国保险业和保险监管［M］．北京：中国金融出版社，2010．

[242] 朱楚珠，严建红．中国保险市场与资本市场对接的系统设计及其影响研究［J］．金融研究，2001（5）．

[243] 祝向军，汤志江．风险基础保险监管模式构建的理论分析［J］．金融研究（实务版），2007（2）．

[244] 邹亚宝，林石楷．论混业经营形势下我国保险监管的创新［J］．南方金融，2007（12）．

[245] 左连村，刘婧．当今世界金融危机对加拿大的影响和启示［J］．广东财经职业学院学报，2009（2）．

[246] 左连村，刘融．中国与加拿大证券业监管比较研究．新浪博客，2012-08-22．

[247] 左连村．加拿大商业银行业的国际化竞争战略及其启示［J］．国际金融研究，1998（8）．

[248] 左毓秀．世界融资租赁业的发展及启示［J］．金融理论与实践，2001（11）．

[249] A Framework for the Future. Reforming Canada's Financial Services Sector.

http：//www. fin. gc. Ca.

[250] BenoIt Tremblay Daniel Cté，加拿大蒙特利尔高等商学院信用合作社研究中心，合作制还是商业化：信用合作社资本结构创新的实证分析，金融研究，2002 年 01 期.

[251] Canada Mortgage and Housing Corporation. History of CMHC. About CMHC. History of CMHC，cited on 7th June，2013. http：//www. cmhc. ca/en/corp/about/hi/index. cfm.

[252] Composite risk rating assessment criteria. (The Assessment Criteria should be read in conjunction with OSFI's Supervisory Framework) Office of the Superintendent of Financial Institutions，July 2002，Canada. (http：//www. osfi-bsif. gc. ca/app/DocRepository/1/eng/practices/supervisory/05-Composite_ Risk_ e. pdf).

[253] Consolidated and Regulations 1996，with Guidelines and Other Regulation Dcuments，8th Edition，Part VIII. Business and Powers. pp. 147 – 182/ prepared by Tory Tory Deslauriers & Binnington，Carswell Thomson Pressional Publishing.

[254] Chris Boobyer. 租赁与资产融资——执业者的综合指南 [M]. 徐娜等，译. 北京：中国金融出版社，2009.

[255] Department of Finance of Canada. Canadian Financial Service Sector [Z]. https：//en. wikipedia. org/wiki/Department_ of_ Finance_ Canada.

[256] Draft Securities Act Commentary. Expert Panel on Securities Regulation. http：//www. expertpanel. ca/eng/reports/final-report/commentary. html.

[257] Final Report and Recommendations. Expert Panel on Securities Regulation. http：//www. expertpanel. ca/eng/reports/final-report/index. html.

[258] Fred S. McChesney. Rent Extraction and Rent Creation in the Economic Theory of Regulation. Journal of Legal Studies，1987，16 (1).

[259] FCAC History. http：//www. fcac-acfc. gc. ca/eng/about/History/defauh.

[260] Government of Canada，2013 National Housing Act. Laws Website. Consolidated Acts. R. S. C.，1985，c. N – 11，cited on 7th June，2013. http：//laws. justice. gc. ca/ eng/ acts/N – 11/page – 1. html.

[261] Guide to Intervention for Federally Regulated Deposit-Taking Institutions. pp. 1 – 13. Office of the Superintendent of Financial Institutions，Canada. http：//www. osfi-bsif. gc. ca/app/DocRepository/1/eng/practices/supervisory/Guide_ Int_ e. pdf.

［262］ History, Office of the Superintendent of Financial Institutions. http：//en. wikipedia. org/wiki/Office_ of_ the_ Superintendent_ of_ Financial_ Institutions_ Canada.

［263］ James, Darroch. Canadian banks and global competitiveness. pp. 1 – 7, McGill-Queen's University Press, 1994, Montreal & Kingston. London. Bufflo.

［264］ James Chen. 共同基金简介. http：//cncacy. blog. 163. com/blog/static/.

［265］ John J. Tobin, Jim Hong, and Richard Johnson. Asset equipment finance/leasing. http：//www. lexology. com/library/detail.

［266］ Kareken, John and Wallace, Neil. Deposit Insurance and Bank Regulation: Apartial Equilibrium Exposition. Journal of Business, July 1983, Vol. 413 – 38.

［267］ Overall net risk rating, Assessment criteria. (The Assessment Criteria should be read in conjunction with OSFI's Supervisory Framework) Office of the Superintendent of Financial Institutions, July 2002, Canada. http：//osfi-bsif. gc. ca/app/DocRepository/1/eng/practices/supervisory/08 – Overall_ Net_ Risk_ e. pdf.

［268］ Office of the Superintendent of Financial Institutions Act. Date modified：2013 – 07 – 11. http：//laws-lois. justice. gc. ca/eng/acts/O – 2. 7/page – 2. html#h – 3.

［269］ Richard, A. Posner. The Social Costs of Monopoly and Regulation. The Journal of Political Economy, Aug. 1975, Vol. 807 – 828.

［270］ Statistics Canada, 2011. Economic accounts. Canada Year Book, 2011, 11 – 402 – X, cited on 1st June, 2013. http：//www. statcan. gc. ca/pub/11 – 402 – x/2011000/chap/econo/econo-eng. htm.

［271］ Statistics Canada, 2012 – 12 – 24, Income, pensions, spending, and wealth, Canada Year Book, 2012, Catalogue No. 11 – 402 – x, Chapter 18, p. 261, Table 18. 3, cited on 1st June, 2013. http：//www. statcan. gc. ca/pub/11 – 402 – x/2012000/pdf/income-revenu-eng. pdf.

［272］ Statistics Canada, 2012 – 12 – 24, *Prices and price indexes*, *Canada Year Book*. 2012, Catalogue No. 11 – 402 – x, Chapter 25, p. 369, Table 5. 1. Cited on 1st June, 2013. http：//www. statcan. gc. ca/pub/11 – 402 – x/2012000/pdf/prices-prix-eng. pdf.

［273］ Supervisor Framework, pp. 8 – 9. Original Supervisory Framework released in August 1999. Revision date is in March 4, 2011. Office of the Superintendent of Financial Institutions Canada.

[274] http：//www. osfi-bsif. gc. ca/app/DocRepository/1/eng/practices/supervisory/framew_ e. pdf).

[275] Sam Peltzman. *Toward a More General Theory of Regulation.* Journal of Law and Economics. Aug., 1976. Vol. 211 – 240. http：//www. osfi-bsif. gc. ca/app/DocRepository/1/eng/practices/supervisory/framew_ e. pdf.

[276] The Canadian Real Estate Association, 2013. National Employment Trends. Selective chart 1, cited on 15th July, 2013. http：// creastats. cra. ca/natl/employment_ trends. htm.

[277] The Canadian Real Estate Association, 2013. New Bank of Canada governor Poloz stays the course, National, Interest Rate Changes, selective chart 1, cited on 15th July, 2013. http：//creastats. crea. ca/natl/interest _ rate _ trends. htm.

[278] The Office of the Superintendent of Financial Institutions (OSFI). http：// en. wikipedia. org/wiki/Office_ of_ the_ Superintendent_ of_ Financial_ Institutions.

[279] The United States, Canada, the disclosure of information of listed companies Comparative Study. http：//www. docin. com/p – 101896435.

[280] The Use of Web sites as a Disclosure Platform for Corporate Performance. 2008, ElsevierInc. http：//ca. mofcom. gov. cn/article/ddfg/tzzhch/200705/20070504635422. shtml, 2013 – 05 – 13.